古代歷史文化 研究輯刊

九 編

王 明 蓀 主編

第 6 冊

秦漢西北邊地治理研究

謝 紹 鷁 著

國家圖書館出版品預行編目資料

秦漢西北邊地治理研究／謝紹鷁 著 — 初版 — 新北市：花木
蘭文化出版社，2013〔民 102〕
序 4+ 目 4+208 面；19×26 公分
（古代歷史文化研究輯刊 九編；第 6 冊）
ISBN：978-986-322-188-3（精裝）
1. 政治地理學　2. 先秦
618　　　　　　　　　　　　　　　　　　102002667

ISBN-978-986-322-188-3

9 789863 221883

古代歷史文化研究輯刊
九 編 第 六 冊　　　　　　　ISBN：978-986-322-188-3

秦漢西北邊地治理研究

作　　者　謝紹鷁
主　　編　王明蓀
總 編 輯　杜潔祥
出　　版　花木蘭文化出版社
發 行 所　花木蘭文化出版社
發 行 人　高小娟
聯絡地址　235 新北市中和區中安街七二號十三樓
　　　　　電話：02-2923-1455／傳眞：02-2923-1452
網　　址　http://www.huamulan.tw 信箱 sut81518@gmail.com
印　　刷　普羅文化出版廣告事業
初　　版　2013 年 3 月
定　　價　九編 27 冊（精裝）新台幣 45,000 元

秦漢西北邊地治理研究

謝紹鷁　著

作者簡介

謝紹鷁，男，1977 年 6 月出生，漢族，福建永定人。1996 ～ 2000 年在福建省漳州師範學院歷史學系歷史教育專業讀本科，獲得歷史學學士學位；2000 ～ 2004 年在福建省泉州市泉港二中擔任高中歷史教師；2004 ～ 2007 年在陝西省西北大學文博學院歷史學系中國古代史專業秦漢史方向讀研究生，獲得歷史學碩士學位，導師黃留珠教授；2007 ～ 2010 年在陝西省西北大學文博學院歷史學系中國古代史專業秦漢史方向攻讀博士學位，導師余華青教授。2010 年 7 月至今在福建省廈門市社會科學院擔任研究人員，從事中國古代史和廈門地方歷史文化研究，助理研究員職稱。

提　　要

　　邊郡概念有廣義、狹義之分，邊郡與內郡生產方式的差異對社會面貌有決定性的影響。秦漢有過兩次邊郡設置的高潮，設立過眾多邊郡。邊郡有三種變化趨向：邊郡的內地化，邊郡的維持，邊郡的衰落廢棄。秦漢設置過郡、屬國和刺史等常設職官機構，還有一些特設軍鎮機構，維持對西北邊地的控制。

　　涉邊決策體制包括涉邊決策的需要、資訊收集、朝議過程、制約監督等環節。中央涉邊機構有典客（大鴻臚）、典屬國、主客尚書等，主要是進行邊政決策；地方行政系統執行決策中有很大實權，有的邊郡還代管了一些邊外事務。涉邊機構的運行有其自身的特點。秦漢文書在行政體制中有極重要的地位，涉邊文書在運行中有其突出的特色。地方長官自出條教，獨立施政創制。

　　官吏任用有籍貫限制，還有很強的地域性因素，存在一定的規律。邊地存在不少官職空缺，需要職務代理的情況。有許多具體規定反映出人事任免具有若干理性行政的色彩。邊地官員選任受軍事鬥爭的形勢、複雜的民族關係和武勇的社會風氣等許多因素的影響。

　　秦漢王朝邊地治理的功績成效各異。秦逐漸制服、蠶食義渠，典型反映了秦在邊地開拓治理中鍥而不捨的精神。西漢與烏孫關係的發展變化典型反映了西漢在邊地開拓治理中取得的巨大成就，也反映出經營西域的艱巨性和複雜性。東漢在西北對羌人長期用兵，代價巨大，典型反映了東漢在邊地治理中守成多於開拓。

　　國野之分、邊將權重可能是邊地治理特殊體制的歷史淵源。君主依故事而行，可能也是一種制度上的路徑依賴。秦漢地方行政體制將地方分成三類：京畿、內郡和邊郡。秦漢邊地治理存在兩套治理體系，中央對邊地有許多優撫照顧，遷徙大量的人口到邊地並進行嚴格管理，中央經常專門派出使者巡視邊地情況等，有其特點。邊地的治理也是有費用的，治理成本關係到治理成敗，邊地存廢。邊地特色在制度上有其必然性，西北邊地治理在歷史上有其典範性。

序　一

黃留珠

　　記得當年跟隨陳直先生學習時，先生曾布置過一道作業題，問的就是關於漢初西北邊地問題。當時我們沒能領悟出先生的良苦用心，誤認爲這是一道微不足道的小問題，很容易回答。事過若干年後，隨著個人的學術成長，才搞明白這道作業題的深意。原來先生意在提醒我們，治秦漢史需要重視邊地研究。

　　世上事物的發展，應該說是後來者居上。果然，在西北大學日後招收的秦漢史方向研究生中，對邊地問題認知的自覺性就比我們這批人要高得多。他們中的不少人還以邊地爲題寫出學位論文，像謝紹鷁博士就是一位頗具代表性的人物。他的碩士學位論文寫的是與邊地密切相關的護羌校尉問題，而博士論文題目則更是明確限定在「西北邊地」這一範圍之內。我想，如果陳直先生在天有靈的話，可以滿意了。他老人家當年提醒我們重視的研究課題，在陳門後學身上終於得到了落實。

　　大家知道，西北史地研究歷來爲學界所重視。特別自上個世紀初以來，隨著西方探險者在我國西北地區探險考古的一批重大發現，隨著中國學者在西北地區科考探查活動的開展，隨著如敦煌經卷、居延漢簡等重要文物的面世，西北史地研究出現了前所未有的新局面。無論是研究的深度和廣度，還是推出成果的質量和數量，皆爲空前。在這種情況下，此領域研究的任何一點突破都是很不容易的。而謝博士完成的這篇《秦漢西北邊地治理研究》學位論文，將歷史學、歷史地理學、管理學等相互貫通，運用文獻資料與考古資料相結合的方法，從「治理」的視角入手，對西北邊地進行了別樣的考察，讀後確有某種耳目一新之感。就全文的結構來看，所劃分的「西北邊地機構

設置概況」、「涉邊決策執行」、「邊吏任用」、「各時期邊地治理的典型」、「邊地治理的特殊體制」五章正文，環環相扣，邏輯聯繫緊密，亦很見功力。如此一篇特色鮮明的學位論文面世，無疑爲西北史地研究輸送了新的血液。

　　當然，謝博士論文所述，只是他的一家之言。是否完全符合歷史眞實，還有待時間的檢驗。是否存在欠妥乃至錯誤之處，也有待讀者的批評指正。不過據我所知，謝博士爲學的態度是極其認眞的。在西北大學讀碩、讀博期間，從入學到臨畢業回鄉求職面試爲止的五年多，他竟沒有回過一次家，所有假期時間全用來學習，即便是農曆新年期間也不例外。爲了更好地理解羌人的歷史，他自費遠赴青海羌人故地進行實際考察。像這樣認眞求學的精神，實在是難能可貴。唯其如此刻苦努力，所以他的論文方能寫得既相當紮實又相當充實。對此，我想大家閱讀之後是會有所感受的。

　　臺灣花木蘭文化出版社擬正式出版謝博士的學位論文。這是一件功德無量的大好事！付梓前應作者之約，寫了如上的一些話，聊作序言，希望能爲廣大讀者朋友提供某些參考。

2012/9/12 草於西北大學桃園區鏘音閣

序 二

余華青

　　學界人所共知，秦漢史研究是眾多前輩大家充分耕耘的領域，研究要有創新，真不是件容易的事。由於文獻資料有限，秦漢史研究比中古史後段斷代研究對考古成果的依賴明顯要大得多，這勢必要花費本來有限的研究精力去更多關注吸收地下文物及其研究成果，這往往讓秦漢史研究費力大，出成果不易。而在其中，有關西北邊地的研究可能尤其如此。中國領土疆域遼闊，農耕與游牧區的分界線，也常是行政區劃的分界線。中原與西北邊地之間，就有這種分界線。在這樣的地理環境中，不同民族人群極其複雜的交往互動，是歷史發展前進中一個關鍵性的動量。西北邊地治理涉及政治、經濟、軍事、文化等眾多問題，一直是關係中原王朝興衰的重要方面。秦漢時期這些問題都比較有代表性，秦漢史在這個方面的研究，還是有較大的發揮空間的。秦漢是中國疆域開拓史上一個有較高成就的時期，研究秦漢邊地治理可以從特別的角度解讀中國歷史，也具有較高的現實意義。

　　謝紹鷁君在博士學位論文選題上，一開始根據自己的研究方向，將範圍定在西北邊地治理上，這是需要很大勇氣的。大家開始都有點擔心，怕年輕人耗費精力，做不出什麼來，但學術研究本身就是探索的過程，年輕人的大膽嘗試，是件需要大家支持鼓勵的好事。這篇論文以西北邊地治理為切入點，通過實例對邊地機構設置、涉邊決策、邊吏選任、治理特制等若干論題展開研究，力求全方位、多角度、立體地考察秦漢時期西北邊地的特殊治理史。研究頗多收穫，成果很有價值。

　　文章在研究視角上，揚長避短，側重於政治治理體制的討論，不從民族史角度、而是從政治制度史角度；不以民族關係為重點，而是從政治文明發

展去思考中央集權政府當時如何鞏固統治、維繫政治關係的，這有利於理清繁雜的史實，力求能從理論高度中總結治理的本質。對邊政決策嘗試用路徑依賴模式來分析、對邊地治理嘗試用成本概念來解釋，希望能闡發出新的東西。

在具體問題上，邊地機構設置著重邊郡概念的釐清及考察研究。界定剖析了邊郡的概念，詳細分析了邊地的具體範圍，並對邊郡的盛衰發展演變的三種類型進行了歸納；綜述了西北邊地各機構的設置沿革情況。較好地梳理清楚了複雜的史料。涉邊決策研究中側重決策中中央與地方的互動，利益的角力與協調；政令在邊郡的運行等問題。特別是指出地方行政系統在具體政務運作上有很大實權和獨立性，詳細歸納指出有的邊郡還代管了一些邊外事務，代表朝廷負責對外交涉，這是前人注意不多極為特殊的一種邊地治理舉措，應該算是一個亮點。邊吏選任研究中側重邊郡官吏的選任的地域性問題，在前人研究的基礎上有所深入，著力用出土漢簡材料來分析邊郡官吏的選任補充的具體措施，分析影響選任的各種因素等。還從長時段治理演變的角度入手，選取秦、西漢和東漢各時期有代表性的個案，歸納總結各時期邊地治理的風格面貌。最後總結制度對過去有哪些繼承與發展，從政治文明發展的角度去看中央集權政府在鞏固統治、維繫政治關係有什麼特殊做法，分析原因，總結啟示。雖然有些問題的論述還有待於進一步的深入，但總體來看，論文還是值得充分肯定的。

現在謝紹鷁君將論文整理出版，希望他今後繼續在專業上深入鑽研，注意吸納新資料、新成果，爭取更大的科研成績。

目次

序一　黃留珠

序二　余華青

導　言 1

　　一、研究物件 1

　　二、研究意義 3

　　三、研究狀況 3

　　四、研究方法、思路和資料來源 11

　　五、課題的創新性和不足 13

第一章　西北邊地機構的設置概況 17

　第一節　邊郡概念 17

　　一、邊、郡、邊郡的概念 17

　　二、對邊郡的認識觀念 19

　　三、邊郡與內郡的地理差異 21

　　四、邊郡具體所指的地域範圍 23

　第二節　秦漢邊郡的盛衰興廢 25

　　一、邊郡的內地化 26

　　二、邊郡的維持 27

　　三、內地的邊郡化和邊郡的衰落廢棄 29

　第三節　西北邊地各機構的設置沿革 32

一、郡、屬國和刺史部 ……………………………… 32
二、中央派出的特殊軍鎮機構 …………………… 42

第二章　涉邊決策執行 ………………………………… 47
　第一節　涉邊決策體制 ………………………………… 47
　　一、涉邊決策體制的概況 …………………………… 47
　　二、涉邊資訊的來源和匯總 ………………………… 49
　　三、涉邊決策的過程 ………………………………… 51
　　四、涉邊決策的制約監督 …………………………… 55
　第二節　涉邊機構 ……………………………………… 55
　　一、中央涉邊機構 …………………………………… 56
　　二、地方涉邊機構 …………………………………… 58
　　三、涉邊機構運行特點 ……………………………… 67
　第三節　邊令執行 ……………………………………… 71
　　一、文書制度 ………………………………………… 72
　　二、邊令傳遞特色 …………………………………… 76
　　三、邊令執行中的創制 ……………………………… 81

第三章　邊吏任用 ……………………………………… 85
　第一節　邊吏任用情況分析 …………………………… 87
　　一、任用有較強的地域性 …………………………… 87
　　二、出土簡牘所見官吏出缺的代理方式 ………… 94
　　三、人事任免中存在的問題 ……………………… 106
　第二節　影響選任的諸種因素 ……………………… 117
　　一、軍事形勢與邊吏選任 ………………………… 118
　　二、民族問題與邊吏選任 ………………………… 120
　　三、社會風氣與邊吏選任 ………………………… 124

第四章　各時期邊地治理的典型 …………………… 131
　第一節　秦對義渠的蠶食消化 ……………………… 131
　　一、義渠的來源族屬和分佈 ……………………… 132
　　二、秦對義渠的攻伐蠶食與懷柔拉攏 ………… 134
　　三、秦對義渠的控制征服與消化 ………………… 136
　第二節　西漢在西域烏孫的經營 …………………… 139
　　一、漢與烏孫和親及親漢勢力的形成 ………… 140

　　二、解憂刺殺狂王事件與烏孫的分裂 ……… 143

　　三、烏孫地位的變遷 ……………………… 146

　第三節　東漢在西北平羌亂 …………………… 149

　　一、羌人的情況 ………………………… 150

　　二、東漢的羌亂 ………………………… 152

　　三、東漢平羌分析 ……………………… 155

第五章　邊地治理的特殊體制 ………………… 157

　第一節　制度的淵源與承續 …………………… 157

　　一、國野之分 …………………………… 157

　　二、邊將權重 …………………………… 159

　　三、依故事行事 ………………………… 161

　第二節　京畿、內郡和邊郡治理體制的差異 … 163

　　一、京畿與外郡的差異 ………………… 164

　　二、邊郡與內郡的差異 ………………… 166

　第三節　邊地治理的特點 ……………………… 173

　　一、兩套治理體系並存，設官更多，名號
　　　　更複雜 ……………………………… 174

　　二、中央對邊地有許多優撫照顧 ……… 177

　　三、遷徙大量的人口到邊地並進行嚴格管
　　　　理 …………………………………… 179

　　四、中央經常專門派出使者巡視邊地情況 … 184

　第四節　治理成本和制度啓示 ………………… 186

　　一、治理的成本 ………………………… 186

　　二、制度的啓示 ………………………… 193

結　語 …………………………………………… 197

參考文獻 ………………………………………… 201

後　記 …………………………………………… 209

導　言

一、研究對象

　　西、北、西北的概念很寬泛，所指地域廣闊，各個時期、各種劃分可能有不一致之處。今天作爲自然地理概念的西北地區指「西北內陸乾旱半乾旱區」，與「東部季風區」和「青藏高寒區」構成我國三大自然地理區劃。地域範圍包括內蒙中西部、新疆大部、寧夏北部、甘肅中西部以及和這些地方接壤的山西、陝西等省份的邊緣地帶。而現在西北地區的通行說法，是指行政區劃的西北三省二區，具體包括：陝西省、甘肅省、青海省、寧夏回族自治區、新疆維吾爾自治區。因爲歷史的人爲劃分，行政區劃並不完全與自然地理單元一致，陝西只有北部邊緣區域眞正屬於西北乾旱半乾旱區。西北的地形地勢以高原盆地爲主，大的區塊如青藏高原、黃土高原、準噶爾盆地、塔里木盆地、柴達木盆地、秦巴山地、渭河平原等。氣候主要是溫帶季風氣候和溫帶大陸性氣候，乾旱是主要的自然特徵，降水自東向西遞減，年降水量從東部的 400 毫米左右，往西減少到 200 毫米，甚至 50 毫米以下。農業以畜牧業爲主。

　　出於研究的需要，以西漢長安所在作爲方位的中心，本文所指的西北作爲一個地理概念，與今天一般意義廣泛使用的西北地區概念並不完全相同。其中「西」是黃河中游河水在河套地區由向東折而向南流所在地區爲界，大致在此經度以西地區，在兩漢行政區劃大致是雲中郡以西；而「北」是大致與秦嶺、淮河成一線所在緯度以北的地區，在兩漢大致是武都郡以北。符合條件的地域視爲西北，基本包括并州、朔方、涼州所屬的一些郡、西域和關中三輔。但由於關中的三輔在秦漢都是政權的核心統治區，不屬於邊地，故

雖然是在西北但並不納入本文的研究範圍。具體所指的行政單位，文中（第一章第一節）有詳細列明。以之作為一個研究範圍，除了西北是一個較為獨立而特殊的地理單元的原因之外，還考慮到東南西北各個方位的邊地情況千差萬別，希望以西北作為一個邊地研究的切入點，來以點帶面；西北也出土過較多的邊塞文書類的簡牘材料，學界已有較深入的研究可資利用；當然所在學校的地理便利以及個人的研究能力、時間精力等局限也都是選題中考慮的重要因素。

治理從古至今，一直是政治研究領域中繁難的課題，邊地治理在行政事務中還涉及民族、軍事、地理等眾多因素，比內地一般的政治治理更形複雜。歷史時期的治理研究中，還常碰到概念不好界定的問題。例如，古代政策與制度之間空間模糊，不規範不好界定。具體治邊政策與邊郡行政制度聯繫密切，一般來說，政策是國家政權為實現政治路線所要達到的目的，根據當時歷史條件和情況製定的一套措施和辦法。民族政策，則是處於主導地位的某一或某些民族統治階層為實現對管轄範圍內眾多民族的統治而製定的措施和辦法。政策由應急問題催生，往往體現具體意圖及調整，是策略、方針、原則，比較宏觀不具體，帶根本性和導向性。政策包含制度，可以由政策來設計發展成制度。而一定時期的制度則往往具有穩定性、長期性，內容較具體，有系統，涉及或大或小的適用範圍。而無論是政策和制度都是政治治理研究中的重點，有鑒於此，本文不刻意區分政策與制度，均將之納入治理研究的視野，希望能發現治理中存在問題的關鍵所在，或許更能體現研究的價值。

本論文以西北邊地治理為切入點，通過實例對邊地機構設置、涉邊決策、邊吏選任、治理特製等若干論題展開研究，力求全方位、多角度、立體地考察秦漢時期西北邊地的特殊治理史。邊地機構設置著重邊郡概念的釐清及考察研究。涉邊決策研究中側重決策中中央與地方的互動，利益的角力與協調；政令在邊郡的運行等問題。邊吏選任研究中側重邊郡官吏的選任的地域性問題，著力用出土漢簡材料來分析邊郡官吏的選任補充的具體措施，分析影響選任的各種因素等。還努力總結制度對過去有哪些繼承與發展，從政治文明發展的角度去看中央集權政府在鞏固統治、維繫政治關係中有什麼特殊做法，分析原因，總結啟示。必須說明的是，政治史研究範圍廣泛，論文只是有選擇地闡述其中的一些，即使從秦漢行政制度史、民族治理史等具體類別

來說，現有成果也頗爲繁富，幾近題無剩義，本文不對相關制度做面面俱到的敘述，擬只就材料許可和自己視野與能力所及的若干專門問題，加以考訂解說，以期有所突破創獲，即使上述所及，仍存在時間、精力和能力等客觀限制，涉及廣度和深度也是有限的。

二、研究意義

　　國家在一地區的治理開發，一般是以行政管轄的確立，政治、經濟、文化等制度在當地的推行爲先決條件。邊地是國家政權的統治中心地區與域外之間的過渡區域，即由「治」向「未治」過渡的特定區域，其地理環境、民族構成、經濟狀況、文化形態等許多方面不同於國家的統治中心地區，由此產生的政治形勢、社會生活、意識形態等方面的巨大差異使邊地不可避免地與內地在制度和制度執行上存在許多不同。如果沒有因時因地制宜，長治久安是難以想像的。在制度安排與治理實踐中還有中央與邊地間利益的角力與協調，進行著良性的交流互動或者發生惡性的衝突。從某種意義上講，邊地社會構成國家社會的重要組成部分，邊地問題是國家治理的重要問題，而其中的有關治理的制度安排又是眾多問題的關鍵所在。

　　秦漢王朝是大一統中央集權制度下多民族國家形成和發展的重要時期。秦的發展壯大與最終統一與其源自春秋戰國成功的邊地開拓息息相關，漢代則在邊地開拓和鬥爭中留下波瀾壯闊的畫卷。歷經秦始皇、漢武帝等有爲君主開拓四方，國家的疆域空前遼闊，爲後世中國版圖幅員描出了初步的輪廓。在秦漢時期，西北邊郡地區是王朝重要的邊地，曾處在中原與西域交通的要害地位，在東西經濟、文化交流史上起過十分重要的作用；西北邊郡又緊鄰王朝政治核心區域關中，與匈奴、羌和西域地區諸多部族有過嚴峻、複雜的交往鬥爭，與國家的政治穩定和社會安危有著重大關係。東漢中後期走向敗亡原因眾多，內是外戚宦官交替執政，政治靡爛；外則邊患不絕，羌人爲亂，董卓等軍事勢力因勢而起等，東漢治邊成效不彰也是魏晉南北朝五胡亂華局面出現的遠因。可以說長達四百餘年不平凡的歲月中，國家對西北邊地治理、邊郡地區與中央王朝的長期互動，對後世影響深遠。探求中央治理西北邊地的歷史面貌、制度規律，至今仍然有重要的學術價值和現實意義。

三、研究狀況

　　由於許多前輩的努力，秦漢史領域的研究成果碩果累累，甚至後來者要

找到一個全新的課題都不是件容易的事，但學術研究本身是永無止境的，後人總是試圖希望能在前輩們開創的基業上繼續前進。

在 20 世紀現代意義的學術確立之前，古人涉略寬泛的學問並沒有嚴密的分科，但有關邊地治理的記載和研究，歷史悠久，一直爲史學家所重視。記載秦漢西北治理情況的文獻資料頗多，《史記》、《漢書》、《後漢書》將匈奴、西羌、西域部族等放在列傳中加以記載，反映當時王朝和當時史家對邊地事務的重視，而相關事件在本紀和人物列傳中也有不少或詳或略原始的記載。東漢時士人王符就以親身親見在《潛夫論》中對西北邊患作過分析，有珍貴的價值。後世政書、類書在民族、職官、地理類目中也有涉及相關內容，但主要是正史資料的彙集。清代邊疆史地研究風行一時，飽學之士均對這一學科青睞有加。西北輿地、西北邊疆治理研究，徐松等人是代表。鴉片戰爭後，國門洞開，對邊疆史地的研究具有籌邊謀防，抵禦外辱的現實目的。進入 20 世紀，隨著現代意義的新史學的形成和發展，專業的研究初步開展。與此同時政局日艱，中華民族處於危難關頭，有關邊地、邊政、邊事也是政府、國民關注的一個焦點，《禹貢》、《邊政公論》等刊物紛紛出版，許多政府部門、研究機構、民間團體都曾以西北邊疆史地爲研究對象。有關秦漢西北邊疆治理方面具體的論文如張耀庚：《漢代的邊患》（《新亞細亞》，1934 年第8 卷第 4 期）、尚明：《漢代的西北邊事》（《新亞細亞》，1935 年第 9 卷第 5 期）、顧頡剛：《東漢的西羌》（《經世》（戰時特刊），1939 年第 47、48 期）、吳其昌：《兩漢邊政之借鑒》（《邊政公論》，1942 年第 1 卷第 5～6 期）、史念海：《漢代對西北邊郡的經營》（《文史雜誌》，1942 年第 2 卷第 2 期）、勞榦：《秦漢帝國的領域及其邊界》（《現代學報》，1947 年第 1 卷第 4、5 期），劉仁成：《東漢羌禍與內政的關係》（《西北通訊》，1948 年第 3 卷第 5 期）等。吳文藻：《邊政學發凡》（《邊政公論》，1942 年第 1 卷第 5～6 期）提出了邊政學研究的理論框架雛形。著作方面，呂思勉：《中國民族史》（世界書局，1934 年初版，中國大百科全書出版社，1987 年）、林惠祥：《中國民族史》（商務印書館，1936 年）、錢穆：《國史大綱》（商務印書館，1940 年初版，商務印書館，1994 年）、呂思勉：《秦漢史》（開明書店，1947 年初版，上海古籍出版社，1983 年），相關部分對西北邊患問題也有一定的篇幅進行論述。制度史論著則有陶希聖、沈巨塵：《秦漢政治制度》（商務印書館，1936 年）、賀昌群：《兩漢政治制度論》（《社會科學季刊》，1943 年第 1 卷第 1 期）、程幸超：《中

國地方行政制度史略》（中華書局，1948 年）等。雖然前輩們最初粗樸的學術探索有明顯應時的經世色彩，但在紮實的文獻功底上、切膚的時局之痛上許多論著論點慧眼獨具、卓識不凡，直至今日仍有學術價值，為後來者的研究奠定了基礎。

建國後，特別是文革後至今，大陸學術研究蓬勃發展，域外相關的學術研究也代有賢達，與秦漢西北邊地治理有關的研究取得很多成果。為敘述方便，這裡根據與主題的關係稍作區分，謹就一些代表性成果作一簡單回顧：

（一）制度史方面的研究

秦漢政治制度史長期是研究的重點，成果很多。

林劍鳴：《秦史稿》（上海人民出版社，1981 年）、《秦漢史》（上海人民出版社，1989 年）相關部分從總體上分別論述了秦或秦漢政治制度的概貌。白鋼主編、孟祥才著：《中國政治制度通史》（第三卷秦漢，人民出版社，1996 年），較詳細地論述了秦漢若干政治制度的演變及特點。

在行政制度史領域，嚴耕望：《中國地方行政制度史》（甲部：秦漢地方行政制度）（中央研究院歷史語言研究所專刊之 45，1961 年，上海古籍出版社，2007 年影印）將文獻與文物考古資料融為一體，體系宏大，立論嚴謹，分析詳實，是這一專題至今為止最好的著作之一，可惜並沒有專門針對邊地做研究。周振鶴：《中國地方行政制度史》（上海人民出版社，2005 年）則是以專題史綱的形式簡略陳述了對行政體制演變的看法。劉太祥：《漢唐行政管理》（河南大學出版社，1995 年）漢代行政管理的內容，談了當時高層次的決策機制和管理效率。余華青等：《中國古代廉政制度史》（西北大學出版社，1991 年初版，上海人民出版社，2007 年）、《中國廉政制度史論》（人民出版社，2007 年）相關部分，則對廉政問題展開研究。歷年行政制度史領域的重要論文又如：陳長琦：《漢代郡政府行政職能考察》（《暨南學報》，1993 年第4 期），對秦漢地方行政體制問題作了較為深刻的探討。周振鶴：《中央地方關係史的一個側面：兩千年地方政府層級變遷的分析》（《復旦學報》，1995 年第3 期）中有關秦漢時期的內容，對於透視中央與地方關係的歷史演變有重要的意義。卜憲群：《吏與秦漢官僚行政管理》（《中國史研究》，1996 年第 2 期），考察秦漢吏的範圍、選用、種類與遷轉及其與行政運作的關係等問題。卜憲群在《秦漢公文文書與官僚行政管理》（《歷史研究》，1997 年第 4 期）一文中，探討了秦漢公文的淵源、內容及其與官僚行政管理的關係。黎虎：《漢唐中央

決策制度的演進及其特點》（《河北學刊》，1998 年第 6 期），其中有對漢中央決策制度的演進及特點進行探討。閻步克：《文窮圖見：王莽保災令所見十二卿及州、部辨疑》（《中國史研究》，2004 年第 4 期）修訂了關於新莽地方行政和監察制度的舊認識；閻步克：《詩國：王莽庸部、曹部探源》（《中國社會科學》，2004 年第 6 期）對以往有關新莽牧、監性質和相互關係的混亂錯訛解釋，做了頗有見地的釐清。沈剛《民間信仰與漢代地方行政》（《吉林大學社會科學學報》，2006 年第 2 期）認爲民間信仰對地方行政施加影響，但沒有形成制度。其他突出的論文還有：韓國崔在容：《西漢京畿制度的特徵》（《歷史研究》，1996 年第 4 期）、范學輝：《秦漢地方行政運行機制初探》（《文史哲》，1999 年第 5 期）、劉太祥：《秦漢中央行政決策體制研究》（《史學月刊》，1999 年第 6 期）、汪玉川：《秦行政制度的特點》（《中國行政管理》，2000 年第 4 期）、劉後濱：《從蔡邕〈獨斷〉看漢代公文形態與政治體制的變遷》（《廣東社會科學》，2002 年第 4 期）等。

池田雄一：《中國古代的聚落與地方行政》（汲古書院，2002 年），是作者長期以來從事聚落和地方行政研究之集大成。

在職官制度史領域，楊鴻年：《漢魏官制叢考》（武漢大學出版社，1985年，2005 年再版），旁徵博引對漢魏各類官制進行細密的考訂。安作璋、熊鐵基：《秦漢官制史稿》（上、下）（齊魯書社，1984 年、1985 年，2007 年再版）是對秦漢中央和地方行政管理機構、官制比較全面研究的著作。陳仲安、王素：《漢唐職官制度研究》（中華書局，1993 年），探討漢唐中央官制、地方官制、選舉制度和俸祿制度等，也是重要著作。卜憲群：《秦漢官僚制度》（社會科學文獻出版社，2002 年）對秦漢官僚制度加以總結性、綜合性研究。李玉福：《秦漢制度史論》（山東大學出版社，2002 年），對西北相關軍鎮職官設置、制度等問題有作一些論述。邊郡軍鎮職官的論文又如：林幹：《兩漢時期「護烏桓校尉」略考》（《內蒙古社會科學》，1987 年第 1 期）、何天明：《兩漢皇朝解決北方民族事務的統治機構——「護烏桓校尉」》（《內蒙古師範大學學報》，1997 年第 1 期）、邊章：《兩漢的護羌校尉》（《西北師大學報》（社會科學版），1991 年第 1 期）、高榮：《漢代護羌校尉述論》（《中國邊疆史地研究》，1995 年第 3 期）、左文舉：《度遼營與度遼將軍》（《國際中國邊疆學術會議論文集》，臺灣政治大學，1985 年）、李大龍：《東漢度遼將軍述論》（《內蒙古社會科學》，1992 年第 2 期）、何天明：《東漢使匈奴中郎將探討》（《北方文

物》，1990 年第 4 期）、李大龍：《東漢王朝使匈奴中郎將略論》（《中國邊疆史地研究》，1994 年第 4 期）、韓香：《試論「使匈奴中郎將」的來源及演變》（《新疆大學學報》，1995 年第 1 期）等，成果很多，但在觀點上也存在不少問題和分歧。

畢漢斯：《漢代的官僚制度》（康橋，英國，1980 年），對漢代的行政組織也做了系統的研究。

在選官制度史領域，黃留珠：《秦漢仕進制度》（西北大學出版社，1985年），論述系統全面深入，很多方面，特別是有關秦制部分，都是開創性探討。閻步克：《察舉制度變遷史稿》（遼寧大學出版社，1997 年），吸收、借鑒近現代西方行政組織方面的理論，對察舉制變遷作新穎全面的分析，考證精當。閻步克：《士大夫政治演生史稿》（北京大學出版社，1998 年），進而把視角延伸，對政治文化模式的特點和機制加以解析。閻步克《品位與職位：秦漢魏晉南北朝官階制度研究》（中華書局，2002 年），建立了新的分析模式，揭示古代官僚制度的演變。重要論文有：安作璋：《漢代選官制度》（《山東師範學院學報》，1981 年第 2 期）、李孔懷：《漢代官吏的選拔和任用》（《文匯報》，1980 年 8 月 15 日）、張非凱：《任子制新探》（《中國史研究》，1996 年第 1 期）。而黃留珠：《漢代的選廉制度》（《唐都學刊》，1998 年第 1 期），認爲漢代統治者將其倡「廉」主張具體化爲一系列的選廉制度，收到良好的社會效果。

另外，廖伯源：《歷史與制度：漢代政治制度試釋》（臺灣商務印書館，1998 年）、閻步克：《樂師與史官：傳統政治文化與政治制度論集》（三聯書店，2001 年）、孟祥才：《先秦秦漢史論》（山東大學出版社，2001 年）、馬植傑：《馬植傑秦漢三國史論文選》（湖北人民出版社，2001 年），都是以秦漢政治制度文化研究爲主的論文集。

（二）民族史方面的研究

在理論建設上，1988 年費孝通在香港發表《中華民族的多元一體格局》的論文，對中華民族的形成及其結構特點作了高層次的理論概括，用「多元一體格局」來概括我國民族眾多、形成了多層次的矛盾對立統一關係的狀況，強調中華民族大團結的總體上的民族認同。費孝通先生主編的《中華民族多元一體格局》（初版，中央民族學院出版社，1989 年；修訂版，中央民族大學出版社，2003 年）和《中華民族研究新探索》（中國社會科學出版社，1991

年）引起了廣泛影響，「多元一體」成爲一種民族學理論體系有著豐富的內涵和廣闊的發展空間，全面推動了中華民族整體研究的開展。臺灣王明珂在其著作《華夏邊緣：歷史記憶與族群認同》（臺北允晨文化實業公司，1997 年）一書中將西方的「族群邊緣理論」引入我國的古代民族研究領域，這一理論將研究的視線轉向邊疆、邊緣民族的研究，以研究民族的邊緣如何形成，邊緣形成之後又如何擴張、如何維持及變遷等爲主要內容，旨在以「異質化」的邊緣來強調在此邊緣內人群間的共性，取代以往從民族核心入手的研究方法。實質上，這種研究視角對中華民族整體觀念上的多元一體理論是一個有益的補充和完善，它爲研究者們提供了新的思考空間。

民族史研究範圍很廣泛，具體研究重要著作有：黃烈：《中國古代民族史研究》（人民出版社，1987 年），做了很有價值的研究。翁獨健主編：《中國民族關係史綱要》（中國社會科學出版社，1990 年）是民族關係通史的代表作。趙雲田：《中國邊疆民族管理機構沿革史》（中國社會科學出版社，1993 年）則對各治理機構作了些梳理。木芹：《兩漢民族關係史》（四川民族出版社，1988 年）、田繼周：《秦漢民族史》（四川民族出版社，1996 年）都是斷代的民族史，西北民族是論述的重要部分。楊建新、馬曼麗：《西北民族關係史》（民族出版社，1990 年）、楊建新：《中國西北少數民族史》（民族出版社，2003 年）等是西北民族通史的重要著作，對傳統民族史進行了深入研究。馬長壽的《氐與羌》（上海人民出版社，1984 年），堪稱是第一部系統全面有份量的涉及羌人民族史方面的研究專著，對東漢西北羌亂研究很深刻。

具體有關秦漢少數民族治理制度研究，代表性的論文如：王宗維：《漢代的屬國》（《文史》第二十輯，中華書局，1983 年）、安梅梅：《兩漢的屬國制度》（西北師範大學 2005 年碩士學位論文）、駢宇騫：《秦「道」考》（《文史》第 9 輯，中華書局，1980 年）、羅開玉先生的《論秦漢道制》（《民族研究》，1987 年第 5 期）、張悼、張東剛先生的《秦「道」臆說》（《民族研究》，1989 年第 1 期）、周偉洲：《關於秦漢地方行政體制中的「道」》（《陝西歷史博物館館刊》第四輯，西北大學出版社，1997 年）、楊建《略論秦漢道制的演變》（《中國歷史地理論叢》，2001 年第 4 期）、劉瑞：《秦「屬邦」、「臣邦」與「典屬國」》（《民族研究》，1999 年第 4 期）等。

（三）其他方面的研究

這裡僅就與西北邊地治理主題有關的研究情況作些說明。

80 年代以來，隨著一系列邊疆研究機構先後成立，大量有關邊疆研究論著出版，以民族國家邊疆社會爲研究對象的「中國邊疆學」形成，這是綜合了政治、經濟、軍事、民族、歷史、地理等學科的交叉學科，有很強的針對性，有明顯應用型學科的色彩。研究邊疆政策和治邊思想漸成熱點，而西北邊疆史地無論是研究人群、研究範圍、研究水平較過去都有飛躍發展。馬大正主編的《中國古代邊疆政策研究》（中國社會科學出版社，1990 年）、《二十世紀的中國邊疆研究：一門發展中的邊緣學科的演進過程》（黑龍江教育出版社，1997 年）、馬大正：《中國邊疆經略史》（中州古籍出版社，2000 年）以及《中國邊疆研究論稿》、《中國邊疆史地論集續編》等書，中國邊疆史叢書中的《北疆通史》、《西域通史》等書，對中國古代邊疆問題和邊疆政策進行通史和分地區、分專題的討論，著重從鞏固、開發邊疆的角度來探討各個時代中央王朝對邊疆地區的治理與管轄、邊疆政策的特點和對後世的深遠影響，代表著本領域的最新研究成果。李大龍：《兩漢時期的邊政與邊吏》（黑龍江教育出版社，1996 年），全面系統地論述西漢、王莽和東漢時期的民族管理機構和邊政的沿革，探討兩漢邊吏的選拔、任用制度，對邊疆民族政策和制度的歷史作用進行了全面評價。馬曼麗著：《中國西北邊疆發展史研究》（黑龍江教育出版社，2001 年）等專著也具有較高學術水平。研究中國邊疆史地論文很多，有些問題取得了進展。高榮：《漢代對西北邊疆的經營管理》（《中國邊疆史地研究》，1994 年第 4 期）、李進：《秦朝的邊疆經略》（《中國邊疆史地研究》，1997 年第 3 期）、劉彥威：《西漢王朝的邊疆經略》（《中國邊疆史地研究》，1997 年第 3 期）、李三謀：《東漢的邊疆經略》（《中國邊疆史地研究》，1997 年第 3 期）、高榮：《東漢西北邊疆政策述評》（《學術研究》，1997 年第 7 期）、馬大正：《中國古代的邊疆政策與邊疆治理》（《西域研究》，2002 年第 4 期）、上官緒智：《兩漢政權「以夷制夷」策略的具體運用及其影響》（《南陽師範學院學報》（社會科學版），2003 年第 4 期）、李大龍《不同藩屬體系的重組與王朝疆域的形成——以西漢時期爲中心》（《中國邊疆史地研究》，2006 年第 1 期）等文在邊疆經略問題上頗有建樹。

臺灣學者繼承民國時期邊政研究的傳統，70 年代，政治大學成立邊政學系和邊政研究所，在西北邊疆史的研究領域，成果如：闕鎬曾：《兩漢的羌患》（《政治大學學報》1966 年第 14 期）、管東貴：《漢代的屯田與開邊》（《中央研究院歷史語言研究所集刊》，1973 年第 45 卷第 1 期）等。國外學術界對此

領域也比較青睞，成果出色，如石見清裕：《拉鐵摩爾的邊境論與漢唐間的中國北方邊境》（《日本唐代史研究會報告集》，1999 年），試圖運用拉鐵摩爾邊境論的理論在漢族居住區域和非漢族居住區域之間設定一個中間地帶，並稱這種方法在漢唐之間北方邊境的研究中是有效的。英國崔瑞德、魯惟一主編、楊品泉等譯、張書生、楊品泉校：《康橋中國秦漢史》（中國社會科學出版社，1992 年）余英時寫的相關部分視點獨特，發人深省。雷夫・德克雷斯皮尼：《北部邊疆：後漢帝國的政策和策略》（堪培拉，澳大利亞，1984 年）、托馬斯・J・巴菲爾德：《危險的邊疆：游牧帝國與中國》（坎布里奇，美國，1989 年）、阿瑟・威爾德倫：《中國的長城：從歷史到神話》（康橋，英國，1990 年）、張春樹：《中國漢朝的邊疆及其拓展》（安阿伯，美國，1994 年），研究了帝國擴張、領土邊疆、文化邊界和世界秩序等問題。

治理與軍事問題關聯性多。熊鐵基：《秦漢軍事制度史》（廣西人民出版社，1990 年）、黃今言：《秦漢軍制史論》（江西人民出版社，1993 年）、霍印章：《秦代軍事史》（軍事科學出版社，1998 年）、陳梧桐等：《西漢軍事史》（軍事科學出版社，1998 年），黃今言等：《東漢軍事史》（軍事科學出版社，1998 年）等著作，陳梧桐：《西漢王朝開拓邊疆鬥爭的歷史意義》（《中國邊疆史地研究》，1999 年第 3 期）、陳曉鳴：《兩漢北部邊防若干問題之比較》（《中國邊疆史地研究》，2002 年第 3 期）、黃今言：《兩漢邊防戰略思想的發展及其主要特徵》（《中國邊疆史地研究》，2004 年第 1 期）等論文，也有從戰爭戰略的角度對治理作深入探討。

政區沿革能反映治理狀況的變化。周振鶴：《西漢政區地理》（人民出版社，1987 年）、李曉傑：《東漢政區地理》（山東教育出版社，1999 年）兩部著作是兩漢政區地理方面的代表性著作，分析各時段全國各郡國的興廢變化，有涉及到西北邊郡的變遷。后曉榮：《秦代政區地理》（社會科學文獻出版社，2009 年）則較多地利用了考古資料探討了秦的政區。交通與國家的疆域規模、防禦能力、行政效能、生產水平、文化發展密切相關，王子今：《秦漢交通史稿》（中共中央黨校出版社，1994 年），是多年專題研究基礎上寫出的系統全面的斷代交通史。芈一之：《論西海郡的興廢》（《青海民族學院學報》（社會科學版），1984 年第 1 期）、王昱：《漢魏西平郡考》（《青海社會科學》，1998 年第 6 期）、劉子敏、房國鳳《蒼海郡研究》（《東疆學刊》，1999 年第 2 期）、陳偉：《秦蒼梧、洞庭二郡芻論》（《歷史研究》，2003 年第 5

期）、趙紅梅：《玄菟郡研究》（東北師範大學 2006 年博士學位論文）等則不單純是政區地理研究，而是就某個時段、某個邊郡、某些方面做研究，創獲頗多。葛劍雄：《中國歷代疆域的變遷》（中共中央黨校出版社，1991 年）、《統一與分裂：中國歷史的啟示》（三聯書店，1994 年）、劉宏煊：《中國疆域史》（武漢出版社，1991 年）等書也涉及歷代王朝邊疆政策、邊疆邊界等諸多問題。

四、研究方法、思路和資料來源

堅持歷史唯物主義的理論原則，用歷史研究實證的方法，以西北邊地爲中心開展研究。在研究中遵循王國維先生提出的「二重證據法」。

西北邊郡烽燧遺址、墓葬歷次出土的簡牘數量巨大，秦代雖較少，但漢代內容豐富，是最爲直接的原始資料。斯坦因、斯文赫定、大谷光瑞、橘瑞超等人是發掘也是掠奪我國地下文物國際知名的探險家，他們和沙畹、馬伯樂、孔拉第等人也是較早研究簡帛取得成績的學者。王國維、羅振玉兩位先生則利用他們提供的材料進行研究，取得突出成就，開創國內真正意義的簡帛學，開闢了一條研究古代文史的新路徑。繼踵而起如黃文弼、勞榦、賀昌群、張鳳等著名學者在材料收集和研究中也取得成就。但總體上說新中國成立以前，並沒有很好的條件進行系統科學的發掘和研究，簡牘出土散亂，保存多國多處，研究及成果發表一直受影響，雜亂不全面，不成體系。建國後這些情況得到改觀。在甘肅武威、內蒙額濟納河流域居延遺址、甘肅敦煌、甘肅天水、青海上孫家寨、甘肅敦煌懸泉等地又科學地發掘出土更多、內容更豐富簡牘，並進行系統的考釋和整理。新出簡牘已經發表者，比較重要的收錄如：中國科學院考古研究所、甘肅省博物館：《武威漢簡》（文物出版社，1964 年）、甘肅省博物館、武威縣文化館：《武威漢代醫簡》（文物出版社，1975 年）、甘肅省文物考古研究所：《敦煌漢簡》（中華書局，1991 年）、青海省文物考古研究所：《上孫家寨漢晉墓》（文物出版社，1993 年）、甘肅省文物考古研究所、甘肅省博物館、中國文物研究所、中國社會科學院歷史研究所：《居延新簡：甲渠侯官》（中華書局，1994 年）、中國文物研究所、甘肅省文物考古研究所編：《敦煌懸泉月令詔條》（中華書局，2001 年）、胡平生、張德芳：《敦煌懸泉漢簡釋粹》（上海古籍出版社，2001 年）、魏堅主編：《額濟納漢簡》（廣西師範大學出版社，2005 年）等。在此基礎上，林梅村、李均明、謝桂

華等學者又利用條件，結合新出簡牘，系統重新整理解放前出土的簡牘、散見簡牘。如林梅村和李均明整理：《疏勒河流域出土漢簡》（文物出版社，1984年）、林梅村編：《樓蘭尼雅出土文書》（文物出版社，1985年）等書，系統整理了解放前在河西疏勒河流域、西域樓蘭尼雅漢代邊塞烽燧遺址中陸續出土的簡牘，大大便利研究者。謝桂華、李均明、朱國炤：《居延漢簡釋文合校》（文物出版社，1987年），以《居延漢簡甲乙編》的釋文爲底本，在《居延漢簡考釋釋文之部》與《居延漢簡甲乙編》的基礎上，吸收了國內外有關研究成果，對居延漢簡進行重新校訂，糾正了不少錯誤，並注明各版本的異文，對學術研究大有裨益。甘肅省文物工作隊編：《漢簡研究文集》（甘肅人民出版社，1984年），甘肅文物考古研究所編：《秦漢簡牘論文集》（甘肅人民出版社，1989年），李均明、何雙全編：《散見簡牘合輯》（文物出版社，1990年），也是彙集了許多零散資料和具體研究成果。臺灣則用新方法對所保存舊簡進行重新整理、補充。中央研究院歷史語言研究所簡牘整理小組：《居延漢簡補編》（中央研究院歷史語言研究所，1998年），採用了先進的紅外線攝像技術，一些原來用肉眼無法辨認的字得以識讀，校正、補充了釋文中的不少錯誤和遺漏，這對於正確理解和使用簡牘資料無疑是非常重要的。以上所述基本涵蓋了目前爲止已發表的秦漢西北邊郡出土簡牘材料，這些材料對於秦漢歷史，尤其是漢代的邊郡地區和軍事相關的行政建制、邊塞設置、軍事編制、屯田體制、交通等問題，有著極高的史料價值。這些都是研究秦漢西北邊地政治、經濟、軍事、文化等領域的重要資料來源。另外，《尹灣漢墓簡牘》（中華書局，1997年）雖然不是西北邊郡出土，但內容對研究西漢行政制度有重大意義。未完全公佈的里耶秦簡也有內容豐富的地方行政文書。黃海烈：《里耶秦簡與秦地方官制》（《北方論叢》，2005年第6期），對秦地方官制進行了考證和論述，補充和糾正了傳統文獻中有關秦地方官制的一些記載。這些具體的材料和方法對利用西北出土文物研究秦漢邊地治理也有參考價值。除簡牘外，封泥等也是有助於秦漢史研究很重要的出土材料。代表性的如：周曉陸、路東之：《秦封泥集》（三秦出版社，2000年），對研究職官、地理等方面，有非常珍貴的價值。

　　總的來說，努力運用新材料和最新的研究成果來豐富論據，加強論證。地下材料主要依賴居延漢簡、居延新簡、額濟納漢簡、敦煌漢簡、敦煌懸泉漢簡等，而且這些簡牘數量較多，研究時間較長，成果比較成熟。再參考結

合傳統文獻有關資料，支撐論點。

邊郡與內地差異比較方法也是必要的論證手段。

由於本課題側重於政治治理體制的討論，所以不從民族史角度、而是從政治制度史角度；不以民族關係爲重點，而是從政治文明發展去思考中央集權政府當時如何鞏固統治、維繫政治關係的，對邊政決策嘗試用路徑依賴模式來分析、對邊地治理嘗試用成本概念來解釋。但由於西北邊地歷史的複雜性決定了民族學、社會學、考古學、地理學等相關學科的研究方法和成果也是要充分借鑒的。

五、課題的創新性和不足

與之前許多探索歷史普遍規律的研究不同，這項研究可能算是一個求異的過程。對於前輩嚴耕望先生來說，他的《中國地方行政制度史》研究地方行政中的普遍規律，完成了學術史上的經典巨製。而本論題的研究在吸收前人成果的基礎上，很大程度上有意識地避開前人在普遍規律的探尋，而將精力用於探求其中的特殊性，尋求普遍中存在的一些前人沒有注意或者注意不多、論述不充分的地方，作出獨特的關注，尋求新的收穫。例如，在理解地方行政體制時，相對於內郡來說，邊郡就是特殊的；對於一般行政機構來說，邊政軍政機構就是特殊的；而在東西南北眾多邊郡中，西北邊郡又有其特殊之處；而西域雖然不是一個郡，但一定程度上又相當郡級機構中的異態等等。世界是矛盾複雜的，事物中存在的特殊性也是構成豐富表象的不可或缺的因素，這些例外或許就有世界發生、發展和變化的秘密。這個求異過程相對現有的眾多研究成果來說，無疑是很困難的，這種研究的難度使研究可能取得的成果非常難以預期，目前來看可能不算豐碩，甚至以學術論文嚴謹的尺度來評斷，概念的釐清、許多地方的求證和論述做得可能並不夠，並不好，例如，邊政決策、邊令執行、邊吏選任單獨來看，在古代粗樸淺演的政治活動中，嚴格意義上可能都很難說是獨立運行的嚴密制度，但又確有其與一般決策、執行、任用不同之處，綜合來看又是邊地治理特殊體制中不可缺少的環節和有機部分，在研究邊地特殊性中勢必要納入視野，因此取捨時就考慮綜合爲一種邊地治理特殊體制來展開研究。這些探索性的分析論斷當然是見仁見智的，不敢奢求爲學界激賞，而應得到更多批評指正，但在筆者看來這樣的探索與嘗試卻仍然是有價值的，也仍然有其必要性和創新性。

　　根據筆者的認知，邊郡的準確概念，具體範圍，發展演變等問題，涉邊決策的具體要素和過程，中央與地方的互動，邊郡代管邊外事務，政令在邊郡執行，邊吏選任中考慮邊地治理的特殊性，邊地治理存在特殊體制等問題，目前尚未有系統的、充分的研究。本文在相關具體問題上的創新點主要有：界定剖析了邊郡的概念，詳細分析了邊地的具體範圍，並對邊郡的盛衰發展演變的三種類型進行了歸納；綜述了西北邊地各機構的設置沿革情況。

　　分析了涉邊決策的具體的幾個要素，具體釐清涉邊信息的獲取方式和匯總機構。詳細說明了涉邊決策過程中的基本方式、時間地點、主持者和決策首腦。分析了對決策過程有監督制約的一些做法。對決策執行中中央與地方涉邊機構的互動作為進行了分析。指出地方行政系統在具體政務運作上有很大實權和獨立性，詳細歸納指出有的邊郡還代管了一些邊外事務，代表朝廷負責對外交涉，這是前人注意不多極為特殊的一種邊地治理舉措，歸納了涉邊機構的運行特點。

　　邊吏任用的研究中指出官吏選任有較強的地域性因素，邊地官員人事任免特別是職務代理中存在其他人代行職權以近次的優先順序，有許多具體規定反映出人事任免具有一定的理性行政的色彩。詳細分析了邊地官員選任受許多因素的影響，如軍事形勢、民族關係和社會風氣等。

　　邊地治理事例眾多，具體個案研究難成體系，不容易顯現秦漢時期邊地治理的特色。論文還從長時段治理演變的角度入手，選取秦、西漢和東漢各時期有代表性的個案，具體分析秦逐漸蠶食消化義渠，典型反映了秦在邊地開拓治理中鍥而不捨的精神。通過西漢與烏孫關係的發展變化典型反映出西漢經營西域艱巨性和複雜性，也反映出在邊地治理上取得的巨大成就。東漢在西北涼州等地對羌人長期用兵，代價巨大，反映東漢在邊地守成多於開拓。都非常典型反映了各時期邊地治理的面貌。

　　指出邊地治理存在有特殊的體制，分析國野之分、邊將權重可能是京畿、內郡和邊地治理差異的歷史淵源。依故事而行，可能也是一種制度上的路徑依賴。根據所處地域在研究中明確將郡級的行政單位分成京畿、內郡、邊郡三大類；指出不但京畿與外郡有等級差別，邊郡與內郡在察舉人才類型、職務側重點、具體職官設置、領兵征戰等方面都有特殊。邊郡地方行政機構軍事化，相當於異態的、職能不完全的行政單位。歸納出秦漢邊地治理的特點。

深入研究了邊地的治理成本，指出不同地域不同對象，治理方式做法可能會有不同，但降低成本的實質要求還是一樣的，這是制度探索的動力。根據邊地治理實踐指出從制度上看邊地特色有其必然性。而西北邊地治理在歷史上有其典範性。

　　研究中當然存在許多的不足，例如在資料的搜集整理中，有一些民國時期的論著、新近臺灣、日本和歐美等海外學人的論著不易獲得，不及吸收；其次是個人的理論修養尚欠火候，一些新的史學理論和研究方法在理解運用中還不完善，許多見解想法尚處較低層次的探索狀態，並不是非常成熟等等。

第一章 西北邊地機構的設置概況

第一節 邊郡概念

　　秦漢歷時四百多年，國土幅員遼闊，邊郡作爲邊地的主體散落四周，情況千差萬別。

一、邊、郡、邊郡的概念

　　《說文解字》載：「邊，行垂崖也」〔註1〕。本義是山崖的邊緣，引申爲邊側，邊境。《玉篇》〈辵部〉載：邊，「畔也，邊境也」〔註2〕。這一義項使用廣泛，《禮記・玉藻》載：「其在邊邑，曰某屏之臣某。」鄭玄注：「邊邑謂九州之外」〔註3〕。從意義上看，「邊」與「中」、「內」一定程度上是相對的，是地理方位。《漢書・食貨志》引賈誼之言：「卒然邊境有急」〔註4〕。《鹽鐵論・利議》載：「思念北邊之未安」〔註5〕。邊的方位感與地域單位相結合，就指代爲特殊的地區。《史記・秦本紀》載：「滑，晉之邊邑也」〔註6〕。《史

〔註1〕 〔東漢〕許慎撰、〔清〕段玉裁注：《說文解字注》，上海古籍出版社，1981年，卷2下，第75頁下。

〔註2〕 〔南朝梁〕顧野王編撰：《宋本玉篇》，中國書店，1983年，卷10，第199頁。

〔註3〕 〔清〕阮元校刻：《十三經注疏》，中華書局，1980年，卷30，第1485頁中。

〔註4〕 〔東漢〕班固撰：《漢書》，中華書局，1962年，卷24上，第1129頁。

〔註5〕 〔西漢〕桓寬撰、王利器校注：《鹽鐵論校注》，中華書局，1992年，卷5，第323頁。

〔註6〕 〔西漢〕司馬遷撰：《史記》，中華書局，1959年，卷5，第191頁。

記・吳太伯世家》載：「初，楚邊邑卑梁氏之處女與吳邊邑之女爭桑，二女家怒相滅，兩國邊邑長聞之，怒而相攻，滅吳之邊邑。吳王怒，故遂伐楚，取兩都而去」〔註7〕。說明人們在當時已習用此概念。

《說文解字》載：「郡，周制：天子地方千里，分為百縣，縣有四郡。故《春秋傳》曰『上大夫受縣，下大夫受郡。』是也。至秦初置三十六郡，以監縣」〔註8〕。作為行政區劃似初置時縣較郡大，與後世有異。《釋名・釋州國》載：「郡，群也。人所群聚也」〔註9〕。《日知錄》「郡縣」條黃汝成集釋引姚鼐觀點：「郡之稱蓋始於秦晉，以所得戎翟地遠，使人守之，為戎翟民君長，故名曰郡」〔註10〕。以郡遠荒陋、縣近富庶駁古制郡小縣大的陳論。嚴耕望詳溯縣與郡之淵源，總結前人研究，歸納指出春秋時代郡名僅見兩例，戰國多見：

> 《秦紀》，惠文君十年（前 328），魏納上郡十五縣。惠文稱王十三年（前312），伐楚取漢中地六百里，置漢中郡。《甘茂傳》，秦武王三年（前 308），茂謂秦王曰，「宜陽大縣，名曰縣，其實郡也。」又范蜎曰，楚南塞屬門而郡江東。《春申君傳》，楚考烈王元年（前262），「以黃歇為相，封春申君，賜淮北地十二縣。後十五歲，言於楚王曰，淮北地邊齊，其事急，請以為郡，便。因並獻淮北十二縣，請封於江東。」《匈奴傳》，魏有河西、上郡以與戎界邊。趙武靈王（前325～299）築長城自代并陰山下至高闕為塞，而置雲中、雁門、代郡。燕亦築長城自造陽至襄平，置上谷、漁陽、右北平、遼西、遼東郡，以拒胡。〔註11〕

根據傳世文獻所見的設郡情況可知，郡大多設立在新征服地區或邊界上，均在政權之邊地。郡在設置之初就與邊地有著密切的關係。

因為地處邊地，設置初就具有很強烈的軍事色彩。其長官名「守」。《說文解字》載：「守，守官也。從宀，從寸。從宀，寺府之事也。從寸，法度也」

〔註7〕 《史記》，卷31，第1462頁。

〔註8〕 《說文解字注》，卷6下，第283頁上下。

〔註9〕 〔東漢〕劉熙撰、〔清〕王先謙撰集：《釋名疏證補》，上海古籍出版社，1984年，卷2，第99頁。

〔註10〕 〔清〕顧炎武撰、〔清〕黃汝成集釋：《日知錄集釋（外七種）》，上海古籍出版社，1985年，卷22，第1647頁。

〔註11〕 嚴耕望：《中國地方行政制度史：秦漢地方行政制度》，上海古籍出版社，2007年，第3頁。

〔註 12〕。《左傳·莊公二十一年》載:「王巡虢守。」杜預注:「巡守於虢國也,天子省方謂之巡守」〔註 13〕。《周禮·天官冢宰·內宰》載:「憲禁令於王之北宮而糾其守。」鄭玄注:「守,宿衛者」〔註 14〕。天子巡諸侯所守,曰巡守。諸侯爲天子守土,亦曰守。「戰國時代,郡長官曰守,如吳起爲魏西河守,馮亭爲韓上黨守,任鄙爲秦漢中守,王稽爲秦河東守,是也」〔註 15〕。後世邊郡仍然具有很強烈的軍事色彩,邊郡往往就意味著戰場。但隨著秦漢大一統中央集權帝國的建立,主要防守的對象已從各爭雄對峙的諸侯轉向邊疆異族軍事組織,例如北方對秦漢王朝威脅巨大的匈奴。

隨著郡縣在行政體系中的廣泛建置,邊郡成爲秦漢一個習見的地域概念。《史記·漢興以來諸侯年表》載:「及天子支庶子爲王,王子支庶爲侯,百有餘焉。吳楚時,前後諸侯或以適削地,是以燕、代無北邊郡,吳、淮南、長沙無南邊郡」〔註 16〕。這是傳世文獻中最早出現「邊郡」一詞的記載,它的出現和習用是國家行政體制走向完善的一個結果。《漢書·昭帝紀》載:「頗省乘輿馬及苑馬,以補邊郡三輔傳馬。……非丞相、御史所請,邊郡受牛者勿收責」〔註 17〕。《後漢書·馬援傳》載:「乃辭況,欲就邊郡田牧」〔註 18〕。從文獻所見,概念已廣泛使用。

二、對邊郡的認識觀念

那麼某地是或不是邊郡在當時是如何認定呢?《漢書·王莽傳中》載:「莽下書曰:『常安西都曰六鄉,眾縣曰六尉。義陽東都曰六州,眾縣曰六隊。粟米之內曰內郡,其外曰近郡。有障徼者曰邊郡。合百二十有五郡』」〔註 19〕。同樣以郡爲名,但已經根據不同情況分成內、近、邊等類型。《說文解字》載:「障,隔也」〔註 20〕。班彪《北征賦》云:「登鄣隧而遙望兮,聊須臾以婆娑。」李善注引《蒼頡篇》曰:「障,小城也」〔註 21〕。《漢書·張湯傳》

〔註 12〕《說文解字注》,卷 7 下,第 340 頁上下。
〔註 13〕《十三經注疏》,卷 9,第 1774 頁中。
〔註 14〕《十三經注疏》,卷 7,第 686 頁上。
〔註 15〕《中國地方行政制度史:秦漢地方行政制度》,第 5 頁。
〔註 16〕《史記》,卷 17,第 802～803 頁。
〔註 17〕《漢書》,卷 7,第 228、229 頁。
〔註 18〕〔南朝宋〕范曄撰:《後漢書》,中華書局,1965 年,卷 24,第 827～828 頁。
〔註 19〕《漢書》,卷 99 中,第 4136～4137 頁。
〔註 20〕《說文解字注》,卷 14 下,第 734 頁下。
〔註 21〕〔南朝梁〕蕭統編、〔唐〕李善注:《文選》,上海古籍出版社,1986 年,卷

載武帝詰狄山：「居一障間？」顏師古注：「鄣謂塞上要險之處，別築爲城，因置吏士而爲鄣蔽以扞寇也」〔註 22〕。所謂障，就是邊塞上修築作防禦用的城堡。《說文解字》載：「徼，循也」〔註 23〕。用作名詞則有邊界之意。《史記・司馬相如列傳》：「南至牂柯爲徼。」司馬貞《索隱》：「張揖曰：『徼，塞也。以木柵水爲蠻夷界』」〔註 24〕。可見，嚴格意義上邊郡不是一種泛稱，它的認定是要有一定標準的，就是說必須有「障徼」等邊防設施才能稱爲邊郡。《漢書・丙吉傳》載：「此馭吏邊郡人，習知邊塞發奔命警備事，嘗出，適見驛騎持赤白囊，邊郡發奔命書馳來至。馭吏因隨驛騎至公車刺取，知虜入雲中、代郡」〔註 25〕。從中可見，邊郡防禦警備自有一套制度，不僅與尋常內郡有別，和平時期甚至不爲一般人所習知。《漢書・儒林傳》載：公孫弘請求「請選擇其秩比二百石以上及吏百石通一藝以上補左右內史、大行卒史，比百石以下補郡太守卒史，皆各二人，邊郡一人。先用誦多者，不足，擇掌故以補中二千石屬，文學掌故補郡屬，備員。請著功令」〔註 26〕。被武帝批准。材料所見在選拔人才遞補官吏過程中，京畿、內郡、邊郡的編制情況、待遇有明顯差異，並落實爲法令制度，由此更可以推斷，時人對某地是否屬邊郡肯定有明確的認定標準或規定，不容有含糊不清。

但是值得注意，後人在研究中往往忽略，邊郡意涵其實是一個相對的發展的概念，有廣義狹義之分，有時並不能嚴格按「有障徼」的邊境線所在來劃分界定邊郡的。《漢書・陳湯傳》載：

> 制曰：「廷尉增壽當是。湯前有討郅支單于功，其免湯爲庶人，徙邊。」又曰：「故將作大匠萬年佞邪不忠，妄爲巧詐，多賦斂，煩縣役，興卒暴之作，卒徒蒙辜，死者連屬，毒流眾庶，海內怨望，雖蒙赦令，不宜居京師。」於是湯與萬年俱徙敦煌。久之，敦煌太守奏「湯前親誅郅支單于，威行外國，不宜近邊塞。」詔徙安定。〔註 27〕

陳湯因罪徙邊，被徙之敦煌，因不宜近邊塞，又另徙至安定。可見安定在時人看來並不是完全意義的邊塞、邊郡。《漢書・馮參傳》載：馮參「永始中，

9，第 429 頁。

〔註 22〕 《漢書》，卷 59，第 2642 頁。

〔註 23〕 《說文解字注》，卷 2 下，第 76 頁上。

〔註 24〕 《史記》，卷 117，第 3047、3048 頁。

〔註 25〕 《漢書》，卷 74，第 3146 頁。

〔註 26〕 《漢書》，卷 88，第 3594 頁。

〔註 27〕 《漢書》，卷 70，第 3026～3027 頁。

超遷代郡太守。以邊郡道遠，徙爲安定太守」〔註28〕，按照這種安排似乎代郡屬於而安定郡不屬於邊郡。這可能因爲當時境界劃分併不嚴格，安定郡所處與漢朝治外地區並無清晰接壤界線，而且所對應的漢朝治外地區也是人迹罕至的荒漠地帶，安定全境核心部分深處境界之內（東漢更是如此，安定郡四至均不在當時認爲的國境線上），所以安定郡在這裡並不被當作嚴格意義上的邊郡。但事實上眾所周知，在兩漢涼州境界內羌人眾多，傳主馮參之父右將軍馮奉世元帝永光二年（42）還領大軍七萬餘人在涼州平羌立功。東漢涼州更是羌亂不息，烽煙四起，所屬的安定郡的邊郡地位是不折不扣的。那麼這不是矛盾了嗎？難道存在著不同標準嗎？細究其實，當明白在人們實際使用概念的過程中，每每有嚴格意義上的使用，也有一般意義上的使用，因此概念往往有廣義狹義之分，而且可能隨情勢有發展變化。在歷史上很多名詞的使用都有這種情況，包括「中國」、「西域」等詞也是如此。上述材料所指的邊郡應爲狹義上更嚴格的邊郡（有障徼、邊界所在），安定郡在狹義上不屬邊郡；但廣義上，在一般更寬泛的觀念中安定郡當屬邊郡（鄰近邊界）。因爲境界一時一地是一定的，同時在歷史上不可避免又會出現變化，本文所涉及具體的邊郡是從秦漢四百多年的長時段上作考察，因此所指的都是從一般意義上廣義角度所指的邊郡（鄰近邊界），並不嚴格按邊境線所在來界定邊郡。

三、邊郡與內郡的地理差異

秦漢王朝，國土廣闊。邊郡與內郡不同之處很多，例如北方邊郡，人口中不僅有漢族，還有匈奴、羌、烏桓、鮮卑等少數民族，風俗習慣也各不相同；所處地區自然條件、各自社會發展水平也不盡相同，經濟生產方式有的地方以農業爲主，有的以畜牧業爲主，不少地方則是半農半牧。南方地區民族構成也很複雜，地理條件及社會發展水平千差萬別。因爲地理條件和族群構成的不同，社會發展水平也存在不同。而眾多不同因素中，總的來說，生產方式的差異對社會面貌有決定性的影響，北方農業與畜牧業的天然分界線常區分開邊郡與內郡；南方較高水準種植農業與較低發展水平的采集農業一定程度區分開邊郡與內郡。這既有自然地理的因素，也有民族分佈的因素，因爲邊郡人口組成中少數民族比例大，生產技術較落後，另外還有政治局勢

〔註28〕《漢書》，卷79，第3306頁。

的緣故。一般北方邊郡是半農半牧，外族歸化者、土著居民甚至以粗放的牧業為主要生產形態，內地移民輔以服務於防戍任務的屯田。這樣的經濟狀況，有些邊郡生產力不足以供應龐大的駐軍，常常要內郡調撥物資來供給救濟。而南方邊郡則人口較少，一些地區甚至還處在刀耕火種落後的生產狀態，開發甚少。

文獻中對邊郡情況有頗多述及。《鹽鐵論‧輕重》載：

> 文學曰：「邊郡山居谷處，陰陽不和，寒凍裂地，衝風飄鹵，沙石凝積，地勢無所宜。中國，天地之中，陰陽之際也，日月經其南，斗極出其北，含眾和之氣，產育庶物。今去而侵邊，多斥不毛寒苦之地，是猶棄江皋河濱，而田於嶺阪菹澤也。轉倉廩之委，飛府庫之財，以給邊民。中國困於繇賦，邊民苦於戍禦。力耕不便種糶，無桑麻之利，仰中國絲絮而後衣之，皮裘蒙毛，曾不足蓋形，夏不失覆，冬不離窟，父子夫婦內藏於專室土圌之中。中外空虛。」〔註29〕

《鹽鐵論‧未通》載：

> 御史曰：「內郡人眾，水泉薦草，不能相贍，地勢溫濕，不宜牛馬；民躡耒而耕，負檐而行，勞罷而寡功。是以百姓貧苦，而衣食不足，老弱負輅於路，而列卿大夫，或乘牛車。孝武皇帝平百越以為圈圉，卻羌、胡以為苑囿，是以珍怪異物，充於後宮，騊駼駃騠，實於外廄，匹夫莫不乘堅良，而民間厭橘柚。由此觀之：邊郡之利亦饒矣！」〔註30〕

雖然御史與文學兩方爭論的是開邊利弊，卻將邊郡與內地的差異，對上自國家政治下至百姓生活的影響一一陳述，出自當時人之口，真是不可多得。從中也可見，邊郡與中國相對，地理不同，生產方式與物產差異顯著。這些差異不可避免會影響人們的習性風氣。《漢書‧晁錯傳》載：「今降胡義渠蠻夷之屬來歸誼者，其眾數千，飲食長技與匈奴同，可賜之堅甲絮衣，勁弓利矢，益以邊郡之良騎。令明將能知其習俗和輯其心者，以陛下之明約將之。即有險阻，以此當之」〔註31〕。歷來北邊邊郡邊人高尚氣力，武勇，即使漢民也是善騎射，這是生存環境、牧業習俗得以養成的氣質、技能。所以兩漢西北

〔註29〕 《鹽鐵論校注》，卷3，第180頁。
〔註30〕 《鹽鐵論校注》，卷3，第190頁。
〔註31〕 《漢書》，卷49，第2282～2283頁。

有六郡良家子，弓馬嫻熟，名將輩出。邊郡與內地差異互補，都是國家構成不可或缺之部分。

四、邊郡具體所指的地域範圍

秦漢是中國領土幅員初步成形的時期，在形成中經歷過兩次大的開邊擴土的浪潮。一是在秦始皇實現統一以後，二是漢武帝在位時期。這也是邊郡設置的兩個高潮。

秦人有開邊傳統，秦人從一個西陲小諸侯國經過歷代君主前仆後繼的開拓，最終實現當時天下的統一。秦掃滅六國，國力空前強盛，再加上始皇雄才大略，好大喜功，遂挾統一之勢，一意開邊。在北邊派蒙恬逐匈奴取新秦中，修長城、直道。在南邊則有尉屠睢等人攻百越，設新郡。國土空前廣闊，設立眾多邊郡。統計秦北方從東北到西北有 11 個邊郡〔註32〕：

遼東（東接高句麗，北接東胡）、遼西（北接東胡）、右北平（北接東胡）、漁陽、上谷、代、雁門（北接匈奴）、雲中、九原（北接匈奴）、北地（西接匈奴、月氏）、隴西（西接羌）。

南方從西南到東南有 8 個邊郡：

漢中（西接白馬、氐、冉駹）、蜀（北接白馬、氐、冉駹，西接羌、南有徙、邛，又南接筰都、僰、邛都、滇越、雟、昆明、靡莫、勞浸、滇等）、巴（南接鱉、夜郎、漏臥、句町等）、黔中（西接且蘭、鱉、夜郎）、象（西接且蘭、夜郎、漏臥、句町等，南有西甌）、桂林（有西甌、蒼梧、南越）、南海（有南越）、閩中（有東越）。

具體到各個邊郡，情況各異，這裡難以細說，而所涵蓋的空間是當時國力向周邊擴張的極限。其實即使在內地而非邊疆的許多郡，當時和以後也雜居或小範圍聚居有其他民族的百姓，向化程度不一，特別是秦漢時期開發程度還較北方有限的南方許多郡，即使秦經營多年的巴和蜀也仍然如此，難稱內郡。而秦的速亡也與過度使用民力開邊密切相關，陳勝、吳廣等人都是戍

〔註32〕秦漢時期具體邊郡所指及數目並無定論，根據邊郡不同的界定認識具體數位會有差別，這裡根據現有知識的認知並參照譚其驤主編：《中國歷史地圖集》第二冊（秦漢分冊）（中國地圖出版社，1982 年）相關地圖，試作釐清。其中秦漢四百年郡國具體變遷，可參閱周振鶴：《西漢政區地理》，人民出版社，1987 年；李曉傑：《東漢政區地理》，山東教育出版社，1999 年之相關部分。

邊失期走投無路被迫造反的農民。

西漢初期國弱民窮，疆域比秦有所萎縮，匈奴偵騎甚至一度深入上郡，令關中腹心爲之大震。但歷經漢初數十年休養生息，國力走向強盛，進入新的擴張高潮。同樣雄才大略好大喜功的漢武帝開邊擴土，國土幅員大增。統計西漢時期，北方從東北到西北曾有 27 個邊郡：

幽州刺史部 10：樂浪（有濊貊，北有沃沮，北接肅愼，南有馬韓、辰韓）、臨屯（前 108～前 82）、眞番（前 108～前 82）、蒼海（前 128～前 126）、玄菟（有高句麗，北接肅愼、夫餘）、遼東（北接夫餘、烏桓）、遼西（北接烏桓）、右北平（北接烏桓）、漁陽（北接烏桓）、上谷（北接匈奴）。

并州刺史、朔方刺史部 9〔註33〕：代（北接匈奴）、雁門（北接匈奴）、定襄（北接匈奴）、雲中（北接匈奴）、五原（北接匈奴）、朔方（北和西接匈奴）、西河（西接匈奴）、上郡（西接匈奴）、北地（北接匈奴）。

涼州刺史部 8：敦煌（北接匈奴，西接西域，南接羌）、酒泉（北接匈奴，南接羌）、張掖（北接匈奴，南接羌）、武威（北接匈奴，南接羌）、安定（北接匈奴，有羌）、金城（西接羌）、西海（4～23？）、隴西（西接羌）、天水（有羌）。

南方從西南到東南曾有 19 個邊郡：

益州刺史部 9：武都（西接羌）、廣漢（西接羌）、蜀（西接羌）、汶山（前 111～前 67）、沈黎（前 111～前 97）、越嶲（西接羌）、犍爲（有西南夷）、牂柯（有西南夷）、益州（有西南夷，南接哀牢夷）。

交趾刺史部 10：交趾、九眞、日南、鬱林、象（前 76 廢）、合浦、儋耳（前 110～前 82）、珠崖（前 110～前 46）、蒼梧、南海。

必須說明，這些邊郡是陸續設置的，有些由於各種原因還不得不廢棄。

相較西漢，東漢國勢少弱，國力大不如前，守成多於開拓。邊境形勢總體上較西漢全盛時期不如，局部變動複雜，但在較長時期仍大體維持大一統版圖。統計東漢時期，北方從東北到西北曾有 30 個邊郡或比郡屬國：

幽州刺史部 11：樂浪（北接高句麗）、遼東（東接高句麗，北接鮮卑）、遼東屬國、玄菟（東接高句麗，北接夫餘、鮮卑）、遼西（北接鮮卑）、右北平（北接鮮卑）、漁陽（北接鮮卑）、上谷（北接鮮卑，駐有護烏桓校尉）、廣

〔註33〕朔方刺史部省併入并州刺史部的具體時間，有不同的說法，這裡將兩個州部的邊郡合併說明。

陽、涿、代（北接鮮卑）。

并州刺史部 7：雁門（北接鮮卑）、雲中（北接鮮卑）、定襄、五原（北接鮮卑，駐有度遼將軍）、西河（駐有南單于庭，駐有使匈奴中郎將）、朔方（北和西接鮮卑）、上郡（西接鮮卑）。

涼州刺史部 12：北地（北接鮮卑，有羌）、安定（有羌）、武威（北接鮮卑，有羌）、漢陽（有羌）、武都（西接羌，有羌）、隴西（西接羌，有羌）、金城（西接羌，有羌，駐有護羌校尉）、張掖（有羌，南接羌，北接鮮卑）、張掖屬國（西接鮮卑）、張掖居延屬國（西和北接鮮卑）、酒泉（南接羌，北接鮮卑）、敦煌（北接鮮卑、南接羌、西接西域）。

南方從西南到東南曾有 17 個邊郡或比郡屬國：

益州刺史部 10：廣漢屬國（西接羌）、廣漢、蜀（西接羌）、蜀郡屬國（西接羌）、巴、犍為、越巂（西接羌）、犍為屬國、永昌（有西南夷、北接羌、西接盤越、撣）、牂柯。

交州刺史部 7：交趾、九眞、日南、鬱林、合浦、蒼梧、南海。

可以說，秦漢是中國疆域開拓史上一個有較高成就的時期。研究秦漢邊郡可以從特別的角度來解讀秦漢的歷史。秦漢時期邊郡概念及其中的變化很複雜曲折，而它的認定、習用、廣義狹義之分以及與內郡複雜關係並不是一個概念的單純變化，事實上邊郡廣泛設置以及以後的治亂興衰與秦漢國勢息息相關，而與「邊」相關的觀念意識也因秦漢時代波瀾壯闊的演繹而深深影響後世。

第二節　秦漢邊郡的盛衰興廢

秦漢四百多年的歷史中，邊郡的盛衰興廢變化讓人有蒼海桑田之感，具體原因耐人尋味。「蓋每一政區之產生以及改易或消失，都有一定的社會因素，即各時期的社會經濟文化以及從此產生之社會結構，在不斷發展變化，與此相適應的政治設施亦隨之改變。故設置政區，有興廢、有分合、有增減，是由歷史條件所決定的，並非偶然。見於記載者，政區置廢，出自王朝命令行事，但這決不是統治者的意旨所能擺佈，而是由一定的歷史條件所決定的」〔註34〕。

〔註34〕方國瑜：《中國西南歷史地理考釋》，中華書局，1987 年，第 29～30 頁。

費孝通分析中華民族的發展史認為，作為核心的華夏族在向外擴展時採取了兩種策略，一是包進來「以夏變夷」，一是「逐出去」。例如匈奴分南北兩部，北匈奴走了，而南匈奴化了。在「西起帕米爾高原，東到太平洋西岸諸島、北有廣漠，東南是海，西南是山」的共同家園裏，絕大多數的非漢民族不受融合的只有走到漢族所不願去居住的地方，大多是不宜耕種的草原和山區，在中華民族的一體中保留了他們的文化特點，構成多元的格局〔註35〕。

杜文忠進一步認為，在中國歷史上邊疆並不是一個純地理的概念，而是與經濟、政治、文化的發展水平密切相關的。中國文化的起源具有民族多元的性質，自夏國家形成開始，文化呈現出一種不斷由中心向四周擴散的歷史進程。中國古代於清末以前並未有近代西方式的國家主權觀念以及國際法上的疆域觀念，古代的地域觀總是同民族觀聯繫在一起的，地理概念的模糊性和波動性與因民族交錯雜居而形成的文化多元性始終聯繫在一起。「邊疆」僅僅只是一種戰爭和文化蔓延的結果，僅僅意味著是在中心文化之邊的另一個「未化之地」，對邊疆的開發主要表現為文化上的蔓延，「治邊」理念無不圍繞「化」與「未化」而展開〔註36〕。

秦漢邊郡在四百多年的歷史中，經歷複雜的盛衰興廢變化，充分展現出了上述學者分析的中國邊疆的特色面貌。邊郡作為相對的發展變化的概念，既有可能隨著王朝的盛衰，疆域的擴大或者縮小，而發生地理上的改變；也有可能伴隨經濟人口等社會狀況的變化而發生國家認同、風俗趨同等文化上的改變。歸納起來，有三種變化趨向：

一、邊郡的內地化

經過多少代人持續的開發努力，有的邊郡發展壯大，建設取得巨大成就，很成功地由過去的邊郡變成時人眼里正統的內地。這是一個「開化」、「內地化」的過程，內地化政策包括推行中原的統治制度、郡縣制為主的管理方式；傳播以中原傳統儒家思想為主的漢文化，興辦學校，改變習俗，形成中國認同和王朝正統意識；引進中原先進的農業生產技術，提高經濟發展水平等。

〔註35〕 費孝通等著：《中華民族多元一體格局》，中央民族學院出版社，1989年，第1～36頁。

〔註36〕 杜文忠：《邊疆的概念與邊疆的法律》，《中國邊疆史地研究》，2003年第4期，第1～6頁。

內地化的制度、文化和技術交流中，邊地一些少數民族文化成果也同樣爲內地人民吸收，成爲主體文化的一部分。典型的例子如巴蜀。

王明珂認爲，廣漢三星堆文化表明，蜀人自身文化出現斷裂，由漢晉蜀人對本地的文獻記憶看來，當時他們已遺忘了這文化所代表的本地古文明，並將本地之過去「蠻荒化」或「神話化」，這與多元文化如何成爲一體之中國相關。當代族群理論說明，一個民族或族群的形成與延續，並非全然是生物性繁殖或文化傳播的結果，而更賴於其成員之認同與「異族概念」（族群邊緣）的延續與變遷。在地理上華夏認同向四方的成長擴張，不斷有華夏邊緣人群對本地古文明「失憶」，尋得或接受一位華夏聖王祖先作爲「起源」，並在歷史想像中將此「起源」之前的本地過去「蠻荒化」〔註37〕。

其實巴蜀華夏認同的建立主要是在秦漢時期完成的。有一些邊吏有意識、有系統地在當地推廣中原的制度、文化和生產技術。典型者例如秦時蜀守張若、李冰、西漢時文翁等人，取得很大的成功。據《華陽國志・蜀志》載，張若任蜀守幾十年，建城，引進秦的各項制度對蜀進行改造，李冰繼之修築都江堰等等，把蜀變成秦統一全國穩固的富庶的後方基地，功不可沒。而文翁位列《漢書・循吏傳》之首，據本傳載，他在景帝末爲蜀守，官費資助派遣蜀地學生到京師學文化，提攜獎進人才，在地方首創學官制度，教化大行。武帝時，地方設學官的制度還推廣到全國。文翁的作爲大大提升了蜀地的文化水平，在京師的蜀地學者能與文化昌盛的齊魯學者相提並論。蜀地後世湧現司馬相如、揚雄等全國知名的學者。幾代人長年累月的努力終於讓巴蜀核心區不再爲人視作落後的邊荒。其實秦漢時期這樣有爲邊吏還有很多，如：光武時任延在九眞，錫光在交趾，李忠在丹陽，衛颯在桂陽，章帝時王追在益州，桓帝時應奉在武陵，崔寔在五原，靈帝時張奐在武威等等。他們爲邊郡長吏均移風易俗，教化邊陲，推動當地社會的文明進步。邊郡的內地化是國家興盛情勢下邊郡發展壯大的結果。

二、邊郡的維持

並不是所有邊郡都有充分的條件走向內地化。有的邊郡同樣經過歷代的開發創造，但仍然無法改變邊郡相對落後的地位，這裡有非當時人力所能改

〔註37〕王明珂：《歷史事實、歷史記憶與歷史心性》，《歷史研究》，2001年第5期，第146頁。

變的客觀原因,例如與生產方式密切相關的地理條件、氣候等因素。即使上文提到的蜀郡,由於自然地理條件和當時生產力水平限制,即使離郡治成都不遠的山區,羌人在山高穀深地廣人稀處生息,維持較爲落後的社會發展水平,東漢爲此設置蜀郡屬國。因此不能對邊郡的進步抱持太高標準,這有當時難以克服的客觀因素。但同時又必須指出,能夠維持邊郡的地位,保持有效的控制本身可見其基本建設也是成功的,如河西四郡,幾乎歷代都能守住,一直維持其邊郡地位。甚至在若干時期政治形勢中,有重要的特殊地位。例如兩漢之際河西竇融集團就在亂世、在光武帝和隗囂的角力中扮演很微妙角色,爲時所重。東漢中後期伴隨西北羌亂,涼州軍閥如董卓等人的崛起對東漢滅亡甚至三國魏蜀相持都有很重要影響。又如光武中興,實有賴幽、冀、并州兵騎以克定天下,特別是獲得了上谷、漁陽等河北邊郡源源不斷雄厚的人力物力支持,例如吳漢、耿弇等人轄下的突騎所向披靡即非內郡所能有。可見能穩固邊郡的地位本身,在一定程度上也是很可貴的。

秦漢以農立國,在北方相對游牧爲主的少數民族,在農耕區的開發和控制上,在南方相對漁獵采集農業爲主的少數民族,在生產技術水平上,均有著強大的優勢。例如漢在河西四郡移民屯田,有祁連山上流下來的雪水足資灌漑,開發出優良的農耕區,變牧爲農,使之成爲較鞏固的邊郡,漢人移民得以站住腳。《漢書·地理志》載:

> 自武威以西,本匈奴昆邪王、休屠王故地,武帝時攘之,初置四郡,
> 以通西域,鬲絕南羌、匈奴。其民或以關東下貧,或以報怨過當,
> 或以誖逆亡道,家屬徙焉。習俗頗殊,地廣民稀,水草宜畜牧,故
> 涼州之畜爲天下饒。……其俗風雨時節,穀糴常賤,少盜賊,和氣
> 之應,賢於內郡。[註38]

如果班固沒有曲筆美化的話,豐實和樂的河西,堪稱邊郡建設的模範。但觀竇融、班彪等人於西漢末選擇奔河西避難,竇並以之崛起,可知班固所言非虛,西漢河西建設還是相當有成績的。在西漢,由於河西離關中腹心相對較近,爲了捍衛中央,朝廷也有可能在各方面不遺餘力地支撐維繫。觀漢武帝時屯田規模即可知國家在邊郡的人力物力投入之大。因爲有大量移民長久定居,開拓建設,雖然這些邊郡常受異族入侵騷擾,限於地理條件,無法改變與北方游牧民族相鄰的邊郡地位,但反過來,游牧民族也很難長久控制佔領

〔註38〕《漢書》,卷28下,第1644～1645頁。

這些農耕區。總的來說，在國家雄厚國力為後盾的支撐下，西漢河西建設不錯，東漢國勢少衰，但河西仍勉力維持，雖幾次動議但最終並未放棄。可以說兩漢河西諸郡中外對峙角力，維持了邊郡地位不墜。「地肥饒，外阻河」河套的朔方等郡的情況也類似。

而且由於漢地社會發展程度相較少數民族地區要高，在社會動員組織、後勤供應保障方面有更強的能力，在雙方對峙中，常是攻雖不足，守則有餘。修城塞器械等守住要害，各地互相支持。《後漢書・廉范傳》載：

> 數月，再遷爲雲中太守。會匈奴大入塞，烽火日通。故事，虜入過五千人，移書傍郡。吏欲傳檄求救，范不聽，自率士卒拒之。虜眾盛而范兵不敵。會日暮，令軍士各交縛兩炬，三頭爇火，營中星列。虜遙望火多，謂漢兵救至，大驚，待旦將退，范乃令軍中蓐食，晨往赴之，斬首數百級，虜自相轔藉，死者千餘人，由此不敢復向雲中。後頻歷武威、武都二郡太守，隨俗化導，各得治宜。〔註39〕

邊郡按慣例虜入人過五千可移書傍郡，求救共禦敵互保。大國雄厚的人力物力之外，這種完善發達的行政體系和社會組織，也常是西域無法維持獨立地位的諸小國所缺乏的。這種體制使邊地有強有力的後盾支持，維持邊地地位不墜。這是「化」與「未化」地區各種力量角力持平的結果。

三、內地的邊郡化和邊郡的衰落廢棄

國勢上陞時期，政治安定、軍事強盛、經濟富庶、文化先進，邊郡有可能轉化爲內地。相反的，當國力衰落時期，邊郡衰敗，甚至內地也可能轉變爲邊疆。這種情形在兩漢時期也有出現。

邊塞的條件是很艱難的。《漢書・西域傳》載，漢武帝下輪臺罪己詔中提到「今邊塞未正，闌出不禁，障候長吏使卒獵獸，以皮肉爲利，卒苦而烽火乏，失亦上集不得，後降者來，若捕生口虜，乃知之」〔註40〕。可見邊郡候望士卒有諸般愁苦，難達上聽。兩漢之際，天災人禍，民生凋弊，東漢立國國力處頹勢，邊地外患轉形嚴峻，中央被迫頻繁內徙邊民，局勢惡性循環，邊郡走向衰敗。《後漢書・光武帝紀》載：建武十年（34）「省定襄郡，徙其民於西河」；建武十五年（39）「徙雁門、代郡、上谷三郡民，置常山關、居

〔註39〕《後漢書》，卷31，第1103頁。
〔註40〕《漢書》，卷96下，第3912頁。

庸關以東」；建武二十年（44），「省五原郡，徙其吏人置河東」〔註41〕。中後期更是狼狽不堪。永初五年（111），「羌入寇河東，至河內，百姓相驚，多南奔度河」〔註42〕。《後漢書·安帝紀》載：「詔移隴西徙襄武，安定徙美陽，北地徙池陽，上郡徙衙」〔註43〕。《後漢書·順帝紀》載：永和五年（140）：「徙西河郡居離石，上郡居夏陽，朔方居五原。」永和六年（141），「徙安定居扶風，北地居馮翊」〔註44〕。如此大規模徙民於內郡，使北部邊郡顯得格外蕭條。政治失控時，民間自發的、零散的、漸進式的移民內郡，也使得邊郡人口銳減。把《漢書·地理志》所記西漢平帝元始二年（2）戶口統計與《續漢書·郡國志》所記順帝永和五年（140）戶口統計作一比較，可以看出其耗減量十分驚人。平帝元始二年，西漢北部邊郡有1151828戶，而到東漢順帝永和五年銳減至320469戶，僅占西漢平帝時戶數的27.82%；西漢平帝時北部邊郡有5114887口，而東漢只有1399131口，僅占西漢口數的27.35%〔註45〕。其實東漢人口本較西漢為少，豪強隱匿的戶口情況也較嚴重。但不可諱言東漢國力相較弱小很多，邊郡的衰落就顯得分外刺眼。同時邊郡漢與少數族人口比例增減此消彼長，強弱態勢也發生變化，局部地區不能繼續維持統治，不得不紛紛內徙。《潛夫論·實邊》載：「今邊郡千里，地各有兩縣，戶（財）〔才〕置數百，而太守周迴萬里，空無人民，美田棄而莫墾發。」「邊地遂以丘荒，至今無人」〔註46〕。

　　受邊郡衰敗之累，有些相鄰的內地一度甚至出現邊郡化。例如關中地區，在秦和西漢本是京畿所在，首善之區。「號稱陸海，為九州膏腴。」「沃野千里，民以富饒」〔註47〕。《漢書·地理志》載平帝元始二年（2）三輔合計647180戶，2436360口。五方雜厝，人口眾多，諸陵豪富鬥雞走馬，引領天下時尚，經濟繁榮。但歷經西漢末綠林、赤眉農民起義的嚴重破壞，「時三輔大饑，人相食，城郭皆空，白骨蔽野，遺人往往聚為營保，各堅守不下」

〔註41〕　《後漢書》，卷1下，第57、64、73頁。
〔註42〕　《後漢書·西羌傳》，卷87，第2887頁。
〔註43〕　《後漢書》，卷5，第216頁。
〔註44〕　《後漢書》，卷6，第270、271頁。
〔註45〕　陳曉鳴：《籌邊失當與東漢衰亡》，《江西師範大學學報》（哲學社會科學版），2002年第4期，第38～42頁。
〔註46〕　〔東漢〕王符著、〔清〕汪繼培箋、彭鐸校正：《潛夫論箋校正》，中華書局，1985年，第285、282頁。
〔註47〕　《漢書·地理志》，卷28下，第1642頁。

〔註 48〕。區域社會發展水平急轉直下，到東漢，儘管自然地理的優越條件與西漢相較變化不大，但因爲社會政治因素，長安已失去首都地位，關中人口、經濟和文化也不復舊觀。東漢中後期，西北民族勢力消長與邊郡局勢變動劇烈，羌亂風起雲湧，涼州破敗邊荒化，邊郡治所及人口內徙，擾亂不寧，關中深受其害，地位有如舊日邊郡。《續漢書・郡國志》載順帝永和五年（140）三輔合計 107741 戶，523860 口。戶相當於西漢的 16.65%，口相當於西漢的 21.5%。而同期全國總戶數相當於西漢的 79.28%，總人口相當於西漢的 82.47%，關中三輔的衰落顯得非常突出。如與上文所引北邊邊郡戶口下降比例相比較，恰恰因爲過去是最發達的地區，關中的衰落程度尤其顯得比邊郡還嚴重。《通典・食貨・田制上》引崔寔《政論》云：「今青、齊、兗、冀，人稠土狹，不足相供，而三輔左右及涼、幽州，內附近郡，皆土曠人稀，厥田宜稼，悉不肯墾」〔註 49〕。崔寔是桓帝時人敘論當時現狀，三輔已與邊郡爲伍了。《後漢書・西羌傳》載：安帝永初三年（109），「軍營久出無功，有廢農桑，乃詔任尙將吏兵還屯長安，罷遣南陽、潁川、汝南吏士，置京兆虎牙都尉於長安，扶風都尉於雍，如西京三輔都尉故事。」李賢注：「西京左輔都尉都高陵，右輔都尉都郿也」〔註 50〕。《後漢書・竇憲傳》李賢注引應劭《漢官儀》載：「扶風都尉部在雍縣，以涼州近羌，數犯三輔，將兵衛護園陵，故俗稱雍營」〔註 51〕。東漢因爲關中虛弱，不得不在關中設雍營、長安營，設扶風都尉、京兆虎牙都尉等職，保衛搬不走的祖宗園陵。這典型反映出國勢強弱變化情勢下，部分內地的邊地化趨勢。

有的邊郡破敗暫時內徙，政府還指望局勢緩和，再回遷重建。而有的邊郡綜合考慮各種因素，就被迫廢棄了。這些邊郡建設可以說前功盡棄，是失敗了。

西漢、新莽時期就有多個邊郡廢棄：

幽州刺史部：臨屯（前 108～前 82）、眞番（前 108～前 82）、蒼海（前 128～前 126）

涼州刺史部：西海（4～23？）

益州刺史部：汶山（前 111～前 67）、沈黎（前 111～前 97）

〔註 48〕 《後漢書・劉盆子傳》，卷 11，第 484 頁。
〔註 49〕 〔唐〕杜佑撰：《通典》，北京：中華書局，1984 年，典 12 頁上。
〔註 50〕 《後漢書》，卷 87，第 2887 頁。
〔註 51〕 《後漢書》，卷 23，第 814 頁。

交趾刺史部：象（前 76 廢）、儋耳（前 110～前 82）、珠崖（前 110～前 46）

廢棄的原因有很多。有的是因為盲目的過度擴張，國力跟不上，無以為繼；有的則屬治理策略有誤。漢武帝元封元年（前 110），漢平南越，在其地設立了儋耳、珠崖、南海、蒼梧、鬱林、合浦、交趾、九眞和日南 9 郡。漢昭帝始元五年（前 82）罷儋耳郡，將其地併入珠崖，珠崖郡遂轄海南島全境。《後漢書·南蠻傳》載：「武帝末，珠崖太守會稽孫幸調廣幅布獻之，蠻不堪役，遂攻郡殺幸」。此後「中國貪其珍賂，漸相侵侮，故率數歲一反」〔註52〕。駱越人不斷反抗，漢朝無法有效統治，漢元帝初元三年受國內形勢、邊疆策略、嶺南特殊的地理環境等影響被迫罷棄珠崖。王莽設西海郡則是為上臺政治造勢一時心血來潮的產物，並非國力正常擴張的結果。環青海湖地區宜牧而不宜農，沒有穩固的農耕區和相當數量的農耕移民。雖然王莽增法五十條徙罪民實之，但並不可行，漢人在其地根本無法站住腳，最後被迫廢棄。

邊郡興廢變化說明，國土的開拓、鞏固要付出艱苦的努力，也要務實量力而行。

第三節　西北邊地各機構的設置沿革

一、郡、屬國和刺史部〔註53〕

從東到西分述西北各邊郡情況如下：

雲中郡：

《史記·匈奴列傳》載，趙武靈王時胡服騎射，北破林胡樓煩，築長城

〔註52〕《後漢書》，卷 86，第 2835、2836 頁。

〔註53〕這裡說明西北邊地各機構的建置沿革。參考相關論著有：王國維：《秦郡考》，王國維著、傅傑編校：《王國維論學集》，中國社會科學出版社，1997 年，第 81～85 頁；顧頡剛：《兩漢州制考》，《中央研究院歷史語言研究所集刊外編·慶祝蔡元培先生 65 歲誕辰集》，第 855～906 頁；譚其驤：《秦郡新考》、《討論兩漢州制致顧頡剛先生書》，譚其驤著：《長水集》，人民出版社，1987 年，第 1～12、22～42 頁；譚其驤主編：《中國歷史地圖集》，中國地圖出版社，1982 年；周振鶴：《西漢政區地理》，人民出版社，1987 年；李曉傑：《東漢政區地理》，山東教育出版社，1999 年；后曉榮：《秦代政區地理》，中國社會科學出版社，2008 年等。

為塞，置雲中〔註 54〕。《水經注・河水注》載，秦始皇十三年（前 234）立雲中郡〔註 55〕，可能是秦奪自趙。秦末，匈奴南侵，雲中沒。項羽徙趙王歇為代王，實居太原。韓信破代滅趙歇、陳餘，漢高帝三年（前 204）屬漢。五年（前 202），漢王朝建立以後，雲中是中央直接領轄的西北四郡之一。六年（前 201），劉邦封兄喜為代王，雲中郡屬代國。七年（前 200），劉邦更封子如意為代王。九年（前 198），如意徙王趙，雲中屬趙國。十一年（前 196），高祖分雲中郡東部置定襄郡，以定襄、雁門、代、太原四郡置代國，封子恒。雲中郡西部仍稱雲中，歸中央直屬，直至西漢末〔註 56〕。屬并州刺史部。更始三年、光武建武元年（25），更始敗，盧芳自立。建武五年（29），盧芳稱帝，據。七年（31），屬漢。後省。二十六年（50），重置。東漢屬并州刺史部。獻帝建安二十年（215），省，置一縣領其民，與定襄、五原、朔方等被罷省之邊郡所置縣合為新興郡。

九原郡：

秦始皇三十二年（前 215），使蒙恬發兵三十萬北擊胡，略取河南地，三十三年（前 214），西北斥逐匈奴，置九原。秦漢之際，河南地沒入匈奴，九原廢〔註 57〕。

五原郡：

秦始皇三十三年（前 214），蒙恬逐匈奴，置九原。秦漢之際，河南地沒入匈奴。漢武帝元朔二年（前 127），收復河南地，大致在原秦九原郡所在區域設置。西漢屬朔方刺史部。更始三年、光武建武元年（25），更始敗，盧芳自立。建武五年（29），盧芳稱帝於九原。十二年（36），屬漢。二十年（44），省，徙其吏人置於河東。二十六年（50），重置。東漢屬并州刺史部。獻帝建安二十年（215），省為五原一縣領其民，內徙置於太原郡陽曲縣，與雲中、

〔註 54〕《史記》，卷 110，第 2885 頁。
〔註 55〕〔北魏〕酈道元著、陳橋驛校證：《水經注校證》，中華書局，2007 年，第 79 頁。
〔註 56〕《西漢政區地理》，第 73 頁。
〔註 57〕一般依全祖望、王國維、譚其驤等的看法認為九原郡秦置。史念海認為九原郡本戰國趙邊郡。史念海：《論秦九原郡始置的年代》，《河山集》（七集），陝西師範大學出版社，1999 年，第 376～384 頁。辛德勇認為九原郡漢初未廢。辛德勇：《張家山漢簡所示漢初西北隅邊境解析：附論秦昭襄王長城北端走向與九原雲中兩郡戰略地位》，《歷史研究》，2006 年第 1 期，第 15～33 頁。

定襄、朔方等被罷省郡所置縣合爲新興郡。

朔方郡：

秦始皇三十三年（前 214），使蒙恬發兵三十萬北擊胡，略取河南地，置九原。秦漢之際，河南地沒入匈奴。武帝元朔二年（前 127），收復河南地，大致在原秦九原郡所在區域設置。西漢屬朔方刺史部。更始三年、光武建武元年（25），更始敗，盧芳自立。建武五年（29），盧芳稱帝，據。七年（31），歸漢。後省。二十六年（50），重置。東漢屬并州刺史部。西漢郡治朔方縣，東漢徙治臨戎縣。順帝永和五年（140）徙至五原郡五原縣。獻帝建安二十年（215），省爲廣牧一縣領其民，內徙置於太原郡北界，與雲中、定襄、五原等被罷省郡所置縣合爲新興郡。

西河郡：

漢武帝元朔四年（前 125），分上郡東部及北部諸縣置。西漢屬朔方刺史部。東漢屬并州刺史部。順帝永和五年（140），郡治從平定縣徙離石縣。靈帝末，黃巾起義，匈奴侵邊，百姓南奔，郡廢。

上郡：

《史記·秦本紀》載，惠文君十年（前 328），魏納上郡十五縣予秦﹝註58﹞。秦置，項羽將之封給翟王董翳。高帝元年（前 206），屬漢。高帝五年（前 202），漢王朝建立以後，是中央直接領轄西北四郡之一。故塞（秦昭襄王長城）以外地爲匈奴所據。武帝元朔二年（前 127），漢擊匈奴收河南地恢復秦時規模。四年（前 125）分東部及北部諸縣置西河。西漢屬朔方刺史部。光武建武六年（30），屬漢。東漢屬并州刺史部。安帝永初五年（111），內徙左馮翊衙縣。順帝永建四年（129）復歸舊土。永和五年（140）時復徙左馮翊夏陽縣，終漢未能再返回故土。獻帝建安二十四年（219）時已省。

北地郡：

《史記·匈奴列傳》載，秦昭王「起兵伐義渠，於是秦有隴西、北地、上郡，築長城以拒胡」﹝註59﹞。項羽將之封給雍王章邯。漢高帝二年（前 205），屬漢。五年（前 202），漢王朝建立以後，是中央直接領轄西北四郡之一。故塞（秦昭襄王長城）以外地爲匈奴所據。武帝元朔二年（前 127），漢擊匈奴

﹝註58﹞《史記》，卷 5，第 206 頁。
﹝註59﹞《史記》，卷 110，第 2885 頁。

收河南地恢復秦時規模。元鼎三年（前 114）分置安定。西漢屬朔方刺史部。新莽地皇四年、更始元年（23），隗囂據，二年（24）囂附更始。三年（25），囂歸天水自立，據。光武建武二十六年（50），重置。東漢屬涼州刺史部。安帝永初五年（111），內徙左馮翊池陽縣。順帝永建四年（129）復歸舊土。郡治由馬領徙富平。永和六年（141）復徙左馮翊祋栩縣，並設富平、泥陽二僑縣，終漢末而未更。

安定郡：

武帝元鼎三年（前 114）分北地置〔註60〕。西漢屬涼州刺史部。新莽地皇四年、更始元年（23），隗囂據，二年（24）囂附更始。更始令盧芳鎮撫安定以西。三年（25），囂歸天水自立，據。光武建武十年（34），屬漢。東漢屬涼州刺史部。安帝永初五年（111）至順帝永建四年（129）內徙右扶風美陽縣，鸇陰、租厲兩縣可能此時屬武威。後歸舊土。永和六年（141）復徙右扶風。後兩次返回舊土。獻帝興平元年（194），析安定、右扶風置新平郡，鶉觚別屬新平。

天水郡：

武帝元鼎三年（前 114），分隴西置。西漢屬涼州刺史部。昭帝始元六年（前 85），割金城、榆中二縣，與隴西、張掖各二縣以成金城郡。新莽地皇四年、更始元年（23），隗囂據，二年（24）囂附更始。三年（25），囂歸天水自立，據。光武建武十年（34），屬漢。東漢屬涼州刺史部。明帝永平十七年（74）更名漢陽。靈帝中平五年（188），析置南安郡，治獂道。獻帝初平四年（193），復析置永陽郡，地疑在上邽。建安十九年（214），南安、永陽二郡省。

隴西郡：

《水經注・河水注》，狄道，「漢隴西郡治，秦昭王二十八年（前 279）置」〔註61〕。項羽將之封給雍王章邯。漢高帝二年（前 205）屬漢。五年（前 202），漢王朝建立以後，是中央直接領轄西北四郡之一。故塞（秦昭襄王長城）以外地爲匈奴所據。武帝元朔二年（前 127），漢擊匈奴收河南地恢復秦時規模。元鼎三年（前 114）分置天水。元鼎六年（前 111），分南部武都道、

〔註60〕嚴耕望認爲分隴西置，見氏著：《兩漢太守刺史表》，上海古籍出版社，2007年，第78頁。
〔註61〕《水經注校證》，卷2，第47頁。

下辨道一帶置武都郡。西漢屬涼州刺史部。昭帝始元六年（前85），割枹罕、白石二縣與天水、張掖各二縣以置金城郡。王莽改隴西郡曰厭戎。新莽地皇四年、更始元年（23），隗囂據，二年（24）囂附更始。三年（25），囂歸天水自立，據。光武建武十年（34），屬漢。東漢屬涼州刺史部。十二年（36），省金城屬隴西，十三年（37），復置金城，但枹罕、白石、河關三縣未還金城。安帝永初四年（110），金城僑置於襄武。五年（111），由狄道徙治襄武。元初五年（118），金城還治允吾。延光三年（124），還治狄道。

武都郡：

故道秦時屬內史，下辨道、武都道等秦時屬隴西，所在地項羽時封雍王章邯。漢高帝二年（前205）屬漢。武帝元鼎六年（前111），再度開拓西南夷地區，隴西分南部武都道、下辨道一帶置武都郡。初置可能還包括廣漢郡陰平道、剛氏道、甸氏道等，昭帝元鳳元年（80）氐人反平後，三道割屬廣漢。處於西北與西南交界之地，比較特殊。此郡西漢屬西南的益州刺史部〔註62〕，東漢則歸屬西北的涼州刺史部。域內有許多羌人生息，與西北羌人大部聲氣相通，常協同行動。新莽地皇四年、更始元年（23），隗囂據，二年（24）囂附更始。三年（25），更始敗，其將李寶據。後公孫述據。光武建武十一年（35），屬漢。郡治由武都遷下辨，西北增領羌道。獻帝建安二十四年（219），徙至右扶風武功縣小槐里。

金城郡：

昭帝始元六年（前85），割天水之金城、榆中二縣，隴西之枹罕、白石二縣與張掖另二縣以置。後對羌作戰勝利，控制河湟之間，郡境有擴大。郡治由金城遷允吾。西漢屬涼州刺史部。新莽地皇四年、更始元年（23），隗囂據，二年（24）囂附更始。三年（25），更始敗，竇融等據。光武建武五年（29），屬漢。十二年（36），省金城屬隴西，十三年（37），復置，枹罕、白石、河關三縣歸隴西。東漢屬涼州刺史部。安帝永初四年（110），僑置於隴西襄武。約元初五年（118），復歸舊土。獻帝建安中，析置西平郡，領破羌、臨羌、安夷、西都等縣。

西海郡：

平帝元始四年（4），王莽新置。新莽地皇四年（23），新朝亡，廢。

〔註62〕嚴耕望將西漢武都郡歸入涼州刺史部，疑誤。《兩漢太守刺史表》，第77頁。

武威郡：

　　大致在宣帝地節間（前69～前66）分張掖郡東部地置〔註63〕。西漢屬涼州刺史部。新莽地皇四年、更始元年（23），隗囂據，二年（24）囂附更始。三年（25），更始敗，竇融等據。光武建武五年（29），屬漢。東漢屬涼州刺史部。安帝永初五年（111）安定內徙右扶風美陽縣，所領鸇陰、租厲兩縣可能此時來屬。

張掖郡：

　　武帝元鼎六年（前111），分酒泉置。西漢屬涼州刺史部。昭帝始元六年（前85），割二縣與天水之金城、榆中二縣，隴西之枹罕、白石二縣以置金城。新莽地皇四年、更始元年（23），隗囂據，二年（24）囂附更始。三年（25），更始敗，竇融等據。光武建武五年（29），屬漢。東漢屬涼州刺史部。安帝時析置張掖屬國（領候官、左騎、千人、司馬官、千人官）及張掖居延屬國（領居延）。獻帝時，張掖居延屬國改為西海郡。獻帝時，張掖郡還析置西郡，領日勒等。

酒泉郡：

　　大致在武帝元狩二年（前121），逼降匈奴休屠、渾邪王，在河西地置酒泉郡。西漢屬涼州刺史部。新莽地皇四年、更始元年（23），隗囂據，二年（24）囂附更始。三年（25），更始敗，竇融等據。光武建武五年（29），屬漢。東漢屬涼州刺史部。

敦煌郡：

　　大致在武帝元鼎六年（前111）分酒泉置。西漢屬涼州刺史部。新莽地皇四年、更始元年（23），隗囂據，二年（24）囂附更始。三年（25），更始敗，竇融等據。光武建武五年（29），屬漢。東漢屬涼州刺史部。

　　屬國，西漢僅在西北設置，受郡統轄。東漢擴大在西南、東北設置，治民比郡。材料不多，僅就所及稍作編次：

五原屬國：

　　不知西漢何時置。元帝竟寧中，馮立以王舅出任〔註64〕。哀帝時，劉茂

〔註63〕河西四郡的設置時間等問題，史書記載有歧異，前人代表性的如勞榦、張維華、日比野丈夫等多所討論，這裡暫從周振鶴觀點。

〔註64〕《漢書·馮立傳》，卷79，第3305頁。

察孝廉，再遷五原屬國候〔註65〕。西漢末，治郡境蒱澤縣〔註66〕。

西河屬國：

不知西漢何時置。《漢書·馮奉世傳》載：昭帝末，西河屬國胡伊酋若王畔〔註67〕。《漢書·宣帝紀》載，五鳳三年，「置西河、北地屬國以處匈奴降者」〔註68〕。治郡境美稷縣〔註69〕。東漢和帝永元二年置〔註70〕。

上郡屬國：

不知西漢何時置。《漢書·馮奉世傳》載：元帝即位，上郡屬國歸義降胡萬餘人反去〔註71〕。西漢末，治郡境龜茲縣，師古曰：「龜茲國人來降附者，處之於此，故以名云」〔註72〕。東漢和帝永元二年置〔註73〕。《續漢書·郡國志五》載，上郡有屬縣曰龜茲屬國〔註74〕，即是上郡屬國，只是其都尉許可權未擴張，沒有像其他屬國那樣治民比郡而已。

北地屬國：

宣帝五鳳三年置，《漢書·宣帝紀》載：「置西河、北地屬國以處匈奴降者」〔註75〕。

安定屬國：

不知西漢何時置，西漢末，治郡境三水縣〔註76〕。王莽末盧芳乃與三水屬國羌胡起兵即是〔註77〕。建武二十一年（45），安定屬國胡叛〔註78〕。不見於《續漢書·郡國志》，安順以後別領城比郡。永壽元年南匈奴叛，寇美稷，安定屬國都尉張奐討除之〔註79〕。

〔註65〕 《後漢書·獨行·劉茂傳》，卷81，第2671頁。
〔註66〕 《漢書·地理志》，卷28下，第1619頁。
〔註67〕 《漢書》，卷79，第3295頁。
〔註68〕 《漢書》，卷8，第267頁。
〔註69〕 《漢書·地理志》，卷28下，第1618頁。
〔註70〕 《後漢書·和帝紀》，卷4，第170頁。
〔註71〕 《漢書》，卷79，第3295頁。
〔註72〕 《漢書·地理志》，卷28下，第1617～1618頁。
〔註73〕 《後漢書·和帝紀》，卷4，第170頁。
〔註74〕 《後漢書》，志23，第3524頁。
〔註75〕 《漢書》，卷8，第267頁。
〔註76〕 《漢書·地理志》，卷28下，第1615頁。
〔註77〕 《後漢書·盧芳傳》，卷12，第506頁。
〔註78〕 《後漢書·光武帝紀》，卷1下，第73頁。
〔註79〕 《後漢書·桓帝紀》，卷7，第302頁。

天水屬國：

不知西漢何時置。成帝時，張放任此職〔註 80〕。西漢末，治郡境勇士縣之滿地〔註 81〕。

金城屬國：

《漢書・宣帝紀》載，神爵二年「夏五月，羌虜降服……置金城屬國以處降羌」〔註 82〕。

張掖屬國：

武帝時置。兩漢之際，竇融以之節制河西，後歸光武〔註 83〕。安帝時析張掖別領五城，治候官，治民比郡〔註 84〕。

張掖居延屬國：

故張掖郡都尉，安帝時析張掖，別領居延一城治民比郡，獻帝世更名西海郡。《續漢書・郡國志五》：「居延，有居延澤，古流沙」。劉昭注：「獻帝建安末，立爲西海郡」〔註 85〕。

酒泉屬國：

《後漢書・西域傳》載，敦煌太守張璫上書陳三策：「以酒泉屬國吏士二千餘人集崑崙塞，先擊呼衍王」〔註 86〕。

刺史本非地方官，也不屬行政系統，但與地方行政密切相關，東漢逐漸演變爲地方一級行政官。州刺史部是從監察機構發展而來的一級地方行政單位。秦郡有中央所派侍御史任郡監，司監察，並非地方行政官。漢初也時遣御史、丞相史巡察地方。《漢書・百官公卿表》載：

> 監御史，秦官，掌監郡。漢省，丞相遣史分刺州，不常置。武帝元封五年（前 106）初置部刺史，掌奉詔條察州，秩六百石，員十三人。成帝綏和元年（前 8）更名牧，秩二千石。哀帝建平二年（前 5）復爲刺史，元壽二年（前 1）復爲牧。〔註 87〕

〔註 80〕《漢書・張延壽傳》，卷 59，第 2656 頁。
〔註 81〕《漢書・地理志》，卷 28 下，第 1612 頁。
〔註 82〕《漢書》，卷 8，第 262 頁。
〔註 83〕《後漢書・竇融傳》，卷 23，第 796～807 頁。
〔註 84〕《續漢書・郡國志五》，志 23，第 3521 頁。
〔註 85〕《續漢書・郡國志五》，志 23，第 3521 頁。
〔註 86〕《後漢書》，卷 88，第 2911 頁。
〔註 87〕《漢書》，卷 19 上，第 741 頁。

王莽以經義正十二州名及分界，置州牧。建武十八年（42）復置刺史十二人，另一部屬司隸。有治所，不復自詣京師奏事。靈帝中平五年（188），部分州改刺史新置牧。

并州：

西漢原本轄：代、雁門、太原、上黨、定襄、雲中六郡。平帝元始四年（4），王莽以經義正十二州名及分界，朔方部所轄郡曾併入并州〔註 88〕。東漢復立朔方部，建武十一年（35），省併入并州刺史部。東漢轄：雁門、太原、上黨、雲中、定襄、五原、朔方、西河、上郡九郡。代郡歸幽州部，北地歸涼州部。建安十八年（213），曹操曾省併州入冀州。

朔方：

西漢原本轄：五原、朔方、西河、上郡、北地五郡〔註 89〕。平帝元始四年（4），王莽以經義正十二州名及分界，朔方部所轄郡曾併入并州。東漢復立朔方部，建武十一年（35），省併入并州刺史部。

涼州：

西漢涼州刺史部轄：安定、天水、隴西、金城、武威、張掖、酒泉、敦煌八郡。平帝元始四年（4），王莽以經義正十二州名及分界，涼州曾復古名為雍州。東漢北地從并州、武都郡從益州劃入。另還轄有張掖屬國、張掖居延屬國等。

雍州：

獻帝興平元年（194），涼州數有亂，河西四郡去涼州隔遠，分涼州河西四郡置雍州。建安十八年（213），曹操曾並涼州入雍州。

邊地行政機構的演變在數百年間是很複雜的。秦時，秦始皇使蒙恬發兵三十萬北擊胡，略取河南地，置九原、新秦中。秦漢之際，河南地沒入匈奴。漢高帝五年（前 202），漢王朝建立以後，中央直接領轄的西北邊郡，從東到西有：雲中、上郡、北地、隴西。沿自秦，而原秦九原郡沒入匈奴，上郡、北地、隴西三郡故塞（秦昭襄王長城）以外地亦為匈奴所佔。漢初疆域比秦代要小。惠帝、呂后時期，抑劉扶呂，打擊同姓王，文帝時期撥亂反正，景帝平定七國之亂，期間郡國變動頻繁，但也主要是山東郡國轄治變

〔註88〕省並時間看法不一，有認為成帝時，王莽時和光武時等意見。
〔註89〕顧頡剛認為北地、安定郡西漢本歸涼州部，王莽改制才改入并州。

動，西北邊郡保持著穩定。過去諸侯國也可以領有邊郡（但西北邊郡一直屬
於中央直轄），景帝平定七國之亂，乘勢收奪諸侯王國之支郡，使之領地大
減；諸侯只能衣食稅租，行政置吏權、財政賦斂權被剝奪；邊郡屬漢。漢武
帝以前的六十年間，疆域未嘗有所擴大。原因在於國力較弱，在和匈奴鬥爭
中處劣勢，以守爲主；同時國內中央與諸侯國之間矛盾未完全解決，還有心
腹之患，也無心恢復、開拓邊疆。景帝時平定七國之亂，武帝時又行推恩
令、左官律、附益法，諸侯國的危脅已消除。漢歷經幾十年休養生息，國力
雄厚，武帝遂有可能恢復和開拓邊疆。武帝年間政區的主要變化乃是由開疆
拓土而引起的初郡和邊郡的大量增加。武帝從建元六年（前 135）起，對北方
匈奴人接連用兵，元朔二年（前 127），收復河南地，置朔方、五原二郡，而
上郡、北地、隴西等郡則恢復秦時規模。元狩二年（前 121），在河西地置酒
泉郡，元鼎六年（前 111）以後又分置張掖、敦煌等郡。在拓地的同時，武帝
又陸續分置舊郡。到武帝太初年間西北共有 12 個邊郡，從東到西是：雲中、
五原、朔方、西河、上郡、北地、安定、天水、隴西、張掖、酒泉、敦煌。
另外還有一武都郡處於西北與西南交界之地。在武帝大規模軍事行動以後，
昭帝年間稍行緊縮政策。但對西北邊境，漢廷仍視爲要地，增置金城。宣帝
號稱中興，於西北地區屢次對匈奴和羌人用兵取得勝利。比武帝時版圖更加
擴大，增置武威。元帝以後，漢王朝雖逐步走向衰落，但邊境地區由於武、
昭、宣三代的經營，已經基本無事。平帝王莽執政時增置西海。合計 16 邊
郡，另有一西域都護。安定、天水、隴西、武都、金城、武威、張掖、酒
泉、敦煌等郡，新莽地皇四年、更始元年（23），隗囂據，二年（24）囂附更
始。更始令盧芳鎮撫安定以西。三年（25），囂歸天水據地自立。竇融等人則
控制河西，自成體系，後附光武。光武建武十一年（35），朔方刺史部省併入
并州刺史部。雲中、五原、朔方、西河、上郡均屬并州刺史部。涼州刺史部
轄：北地、安定、天水、隴西、武都、金城、武威、張掖、酒泉、敦煌十
郡。明帝永平十七年，復置西域都護，地鄰涼州。安帝時爲了加強邊疆地區
內附少數部族的管理，先後將犍爲屬國、廣漢屬國、蜀郡屬國、張掖屬國、
張掖居延屬國、遼東屬國等六個重要屬國分別由原郡中劃出，治民比郡，成
爲正式行政區劃。上郡、北地內徙於左馮翊，安定僑置於右扶風，金城、隴
西徙治隴西襄武。順帝永和五年（140），上郡、西河、朔方、安定、北地成
爲僑郡，西北邊郡嚴重內縮。桓帝時安定返回故土。獻帝興平元年（194），

分涼州河西四郡置雍州。建安十八年（213），曹操並涼州入雍州。建安二十年（215），省雲中、定襄、五原、朔方郡，各置一縣領其民，合爲新興郡，割太原郡地置。

二、中央派出的特殊軍鎮機構

在常設性的行政機構之外，中央根據治理的需要，還在邊地陸續設置過特殊軍鎮機構，如西域都護、護羌校尉、使匈奴中郎將、度遼將軍和護烏桓校尉等。這些職官嚴格意義上是中央派出的專職負責邊疆民族治理的特殊軍鎮機構，它們與郡、屬國、刺史不同，有很強的民族治理和軍事鎮撫色彩。但它們與邊地治理密切相關，與邊地各常設機構聯繫密切。秦漢時期職官設置並不那麼嚴格，各職之間儘管在後人看來體制系統不一，但人員彼此調任卻很頻繁；其中西域在一定程度上相當於類似邊郡的特殊行政建置，行政色彩較濃，後三種職官更直接設置於邊郡。

西域都護：

並非邊郡，而是實行地方特製，置西域都護、戊己校尉、西域長史等〔註90〕。武帝前，西域諸國爲匈奴役屬，武帝元封間已用兵西域，昭宣兩代繼之。《漢書・百官公卿表上》載：「西域都護加官，宣帝地節二年（前 68）初置，以騎都尉、諫大夫使護西域三十六國，有副校尉，秩比二千石，丞一人，司馬、候、千人各二人」〔註91〕。神爵二年（前 60），匈奴西邊日逐王降，因之正式建立西域都護，駐烏壘城，將西域三十六城郭國及烏孫、大宛

〔註90〕 相關研究頗多，例如勞榦：《漢代的西域都護與戊己校尉》，《勞榦學術論文集甲編》，臺北藝文印書館，1976 年，第 867〜878 頁；張維華：《西域都護通考》，《漢史論集》，齊魯書社，1980 年，第 245〜308 頁；哈建華：《有關西域都護建置的年代問題》，《歷史教學》，1983 年第 3 期，第 24 頁；劉洪波：《有關西域都護的始置問題》，《中國史研究》，1986 年第 3 期；林劍鳴：《西漢戊己校尉考》，《歷史研究》，1990 年第 2 期；李大龍：《西漢西域都護略論》，《中國邊疆史地研究》，1991 年第 2 期，第 64〜70 頁；余太山：《兩漢戊己校尉考》，《兩漢魏晉南北朝與西域關係史研究》，中國社會科學出版社，1995 年，第 258〜270 頁；李炳泉：《兩漢戊己校尉建制考》，《史學月刊》，2002 年第 6 期，第 25〜31 頁；孟憲實：《西漢戊己校尉新論》，《廣東社會科學》，2004 年第 1 期，第 128〜135 頁。戊己校尉、戊校尉、己校尉，黃文弼認爲分設兩職，勞榦等認爲西漢合一，東漢分兩職。林劍鳴認爲有兩戊己校尉。張維華、余太山等認爲存在三校尉。戊己校尉的隸屬關係孟憲實認爲是中央北軍，李炳泉認爲受敦煌郡節制。

〔註91〕 《漢書》，卷 19 上，第 738 頁。

之屬置於都護管理之下〔註 92〕。這是漢廷在西域設立的軍政管理機構，是與郡相當的特殊行政區劃。另有戊己校尉，在車師負責軍屯。元帝以後，屬國在五十個左右。王莽執政，舉措失當，西域怨叛，諸國重爲匈奴役屬。東漢明帝永平十七年（74），復置西域都護和戊己校尉。十八年（75），爲耆、龜茲攻沒西域都護等。章帝建初元年（76），罷西域都護及戊己校尉。二年（77），罷伊吾屯田。惟班超滯留于寘，繼續籌邊活動。和帝永元三年（91），復置西域都護、戊己校尉。安帝永初元年（107），罷西域都護，西域復屬北匈奴。延光二年（123），漢廷任命班勇爲西域長史復平西域，從此不再設西域都護，以西域長史主持事務，屯柳中。烏孫、蔥嶺以西遂絕。順帝永建六年（131），復伊吾屯田。隨後控制又漸弱。桓帝元嘉二年（152），于寘人曾殺西域長史。各國叛降不定。在班勇之後，由於未設都護，戊己校尉和西域長史級秩較低，都由鄰近西域的敦煌郡太守領屬。隨著州刺史權力擴張，戊己校尉和西域長史歸屬涼州刺史管轄。《漢書・西域傳》載：宣帝元康四年（前 62），「其後置戊己校尉屯田，居車師故地」〔註 93〕。《漢書・百官公卿表上》：「戊己校尉，元帝初元元年（前 48）置，有丞、司馬各一人，候五人，秩比六百石」〔註 94〕。《後漢書・西域傳》：「元帝又置戊己二校尉，屯田於車師前王庭」〔註 95〕。一般認爲戊己分立，戊己校尉是戊校尉與己校尉的合稱，均領軍隊在西域屯田駐守。西漢戊、己校尉常分置，屯駐地主要是車師，據文獻己校尉曾調往更西邊的姑墨屯守。這些均爲鎮守西域負責方面的邊地職官。

護羌校尉：

護羌校尉出現在西漢，駐金城令居。《後漢書・西羌傳》載：「時先零羌與封養牢姐種解仇結盟，與匈奴通，合兵十餘萬，共攻令居、安故，遂圍枹罕。漢遣將軍李息、郎中令徐自爲將兵十萬人擊平之。始置護羌校尉，持節統領焉」〔註 96〕。據《漢書・武帝紀》載：「（元鼎）六年冬十月，發隴西、天水、安定騎士及中尉，河南、河內卒十萬人，遣將軍李息、郎中令（徐）

〔註 92〕 李大龍認爲西域都護設於神爵三年，但鄭吉能發兵五萬迎降日逐王，則神爵二年應已有都護。
〔註 93〕 《漢書》，卷 96 下，第 3924 頁。
〔註 94〕 《漢書》，卷 19 上，第 738 頁。
〔註 95〕 《後漢書》，卷 88，第 2909 頁。
〔註 96〕 《後漢書》，卷 87，第 2876～2877 頁。

自爲征西羌，平之」〔註97〕。此官職在西北治羌過程中關係重大。《漢書·趙充國傳》載：宣帝神爵二年（前 60），「詔舉可護羌校尉者，時充國病，四府舉辛武賢小弟湯。充國遽起奏：『湯使酒，不可典蠻夷，不如湯兄臨眾。』時湯已拜受節，有詔更用臨眾。後臨眾病免，五府復舉湯，湯數醉酗羌人，羌人反畔，卒如充國之言」〔註98〕。這是文獻中最早的實查有姓名事迹的護羌校尉的記載，丞相、御史大夫、車騎將軍、前將軍四府舉薦再加上後將軍提出意見，實是五府合議，可見朝廷對人選的重視。此職務在東漢初曾三度興廢。據《後漢書·溫序傳》載：溫序「（建武）六年，拜謁者，遷護羌校尉。序行部至襄武，爲隗囂別將苟宇所拘劫。……遂伏劍而死。」〔註99〕因當時尚未完成統一，無法履行職責，溫序死後，護羌校尉才設即廢。據《後漢書·西羌傳》載：建武九年（33），從司徒掾班彪進言復置，任牛邯爲護羌校尉，與中郎將來歙平隴右。及邯卒而職省，這是二度興廢。第三次設立是在明帝永平元年（58），西羌寇隴右，派竇固、馬武領軍四萬人征西羌。「以謁者竇林領護羌校尉，居狄道。」竇林有罪下獄死，「謁者郭襄代領校尉事，到隴西，聞涼州羌盛，還詣闕，抵罪，於是復省校尉官。」〔註100〕這是三度興廢。第四次設立在章帝建初元年（76），安夷縣吏強掠西羌民婦，激起羌人起義，東漢再置護羌校尉，由故度遼將軍吳棠領，居於安夷，此職在東漢遂爲常設，長駐金城，在連綿不絕的羌亂中，主持剿撫大局。

使匈奴中郎將〔註101〕：

中郎將本是皇帝身邊較高級的侍從官。匈奴在北方勢力強盛，西漢曾派遣中郎將出使，著名如蘇武等人。宣帝後呼韓邪單于內附，往來爲常。哀帝時，遂有使匈奴中郎將的職名。東漢匈奴分裂，南單于歸附，進一步服屬於漢。光武建武二十六年（50），正式設立使匈奴中郎將。《續漢書·百官志五》：「使匈奴中郎將一人，比二千石，本注曰：主護南單于，置從事二人，有事隨事增之，掾隨事爲員。」劉昭注引應劭《漢官》曰：「擁節，屯中步南，設官府掾史，單于歲遣侍子來朝，謁者常送迎焉，得賂弓馬氈罽他物百餘萬，

〔註97〕《漢書》，卷 6，第 188 頁。

〔註98〕《漢書》，卷 69，第 2993 頁。

〔註99〕《後漢書》，卷 81，第 2672～2673 頁。

〔註100〕《後漢書》，卷 87，第 2880～2881 頁。

〔註101〕參考韓香：《試論「使匈奴中郎將」的來源及演變》，《新疆大學學報》（哲學社會科學版），1995 年第 1 期，第 33～37、48 頁。

謁者事訖，還具表付祕藏，詔書勑自受」〔註102〕。駐西河美稷，成爲常設官職，專門鎮撫南匈奴，防禦北匈奴。和帝永元年間北匈奴受到沉重打擊，衰弱遠遁，鮮卑入據故地，使匈奴中郎將更主要負責南匈奴事務，協助度遼將軍統籌北邊。漢末黃巾起義，使匈奴中郎將遂罷。魏明帝復置，稱護匈奴中郎將，駐晉陽，以并州刺史兼領。

度遼將軍：

西漢設過此官。《續漢書・百官志一》劉昭注引應劭《漢官儀》曰：「度遼將軍，孝武皇帝初用范明友。」《通典》、《通志》、《文獻通考》從此說，均以爲置於武帝時，何焯指出時間有誤。據《漢書・昭帝紀》載：烏桓反，元鳳三年（前78），「以中郎將范明友爲度遼將軍，將北邊七郡郡二千騎擊之。」應劭注曰：「當度遼水往擊之，故以度遼爲官號」〔註103〕，結合《漢書》相關各傳的記載，度遼將軍實置於昭帝世，且是一個雜號將軍，只任命過范明友一人而已。范明友爲霍光婿，宣帝地節四年（前66）滅霍氏，收其印綬，范自殺，度遼將軍之職號廢。東漢復置此官，《續漢書・百官志一》載：「明帝初置度遼將軍，以衛南單于眾新降有二心者，後數有不安，遂爲常守。」劉昭注引應劭《漢官儀》曰：「明帝永平八年，行度遼將軍事。安帝元初元年，置眞。銀印青綬，秩二千石。長史、司馬六百石。」「《東觀書》云司馬二人」〔註104〕。《漢官儀》記爲明帝十八年有誤，按《後漢書》的《明帝紀》、《南匈奴》載，應是永平八年（65）復置，以中郎將吳棠行度遼將軍事，領副校尉來苗、左校尉閻章、右校尉張國率眾兵屯五原曼柏，衛護南匈奴，鎮守北邊。後逐漸由臨時性職官發展成爲常任官職，成爲戍守東漢北部邊防和監護匈奴、烏桓、鮮卑、羌等民族的主要軍鎮機構之一。是東漢防備南北匈奴交通，遏制烏桓、鮮卑的侵擾，保障北邊安寧的軍鎮主官。

另外東北還有護烏桓校尉，駐上谷郡寧城，領護烏桓、鮮卑，與上述各職類似，主要涉及東北邊地，這裡不細述。這些軍鎮職官與其他常設職官一起維持了秦漢在西北邊地的統治秩序。

〔註102〕《後漢書》，志28，第3626頁。

〔註103〕《漢書》，卷7，第229頁。

〔註104〕《後漢書》，志24，第3565頁。

第二章　涉邊決策執行

第一節　涉邊決策體制 [註1]

一、涉邊決策體制的概況

　　隨著社會的演進，人們建立各種要求大家共同遵守的辦事規程或行動準則，在一定歷史條件下形成制度文明。制度的設計目的很大程度上是爲了處理組織中的各種問題，協調體系內的各種關係 [註2]。行政制度，包括中央體制、地方體制（含中央派出機構及其機制轉換）兩個層面，秦漢時期隨著大一統中央集權制帝國的建立，王朝也確立了一整套從中央到地方的系統完整的行政體制。

　　在行政制度運行中，行政決策可以說是行政活動的中心，邊事作爲一個政權事務中重要的部分，也常是統治者密切關注的方面。與一般的決策體制

〔註1〕　參考白鋼主編：《中國政治制度通史》（第一卷總論），人民出版社，1996 年，第 200 頁；白鋼主編、孟祥才著：《中國政治制度通史》（第三卷秦漢），人民出版社，1996 年，第 146 頁；黎虎：《漢唐中央決策制度的演進及其特點》，《河北學刊》，1998 年第 6 期，第 61～67 頁；劉太祥：《秦漢中央行政決策體制研究》，《史學月刊》，1999 年第 6 期，第 24～31 頁；韓俊遠、劉太祥：《中國古代行政權力的制約與監督機制》，《南都學壇》（人文社會科學學報），2004 年第 3 期，第 25～29 頁。

〔註2〕　體制和制度：按照《現代漢語詞典》（第 5 版）的解釋，體制是國家、國家機關、企業、事業單位等的組織制度；制度是要求大家共同遵守的辦事規程或行動準則；在一定歷史條件下形成的政治、經濟、文化等方面的體系。制度包括體制。

類似，涉邊決策體制也包括了如下幾個環節因素：

首先，涉邊決策的需要。

古代政治相對後世來說，在治理上沒有那麼精細，事務不會那麼繁鉅。涉及邊務更多是遵循寬小過總大綱粗線條的治理思路。涉邊決策方面，產生治理構想主動施政的少，出現問題被動回應的多。因此我們在史書中看到的涉邊決策情況往往是，政權出現什麼棘手邊事問題，產生了決策的需要。發現問題，並對問題進行信息收集、調查研究，是決策之前要進行的基礎工作，是準備決策的依據。

其次，涉邊決策的過程。

圍繞要解決的問題，由承擔職責的主事部門機構奏報皇帝，召集與問題有關的人員，例如邊事一般在執政核心人員外，常還要召集與軍事、民族、財政等有關機構人員，以各種會議的形式（如御前密議、宰輔會議、百官會議等），研究問題，討論解決方案。為了集思廣益，參加會議的人員，可以針對問題，進行論爭。事實是在政治中，因為各官員不同的認識、立場和利益，常常會出現分化，產生尖銳的矛盾分歧，這時會議的組織者、主持者和最高決策者常常是起到調和的作用。這種調和作用發揮的好壞，體現出執政者組織能力、執政水平的高下，對政權議政風氣、政權良性運行影響重大。如果討論能有深入開展和較好的引導，在當時條件下，可以形成較優的初步共識或供採納的建議。

第三，涉邊決策的執行。

涉邊決策的首腦，秦漢時期常常是皇帝、太后或權臣，對丞相為首的議事官員呈送上來的初步共識和可行建議進行最後拍板，然後以皇帝的名義，秘書機構（御史大夫、尚書臺）將決策結論製成詔令的形式經丞相副署正式向下、向邊地或者軍事部門傳達、執行。

第四，涉邊決策的監督。

秦漢的封駁體制不如後世完善，但也是有程序上的封駁形式的。丞相、御史大夫和尚書都能對決策結論在程序上有制約監督。即使決策直接就施行，在發佈詔令中，理論上仍然允許各級各界人士有不同的意見回饋，在全國有更廣泛的討論，對施政事實上也是對決策進行制約監督，有時在回饋中還會讓決策產生調整。當然在中央集權專制體制下，並不必然能改變已經做出的決策。決策的制約監督是不可能達到後世代議制民主社會那種高度的。

但涉邊決策關係重大，反饋對決策監督是有重大意義的。

二、涉邊信息的來源和匯總

一個健康的政權機體要能及時應對政權內外出現的各種問題，進行合理的決策，這依賴良好通達的信息收集和對問題的調查研究。對於時刻可能出現邊患的不安全地帶，時間和情報可能就意味著鮮血甚至生命，這對信息的收集傳輸提出了很高的要求。秦漢時期通過各種手段和管道直接和間接、主動和被動地瞭解全國各地情況，掌握各種動態。涉邊的信息來源主要來自幾個方面：

首先，邊地的上計是一個重要渠道。上計能掌握各地的郡國縣道每年的人口、墾田、收支等各種常態性的信息。通過諮詢邊地上計吏，政府可以瞭解邊地的政風民情，拉近廟堂與邊地民間基層的距離。

其次，邊地即時的奏報也是一個主要渠道。政權轄下邊地各級官吏隨時隨地報告邊地各地區各部門突發性及時性的事件、狀態。這些有權上書奏報情況的官吏主要是地方行政體系中邊地各郡縣中央任免的官吏，另外還包括中央專門設置分部監察地方的刺史。所以在政權良性運行的情況下，中央對邊地事務的瞭解範圍可以說是很全面客觀的。《漢書‧西域傳下》載，漢武帝下輪臺罪己詔中有：

> 曩者，朕之不明，以軍候弘上書言：「匈奴縛馬前後足，置城下，馳言：秦人我句若馬。」又漢使者久留不還，故興遣貳師將軍，欲以為使者威重也。古者卿大夫與謀，參以蓍龜，不吉不行。乃者以縛馬書徧視丞相、御史、二千石、諸大夫、郎為文學者，乃至郡屬國都尉成忠、趙破奴等，皆以「虜自縛其馬，不祥甚哉。」或以為「欲以見強，夫不足者視人有餘」。〔註3〕

邊郡候望向上報告了所見匈奴詭異的敵情，朝廷碰到百思不得其解的情況，還將情報傳達給朝中丞相御史百官，甚至於邊郡屬國都尉等較瞭解異族情況者，諮詢方略對策。大家各抒己見，供決策參考。事無鉅細，在政權正常運行情況下，邊地的情況是可以上達天聽的。

第三，針對特殊的情況與事務需要，有時皇帝和丞相等還會派出使者、三府掾屬有目的有計劃的到邊地巡視，以著重瞭解某些地區某些方面的情

〔註3〕　《漢書》，卷96下，第3913頁。

況。《後漢書·順帝紀》載建康元年（144）正月詔曰：

> 隴西、漢陽、張掖、北地、武威、武都，自去年九月以來，地百八
> 十震，山谷坼裂，壞敗城寺，殺害民庶。夷狄叛逆，賦役重數，內
> 外怨曠，唯咎歎息。其遣光祿大夫案行，宣暢恩澤，惠此下民，勿
> 爲煩擾。〔註4〕

巡邊使者在邊塞出土簡牘文書中多見。不定職不定人，是皇帝根據需要臨時
派遣的，其原來身份大多爲光祿大夫、謁者、御史、三府掾等，常是皇帝或
重臣身邊的親信，有暢通的彙報執政者的言事管道，且持節代表皇帝，生殺
予奪，地位尊崇。在使者親臨的地方，重點考覈地方百官貪殘能否。體察民
情風俗，贍濟孤貧災民，舉薦人才等等。在局部地區某個時間段使上令下傳，
下情上達，有益於政治的清明和社會的安定。而從行政治理角度來說，這種
非常態性的專人解決特定問題的做法在一定的歷史階段無疑是很有效的，中
央也能跳過層層官僚體系和原有信息管道，及時獲得正常管道可能不容易獲
得的信息。

　　第四，有的皇帝還會廣開言路納諫，從臣民上書中瞭解眞實情況和獲得
一些好的建議。例如婁敬以戍邊之民進言定都關中得信用，劉邦後來也是從
婁敬得和親之計來與匈奴妥協的。

　　上計和奏報兩項是地方主動上報中央，中央比較常態性獲得信息的主要
管道。派使者和開言路兩項是中央主動瞭解下情，非常態性獲得信息的輔助
性管道。

　　秦和西漢初年，御史大夫是皇帝的秘書長，匯總了全國奏報皇帝的各種
動態信息，下發皇帝詔令。《漢書·百官公卿表上》載，御史大夫屬官：「一
曰中丞，在殿中蘭臺，掌圖籍秘書，外督部刺史，內領侍御史員十五人，受
公卿奏事，舉劾按章」〔註5〕。西漢成帝時御史大夫改稱大司空，作爲皇帝秘
書的職能弱化，御史中丞成爲御史臺長官，《續漢書·百官志三》載，其屬官
治書侍御史「受公卿群吏奏事，有違失舉劾之」〔註6〕。

　　在宮廷內還設有尚書協助皇帝專職處理章奏之事。漢武帝以後，尚書職
權逐漸加強，擁有收閱、裁決章奏的職權。成帝以後，尚書正式分曹辦公，

〔註4〕《後漢書》，卷6，第274頁。
〔註5〕《漢書》，卷19上，第725頁。
〔註6〕《後漢書》，志26，第3599頁。

還能選舉、任用、考課官吏。東漢「雖置三公，事歸臺閣」，光武帝尙書臺已成爲行政運行的樞紐，負責各類章奏文書的上奏匯總，評議，初步處理，詔書起草與下達。「出納王命，賦政四海，權尊勢重，責之所歸」〔註7〕，是天子的喉舌。涉邊信息匯總也不例外。

　　一般吏民直接詣闕上章的，則先經公車司馬令收受，《史記・滑稽列傳》《正義》注引《漢官儀》曰：「公車司馬掌殿司馬門，夜徼宮，天下上事及闕下，凡所徵召皆總領之，秩六百石」〔註8〕。《續漢書・百官志二》載：公車司馬令，「掌宮南闕門，凡吏民上章，四方貢獻，及徵詣公車者」〔註9〕。另外，《續漢書・百官志二》載：謁者，「掌賓贊受事，及上章報問。將、大夫以下之喪，掌使弔」〔註10〕。謁者是皇帝身邊的親隨侍從之一，東漢謁者臺稱外臺，與稱中臺的尙書臺，稱憲臺的御史臺，並稱三臺。有較大權力，也接受章奏。這些職官也都有部分涉邊信息處理權。

三、涉邊決策的過程

　　涉邊決策的基本方式是朝議。這是以皇帝爲首腦的中央各種會議，根據議題的性質和參加人員的範圍，大致上可分成這些不同形式：御前密議、宰輔會議、百官會議等。一些比較機密的事務，皇帝不想讓太多人員知情參與，就會召集心腹親信在內廷密議，從事務處理的情勢來說，雖然武帝時才出現所謂內朝，但御前密議在武帝之前也是有的，只是比較非正式，未形成制度而已。而在內朝形成之後，這種御前密議作爲內朝會議的形式走向制度化。一些一般性的事務，皇帝通常也不事必躬親，而由宰輔或者部門主官爲首研議決定，最後再奏報皇帝履行批准手續即可。而一些重大的議題，既不能由宰輔會議議決，小範圍的密議又不能服眾和妥善處理，就用御前百官會議的形式。涉邊事務由於關係重大，秦漢時期大一統政權的涉邊事務，常關聯的是社會發展程度較爲落後的邊荒異族，也少有對方刺取情報漢奸泄密的情況，所以一般都用百官會議的形式來決策。朝議的優點是可以集思廣益。參與的人員是統治集團來自全國各地各領域的精英，包括三公九卿等各部門的官吏，博士議郎等知識份子，基本上可以說統合了整個國家的智慧與力量，

〔註7〕 《後漢書・李固傳》，卷63，第2076頁。
〔註8〕 《史記》，卷126，第3206頁。
〔註9〕 《後漢書》，志25，第3579頁。
〔註10〕 《後漢書》，志25，第3578頁。

因此朝議的解決方案，彙集了當時條件下能夠擁有的解決問題的可能性。通過朝議比較各種意見的優劣，避免決策的盲目，降低人爲的失誤，使決策能比較實事求是，一定程度上提高決策的正確性和可行性。朝議時群臣不免就議題展開不同意見的爭論，有時爭論激烈，以至「廷爭數日不決」、「議久不決」。在討論中，大家擇善而從。

涉邊決策的時間和地點一般遵循一定的習慣。各位皇帝責任心不同，秦始皇勤政，《史記‧秦始皇本紀》載：「天下之事無小大皆決於上，上至以衡石量書，日夜有呈，不中呈不得休息」〔註 11〕。他幾乎不分晝夜整日在處理政務，審閱各地奏章，對許多事務作出了決策。《漢書‧宣帝紀》載：宣帝親政後，「令群臣得奏封事，以知下情。五日一聽事，自丞相以下各奉職奏事，以傅奏其言，考試功能」〔註 12〕。所謂五日一聽事，可能則是集中朝臣，處理討論大政。《後漢書‧光武帝紀下》載：東漢光武帝，「每旦視朝，日側乃罷。數引公卿、郎將講論經理，夜分乃寐。」太子見帝勤勞不怠，勸諫其休息，答曰：「我自樂此，不爲疲也」〔註13〕。但像他如此勤勞務實的皇帝是不多的。在和平時期，邊事並不算繁鉅，日常事務皇帝是不太可能多過問的，只是保持一定的關注而已。

百官議邊事常在群臣上朝的正殿中舉行。《漢書‧成帝紀》載：建始元年（前 32）「六月，有青蠅無萬數集未央宮殿中朝者坐。」李賢注引服虔曰：「公卿以下朝會坐也」〔註 14〕。西漢未央宮是朝會之地。東漢百官的朝議在朝堂舉行。《潛夫論‧救邊》載：

> 會坐朝堂，則無憂國哀民懇惻之誠，苟轉相顧望，莫肯違止，日晏時移，議無所定，已且須後。

汪繼培箋：

> 按後漢時，國家有大事，皆於朝堂會議。《後漢書‧鄧騭傳》云：「其有大議，皆詣朝堂，與公卿參謀。」《袁安傳》云：「武威太守孟雲上書：『北虜既已和親，而南部復往抄掠，北單于謂漢欺之，謀欲犯邊，宜還其生口以安慰之。』詔百官議朝堂。」又云：「竇太后兄車騎將軍憲北擊匈奴，安與太尉宋由、司空任隗及九卿詣朝堂上書諫。」

〔註11〕《史記》，卷 6，第 258 頁。
〔註12〕《漢書》，卷 8，第 247 頁。
〔註13〕《後漢書》，卷 1 下，第 85 頁。
〔註14〕《漢書》，卷 10，第 304 頁。

> 班超後勇傳：「曹宗請擊匈奴，鄧太后召勇詣朝堂會議。」應奉後劭
> 傳：「中平二年，漢陽賊東侵三輔，皇甫嵩討之，請發烏桓三千人。
> 北軍中候鄒靖上言：『烏桓眾弱，宜開募鮮卑。』事下四府。大將軍
> 掾韓卓與劭相難反覆。於是詔百官大會朝堂。」……《鮮卑傳》：「熹
> 平六年，鮮卑寇三邊，夏育請徵幽州諸郡兵出塞擊之。大臣多有不
> 同，乃召百官議朝堂。」皆其事也。〔註15〕

朝堂是東漢議邊事的處所。

涉邊決策的主持者一般是朝中重臣。丞相、御史大夫、大將軍等皇帝心腹重臣作爲皇帝政務的高級助手，常是各種重要會議的召集人、主持者，朝議一般由百官之首丞相主持，御前密議一般由內朝之首領尚書事的大將軍主持。

涉邊決策首腦是皇帝。秦漢時期確立大一統中央專制集權的政治制度，皇帝號稱天子，擁有國家行政最高決策權。在皇帝支配控制下，按照問題的輕重緩急，統治集團分工合作，設置機構，配置官員，對全國行政事務進行決策和執行。幾乎所有重大的決策都必須由皇帝來裁決。在這樣一種體制下，皇帝個人的素質和意願，在有些特定的具體的歷史條件下，對事件結局的演變有其決定性影響。漢武帝在歷史上就是很典型的一個皇帝，個性強勢，作風專斷。《漢書・李廣利傳》載：武帝太初三年（前 102）的一次涉邊決策會議上，「公卿議者皆願罷宛軍，專力攻胡。天子業出兵誅宛，宛小國而不能下，則大夏之屬漸輕漢，而宛善馬絕不來，烏孫、輪臺易苦漢使，爲外國笑。乃案言伐宛尤不便者鄧光等」〔註16〕。這明顯就是爲了政治目的而讓鄧光等人因言事而得罪。這種專橫霸道的做法，不利於廣開言路，集思廣益。《史記・酷吏列傳》載：

> 匈奴來請和親，群臣議上前。博士狄山曰：「和親便」。上問其便，
> 山曰：「兵者兇器，未易數動。高帝欲伐匈奴，大困平城，乃遂結和
> 親。孝惠、高后時，天下安樂。及孝文帝欲事匈奴，北邊蕭然苦兵
> 矣。孝景時，吳楚七國反，景帝往來兩宮間，寒心者數月。吳楚已
> 破，竟景帝不言兵，天下富實。今自陛下舉兵擊匈奴，中國以空虛，
> 邊民大困貧。由此觀之，不如和親。」上問湯，湯曰：「此愚儒，無

〔註15〕《潛夫論箋校正》，卷 5，第 263～264 頁。
〔註16〕《漢書》，卷 61，第 2699～2700 頁。

知。」狄山曰：「臣固愚忠，若御史大夫湯乃詐忠。若湯之治淮南、
江都，以深文痛詆諸侯，別疏骨肉，使蕃臣不自安，臣固知湯之為
詐忠。」於是上作色曰：「吾使生居一郡，能無使虜入盜乎？」曰：
「不能。」曰：「居一縣？」對曰：「不能。」復曰：「居一障間？」
山自度辯窮且下吏，曰：「能。」於是上遣山乘鄣，至月餘，匈奴斬
山頭而去。〔註17〕

狄山所言兵事為禍烈、苦邊、侵害諸侯等事均屬實，以致於武帝、張湯等均
無法就事論事據理反駁，只能詆毀他，陷害他。他實事求是言事盡忠卻以直
言獲罪冤死，真可悲。執意開邊滿足了武帝的好大喜功心理，張湯侵害諸
侯，更是秉承武帝意旨。狄山的悲劇在於議政廷爭中以直言犯忌，觸了武帝
的逆鱗，武帝以專制帝王之威以杜天下人之口，蠻橫無理至極。武帝的意氣
用事，雖然強化皇帝的權威意志，卻無助於集思廣益。就難怪楊惲等智者勞
心勞力而無所用，覺悟後不免感歎「有功何益？縣官不足為盡力」〔註18〕。
庭議忌意氣用事，逞口舌之快，若以性命相爭，作出高風險難兌現的保證，
勢必騎虎難下。既無法解決問題，又結生死仇怨。武帝所詰本是強人所難，
觸專橫皇帝禁忌本是自尋死路，狄山可惜無智辯，反觀東漢班勇就不作如此
風險巨大的承諾。《後漢書‧班勇傳》載：在庭議是否出兵西域時，班勇主張
不宜出兵討伐，但應在敦煌設營兵、復置護西域副校尉防禦，另遣西域長史
將兵屯樓蘭。

長樂衛尉鐔顯、廷尉綦母參、司隸校尉崔據難曰：「朝廷前所以棄西
域者，以其無益於中國而費難供也。今車師已屬匈奴，鄯善不可保
信，一旦反覆，班將能保北虜不為邊害乎？」勇對曰：「今中國置州
牧者，以禁郡縣奸猾盜賊也，若州牧能保盜賊不起者，臣亦願以要
斬保匈奴之不為邊害也。」〔註19〕

他很機智地反駁別人的苛責，後面還很理性地分析自己謀慮對東漢政權的合
理性，最終折服眾人。既不傷和氣，又明哲保身，體現世家子弟智略風範。
這種作風或許就是為人臣者在前人覆轍中的反省所得。

皇帝心胸狹隘，朝議中不容人有異見，這樣臣下難免阿諛奉承，這不利

〔註17〕 《史記》，卷122，第3141頁。
〔註18〕 《漢書‧楊惲傳》，卷66，第2897頁。
〔註19〕 《後漢書》，卷47，第2897頁。

於君主兼聽則明，助長其一意孤行，倒行逆施。歷史上偏執可鄙掌權的專制者很多，《漢書・王莽傳下》載：新莽天鳳六年（19），王莽要征匈奴，在廷議中，大司馬嚴尤固以爲「匈奴可且以爲後，先憂山東盜賊」，王莽大怒，「策免尤」〔註20〕。皇帝專制集權，在決策中一言九鼎，常不容異議，如果他不清醒明智，決策後果難以想像。邊事事關重大，一意孤行，會帶來災難性結果。王莽征匈奴，加劇了國內業已存在的矛盾，造成政權覆亡。

四、涉邊決策的制約監督

　　權力的制約與監督是行政決策的重要環節。秦漢時期已經初步嘗試建立制度對決策過程進行監督制約，來減少決策失誤，有利於施政的平穩運行。在決策流程中，丞相和御史大夫之間既分權制約又互相合作，一般是朝議結果由丞相領銜奏報皇帝，皇帝批准後，詔敕卻由御史大夫起草，又交給丞相審查副署，再下發頒行。這樣事實上在決策形成中是在皇帝支配控制下，丞相與御史大夫兩元的運行體制，丞相與御史大夫作爲個體都不能獨立完成決策過程。決策其實經過多次審核，確保不偏離製定時的本意，同時在制度上防止決策權力在重臣手中過分集中，妨害皇權，保證決策運行順暢有序，減少人爲疏失。東漢時期詔敕擬定已由御史府改爲尚書臺。在長期政治實踐中，詔書的審核和平署等制度得到進一步的加強。作爲決策最後意見經過皇帝批准後，須由尚書們「通議」，各位尚書郎有權說明自己意見看法，起草擬定詔敕，嚴格審核。尚書令掌「封」，僕射掌「署」。就是審核後以官印封緘，署上官職姓名。然後才能作爲正式的詔敕下發頒佈。文書的判署關係重大，權力和責任重大。尚書臺審核中認爲決策有問題，也可以封還詔書，不下發執行。甚至在發佈決策形成的詔令時，仍然允許有異議，有更廣泛的討論。有些開明或不強勢的君主或執政權臣對決策制約一定程度上是會考慮採容忍或接受態度的。雖然不算多完善，但總是聊勝於無。例如，東漢敦煌太守裴遵就曾駁回光武帝封莎車王爲西域都護已付諸實行的決策。

　　上述的這些舉措從體制上說一定程度上有利於優化了涉邊決策。

第二節　涉邊機構

　　秦漢時期，在中央，與邊政有關的官署機構有典客（大鴻臚）、典屬國、

〔註20〕《漢書》，卷99下，第4156頁。

主客尚書等；在地方，則以地方行政系統為主，輔以邊防候望、郵驛、屯田及民族鎮撫等系統職官，構成地方邊政控制體系。與邊政決策有關的主要是中央機構，地方機構主要是執行中央作出的決策。

一、中央涉邊機構

秦有「典客」，《漢書‧百官公卿表》載：典客，「秦官，掌諸〔侯〕、歸義蠻夷，有丞。景帝中六年更名大行令，武帝太初元年更名大鴻臚，屬官有行人、譯官、別火三令丞及郡邸長丞」〔註 21〕。這官職來源於周官之大小行人。《周禮‧秋官司寇‧大行人》載：「大行人掌大賓之禮及大客之儀，以親諸侯」；《周禮‧秋官司寇‧小行人》載：「小行人掌邦國賓客之禮籍，以待四方之使者」〔註 22〕。《續漢書‧百官志二》載：「大鴻臚掌諸侯及四方歸義蠻夷」〔註 23〕。是中央經辦諸侯和周邊民族來訪接待事務的專職官員。景帝中六年（前 144），典客更名為「大行令」，武帝太初元年（前 104），又改稱「大鴻臚」，其屬官「行人」更名為「大行令」，還增設有「別火令」、「大行治禮丞」等。此外屬官還有「譯官令」、「大鴻臚文學」等。王莽時曾改稱「典樂」，東漢重新稱為「大鴻臚」。

秦有「屬邦」，漢初避劉邦諱改稱「屬國」。《漢書‧百官公卿表》載：「典屬國，秦官，掌蠻夷降者。武帝元狩三年昆邪王降，復增屬國，置都尉、丞、候、千人。屬官，九譯令。成帝河平元年省並大鴻臚」〔註 24〕。《續漢書‧百官志二》載：「別主四方夷狄朝貢侍子」〔註 25〕。是管理歸降漢朝的周邊民族安置的官員。武帝元狩三年（前 120），昆邪王降，復增屬國，地方設置類似郡縣行政機構的屬國都尉。漢成帝河平元年（前 28），典屬國省並於大鴻臚。光武帝裁撤大鴻臚下屬的譯官、別火二令、丞，郡邸改由郎官負責管理。

典客與屬邦有聯繫，但是是性質不同的機構。他們工作對象都有涉及異族人、部落或族國，但是典客負責賓客來往的禮儀接待，特別是諸侯和異族友好鄰邦，這些異族鄰邦有的與朝廷並無統屬關係，地位是平等的。屬邦負

〔註 21〕《漢書》，卷 19 上，第 730 頁。
〔註 22〕《十三經注疏》，卷 37，第 890、893 頁。
〔註 23〕《後漢書》，志 25，第 3583 頁。
〔註 24〕《漢書》，卷 19 上，第 735 頁。
〔註 25〕《後漢書》，志 25，第 3584 頁。

責招徠、收容異族降者，治理統轄他們，瓦解塞外異族。睡虎地秦簡《屬邦律》載：「道官相輸隸臣妾、收人，必署其已稟年日月，受衣未受，有妻毋（無）有。受者以律續食衣之。屬邦」〔註26〕。說明屬邦還管理有異族奴隸和罪人。十三年少府矛：「十三年，少府工儋，武庫受屬邦」〔註27〕。寺工矛：「寺工武庫受（授）屬邦咸陽〔戊午〕」〔註28〕，銘文都說明屬邦有軍隊，有武裝。秦始皇時，嫪毐「矯王御璽及太后璽以發縣卒及衛卒、官騎、戎翟君公、舍人，將欲攻蘄年宮為亂」〔註29〕。其中戎翟君公就是屬邦部屬，在京師有武裝。廣州、河北出土這些兵器，說明屬邦統轄他們參與秦之南征北戰；武器需求較大，內部還自設工師，製造武器〔註30〕。

　　尚書，秦官，本是少府屬官。《唐六典·尚書都省》載：「秦變周法，天下之事皆決於丞相府，置尚書於禁中，有令、丞，掌通章奏而已，漢初因之」〔註31〕。《通典·職官四》載：「秦時，少府遣吏四人在殿中，主發書，謂之尚書。尚猶主也。漢承秦置。」「漢武帝時，左右曹諸吏分平尚書奏事，知樞要者始領尚書事。」一般是執政的中朝官元首領尚書事，後漢不稱「領」，而稱「錄」，一般是太傅錄尚書事。「武帝遊宴後庭，始用宦者主中書，以司馬遷為之。中間遂罷其官以為中書之職。」元帝時宦官弘恭、石顯相繼為中書令，親近用事，一度權勢煊赫。「成帝建始四年，罷中書宦者，又置尚書五人，一人為僕射，四人分為四曹，通掌圖書、祕記、章奏之事及封奏，宣示內外而已，其任猶輕」〔註32〕。《漢書·成帝紀》載：「初置尚書員五人。」顏師古注引《漢舊儀》云：「尚書四人為四曹：常侍尚書主丞相御史事，二千

〔註26〕睡虎地秦墓竹簡整理小組編：《睡虎地秦墓竹簡》，文物出版社，1990年，第65頁。

〔註27〕黃盛璋：《盱眙新出土銅器金器及相關問題考辨》，《文物》，1984年第10期，第59～64頁，圖二。

〔註28〕華義武、史潤梅：《介紹一件先秦有銘銅矛》，《文物》，1989年第6期，第73～74頁，圖一、二。

〔註29〕《史記·秦始皇本紀》，卷6，第227頁。

〔註30〕孫言誠：《秦漢的屬邦和屬國》，《史學月刊》，1987年第2期，第12～19頁；劉瑞：《秦「屬邦」、「臣邦」與「典屬國」》，《民族研究》，1999年第4期，第89～97頁。

〔註31〕〔唐〕李林甫等撰、陳仲夫點校：《唐六典》，中華書局，1992年，卷1，第6頁。

〔註32〕〔唐〕杜佑撰、王文錦等點校：《通典》，中華書局，1988年，卷22，第587～588、591頁。

石尚書主刺史二千石事，戶曹尚書主庶人上書事，主客尚書主外國事。成帝置五人，有三公曹，主斷獄事」〔註33〕。《續漢書·百官志三》載：「尚書六人，六百石。本注曰：成帝初置尚書四人，分爲四曹：常侍曹尚書主公卿事，二千石曹尚書主郡國二千石事，民曹尚書主凡吏（民）上書事，客曹尚書主外國夷狄事。世祖承遵，後分二千石曹，又分客曹爲南主客曹、北主客曹，凡六曹」〔註34〕。職權範圍廣泛。「後漢則爲優重，出納王命，敷奏萬機，蓋政令之所由宣，選舉之所由定，罪賞之所由正。……總領綱紀，無所不統」〔註35〕。號稱天子喉舌。總稱尚書臺，亦稱中臺。

西漢客曹尚書爲主管「外國四夷」之事，光武帝之分爲南、北兩主客曹，因此尚書臺客曹在中樞中主要負責周邊民族邊政事務。這裡必須說明，「四方夷狄」的概念在古代並不是明確的，它可能是現在所稱的外國，也包含國內邊疆各少數民族，其間並沒有嚴格的劃分。而且有的邊疆民族在歷史時期還出現變化。例如匈奴，在秦和西漢前期是獨立於漢朝的少數民族部族政權，宣帝時匈奴內亂衰落，呼韓邪單于款塞，向漢臣服，成爲漢朝的藩屬國；東漢初，匈奴分裂爲南北兩部，南匈奴依附漢朝，入居塞內，北匈奴在漢與南匈奴等長期打擊下遠遁消亡，匈奴在秦漢是地位變化較大的邊疆少數民族。

這些涉邊的中央機構由於職責所在，廣泛參與了邊政決策事務。而其中最爲人所熟知的，例如漢武帝時，對匈奴政策從和親改爲征伐，這一重大國策調整，對整個西漢歷史影響巨大，而首先提議改弦更張者，就是大行王恢。他作爲中央涉邊機構重要官員，對匈奴事務較熟悉，在漢與匈奴關係發展中有許多謀慮，在決策中提出最終被武帝採納。雖然馬邑之謀誘擊匈奴失敗，西漢勞師動眾未建寸功，王恢被殺，但他其主張征伐匈奴的政策符合西漢當時情勢需要，還是得到執行，從此拉開了一個波瀾壯闊時代的序幕。

二、地方涉邊機構

秦漢王朝是大一統中央集權國家體制得到建立和初步發展的時期，中央在國家大政方針決策、政策法規製定、地方長官人事任免等方面有不容置

〔註33〕《漢書》，卷10，第308頁。成帝時是四曹還是五曹，具體名稱爲何各傳世文獻有不同說法。
〔註34〕《後漢書》，志26，第3597頁。
〔註35〕《通典》，卷22，第587～588、591頁。

疑的權威。但與後世地方治權逐漸受限不同，秦漢地方長官有權自行辟舉屬吏，在具體政務運作上有很大實權和獨立性。而且各地基本是一元制的長官負責制，行政、司法、軍事與財政合一，權力高度集中到各級行政長官手裏，形成一個個以郡守縣令爲首的級差權力中心。這樣的行政體制，在和平時期，是一個個相對獨立的小朝廷，在中央權威衰落時則較有條件轉變發展成爲地方割據政權。但不可否認，地方政府有很高的行政效率和工作熱情。

王朝製定法律來規範各級地方官吏的行爲，規定各級政府的許可權和職責。地方行政機構日常運行要遵循行政法規，程序性地辦理各項工作。朝廷還按各項事務安排不斷發佈針對性的詔令等，地方行政機構還要作出適應性的補充，也自行發佈地方性的指令，向下傳達，而下級機構要無條件地接受中央和上級指令並施行。下級通過每年一次的上計向上級例行彙報戶口、稅收等各項基本工作的概況，平時具體事務則按需要隨時向上彙報。上級派出監察官員例行巡視工作，有時會指派掾屬監督工作，以達成上下互動，瞭解事務進展。

在體制上，邊郡邊縣受特殊重視。《續漢書・百官志五》劉昭注引應劭《漢官》曰：「前書百官表云，萬戶以上爲令，萬戶以下爲長。三邊始孝武皇帝所開，縣戶數百而或爲令。荊揚江南七郡，唯有臨湘、南昌、吳三令爾。及南陽穰中，土沃民稠，四五萬而爲長」〔註36〕。決定令長設置的因素不單是人口數量，還有該縣的重要性。由邊郡邊縣設官情況來看，邊地無疑受到王朝特殊重視。

在涉及邊政決策執行中，有的邊郡代管了一些邊外事務〔註37〕。因爲邊郡與邊外密邇相關，聯繫較多，對邊外情況較爲瞭解，邊郡有時經由中央授權，經辦一些邊外事務，行使權力代表朝廷負責對外交涉。這幾乎是專門的極爲特殊的一種邊地治理舉措。

敦煌因地緣與西域鄰接，就史實所見較多介入西域事務，這些職能並非通常郡縣所能有，是其邊郡地位所賦予的特殊之處。《漢書・李廣利傳》載，李廣利第一次征大宛失利，回到敦煌郡，才上書武帝，「天子聞之大怒，使使

〔註36〕《後漢書》，志28，第3623頁。
〔註37〕楊鴻年：《漢魏制度叢考》（第2版），武漢大學出版社，2005年，第326頁有提及「邊郡還代管一些邊外事務」，但並未展開論述說明。

遮玉門關，曰：『軍有敢入，斬之。』貳師恐，因留屯敦煌」〔註38〕。敦煌在西漢就是朝廷經營西域的前哨基地。《漢書・西域傳下》載：西漢末，「去胡來王唐兜，國比大種赤水羌，數相寇，不勝，告急都護。都護但欽不以時救助，唐兜困急，怨欽。東守玉門關。玉門關不內，即將妻子人民千餘人亡降匈奴」〔註39〕。西域屬國歸西域都護管轄，當都護不受理時，他們還奔敦煌玉門關求助。敦煌懸泉漢簡見有西漢敦煌太守與西域伊循校尉往來文書：

> 一六二 □敦煌，伊循都尉臣大倉上書一封……甘露四年六月庚子上……。（II 0216③：111）

> 一六三 □敦煌，伊循都尉大倉謂過所縣……傳舍，從者如律令……（I 0111②：73）

> 一六六 七月乙丑，敦煌太守千秋、長史奉憙、守部候修仁行丞事下當用者，小府、伊循城都尉、守部都尉、尉官候移縣（懸）泉、廣至、敦煌郡庫，承書從事下當用者，如詔書。／掾平、卒史敞、府佐壽宗（V1312③：44）〔註40〕

胡平生、張德芳注解認為，此簡為敦煌太守府下行文書，文書下發對象包括伊循城都尉，說明至少宣帝元帝年間伊循城都尉也是敦煌太守領屬，筆者認為其說甚是。《漢書・西域傳》載：昭帝時，漢殺樓蘭王，更立其弟為鄯善王，「王自請天子曰：『身在漢久，今歸單弱，而前王有子在，恐為所殺。國中有伊循城，其地肥美，願漢遣一將屯田積穀，令臣得依其威重，於是，漢遣司馬一人、吏士四十人田伊循，以填撫之。其後更置都尉，伊循官置始此矣。」伊循地近敦煌，依敦煌而安，受命行事，這種管轄歸屬是有必要的。敦煌懸泉漢簡：

> 一五一 五月壬辰，敦煌太守疆、長史章、丞敞下使都護西域騎都尉、將田車師戊己校尉、部都尉、小府官縣，承書從事下當用者。書到白大扁書鄉亭市里高顯處，令亡人命者盡知之，上赦者人數太守府別之，如詔書。（II 0115②：16）〔註41〕

〔註38〕《漢書》，卷61，第2699頁。
〔註39〕《漢書》，卷96下，第3925頁。
〔註40〕胡平生、張德芳編撰：《敦煌懸泉漢簡釋粹》，上海古籍出版社，2001年，第125～126頁。
〔註41〕《敦煌懸泉漢簡釋粹》，第115頁。

雖然眾所周知，西域都護在處理西域事務中有極大的權力和獨立性，但是從簡文行文及文意可知，敦煌太守與西域都護、戊巳校尉等，是存在統屬關係的，並且在具體事務上也聯繫密切。

東漢敦煌郡在西域事務的參與，比之西漢更顯突出。《後漢書・西域傳》載，東漢初，莎車國強，親漢，光武帝建武十七年（41）：

> （莎車王）賢復遣使奉獻，請都護，天子以問大司空竇融，以爲賢父子兄弟相約事漢，款誠又至，宜加號位以鎮安之。帝乃因其使，賜賢西域都護印綬，及車旗黃金錦繡。敦煌太守裴遵上言：「夷狄不可假以大權，又令諸國失望。」詔書收還都護印綬，更賜賢以漢大將軍印綬。其使不肯易，遵迫奪之，賢由是始恨。而猶詐稱大都護，移書諸國。諸國悉服屬焉，號賢爲單于，賢浸以驕橫，重求賦稅，數攻龜茲諸國，諸國愁懼。二十一年冬，車師前王、鄯善、焉耆等十八國俱遣子入侍，獻其珍寶，及得見皆流涕稽首，願得都護。天子以中國初定，北邊未服，皆還其侍子，厚賞賜之。是時賢自負兵強，欲併兼西域，攻擊益甚，諸國聞都護不出，而侍子皆還，大憂恐，乃與敦煌太守檄，願留侍子以示莎車，言侍子見留，都護尋出，冀且息其兵。裴遵以狀聞，天子許之。二十二年，賢知都護不至，遂遣鄯善王安書，令絕通漢道。安不納而殺其使。賢大怒，發兵攻鄯善，安迎戰，兵敗，亡入山中。賢殺略千餘人而去。其冬，賢復攻殺龜茲王，遂兼其國，鄯善、焉耆諸國侍子久留敦煌，愁思，皆亡歸。鄯善王上書，願復遣子入侍，更請都護。都護不出，誠迫於匈奴。天子報曰：「今使者大兵未能得出，如諸國力不從心，東西南北自在也。」於是鄯善、車師復附匈奴。〔註42〕

由此可見，敦煌太守對西域局勢有很大發言權，當天子封莎車王爲西域都護，決策不當時，能阻斷封賞的施行，上書請天子改弦更張。天子遣還西域諸國侍子，敦煌太守還能根據西域局勢，權宜留諸國侍子在敦煌，以示漢與諸國的密切關係，盡一切可能來穩定形勢。在西域諸國與漢交涉中，敦煌郡扮演重要的中轉角色，向西域宣達漢的意旨和聲威，同時又更準確客觀地向朝廷分析報告西域情勢，提供治理方略。《後漢書・西域傳》載：

> 安帝永初元年，頻攻圍都護任尚、段禧等，朝廷以其險遠，難相應

〔註42〕《後漢書》，卷88，第2923～2924頁。

赴，詔罷都護。自此遂棄西域。北匈奴即復收屬諸國，共為邊寇十
餘歲。敦煌太守曹宗患其暴害，元初六年，乃上遣行長史索班，將
千餘人屯伊吾以招撫之，於是，車師前王及鄯善王來降。數月，北
匈奴復率車師後部王共攻沒班等，遂擊走其前王。鄯善逼急，求救
於曹宗，宗因此請出兵擊匈奴，報索班之恥，復欲進取西域。鄧太
后不許，但令置護西域副校尉，居敦煌，復部營兵三百人羈縻而
已。〔註43〕

《後漢書‧西域傳》載：「至永寧元年，後王軍就及母沙麻反畔，殺後部司馬
及敦煌行事。」李賢注曰：「行事謂前行長史索班」〔註44〕。這說明，敦煌郡
深深介入西域事務，是東漢深入西域的基地，敦煌太守參與有關西域的邊政
決策籌劃，派官兵鎮撫西域。西域有緊急軍情，也向敦煌求救。朝廷在西域
無所作為，仍設西域副校尉駐紮在敦煌，羈縻遙領。

　　《後漢書‧班勇傳》載：班勇向朝廷進言，「舊敦煌郡有營兵三百人，今
宜復之。復置護西域副校尉，居於敦煌，如永元故事。又宜遣西域長史將五
百人屯樓蘭，西當焉耆、龜茲徑路，南強鄯善、于寘心膽，北扞匈奴，東近
敦煌。」說明和帝時西域副校尉就駐敦煌了。「昔永平之末，始通西域，初遣
中郎將居敦煌，後置副校尉於車師，既為胡虜節度，又禁漢人不得有所侵擾。
故外夷歸心，匈奴畏威」〔註45〕。說明明帝初通西域，就派主管西域事務的
中郎將駐敦煌了，而副校尉本置於車師，後來才改置於敦煌。《後漢書‧西域
傳》載：

> 北虜連與車師入寇河西，朝廷不能禁，議者因欲閉玉門、陽關以絕
> 其患。延光二年，敦煌太守張璫上書陳三策，以為「北虜呼衍王常
> 展轉蒲類、秦海之間，專制西域，共為寇鈔。今以酒泉屬國吏士二
> 千餘人集崑崙塞，先擊呼衍王，絕其根本，因發鄯善兵五千人脅車
> 師後部，此上計也。若不能出兵，可置軍司馬，將士五百人，四郡
> 供其犁牛、穀食，出據柳中，此中計也。如又不能，則宜棄交河城，
> 收鄯善等悉使入塞，此下計也。」朝廷下其議。

安帝納尚書陳忠疏議，

〔註43〕《後漢書》，卷88，第2911頁。
〔註44〕《後漢書》，卷88，第2930頁。
〔註45〕《後漢書》，卷47，第1587～1588頁。

以班勇爲西域長史，將弛刑士五百人，西屯柳中，勇遂破平車師。
〔註46〕

西域長史就在西域一線穩定局勢，主持大計。敦煌太守則是長史在漢地主要的後援。《後漢書・西域傳》載：「至安帝時，西域背畔。延光中，超子勇爲西域長史，復討定諸國。（焉耆王）元孟與尉黎、危須不降，永建二年，勇與敦煌太守張朗擊破之，元孟乃遣子詣闕貢獻」〔註47〕。此事班勇傳記載較詳，《後漢書・班勇傳》載：

> （順帝永建）二年，勇上請攻元孟。於是遣敦煌太守張朗將河西四郡兵三千人配勇。因發諸國兵四萬餘人，分騎爲兩道擊之。勇從南道，朗從北道，約期俱至焉耆。而朗先有罪，欲徼功自贖，遂先期至爵離關，遣司馬將兵前戰，首虜二千餘人。元孟懼誅，逆遣使乞降，張朗徑入焉耆受降而還。元孟竟不肯面縛，唯遣子詣闕貢獻，朗遂得免誅。勇以後期，徵下獄，免。後卒於家。〔註48〕

據此，則雖設立西域長史專職主管西域事務，必要時仍要借助敦煌太守的力量來配合處理。

《後漢書・西域傳》載：

> 順帝永建四年，于寘王放前殺拘彌王興，自立其子爲拘彌王，而遣使者貢獻於漢。敦煌太守徐由上求討之。帝赦于寘罪，令歸拘彌國，放前不肯。陽嘉元年，徐由遣疏勒王臣槃發二萬人擊于寘，破之，斬首數百級，放兵大掠。更立興宗人成國爲拘彌王而還。〔註49〕

敦煌太守以宗主國利益代表的身份來仲裁西域各國紛爭，必要時能動用指揮各屬國的武力遂行意志，直接介入西域事務，有如西域都護、長史一般。《後漢書・西域傳》載：

> （順帝陽嘉）四年春，北匈奴呼衍王率兵侵後部，帝以車師六國接近北虜，爲西域蔽扞，乃令敦煌太守發諸國兵，及玉門關候、伊吾司馬，合六千三百騎救之。掩擊北虜於勒山，漢軍不利。秋，呼衍王復將二千人攻後部，破之。桓帝元嘉元年，呼衍王將三千餘騎寇伊吾。伊吾司馬毛愷遣吏兵五百人於蒲類海東與呼衍王戰，悉爲所

〔註46〕《後漢書》，卷88，第2911、2912頁。
〔註47〕《後漢書》，卷88，第2928頁。
〔註48〕《後漢書》，卷47，第1590頁。
〔註49〕《後漢書》，卷88，第2915頁。

沒。呼衍王遂攻伊吾屯城。夏，遣敦煌太守司馬達將敦煌、酒泉、張掖屬國吏士四千餘人救之。出塞至蒲類海，呼衍王聞而引去，漢軍無功而還。〔註50〕

西域有緊急，敦煌太守還能屢屢領漢邊地各郡兵征戰救護，無異於守土本職。《後漢書・西域傳》載，桓帝元嘉元年（151）：

長史趙評在于寘病癰死，評子迎喪，道經拘彌。拘彌王成國與于寘王建素有隙，乃語評子云：「于寘王令胡醫持毒藥著創中，故致死耳。」評子信之，還入塞，以告敦煌太守馬達。明年，以王敬代為長史，達令敬隱覈其事。敬先過拘彌，成國復說云：「于寘國人欲以我為王，今可因此罪誅建，于寘必服矣。」敬貪立功名，且受成國之說，前到于寘，設供具請建，而陰圖之。或以敬謀告建，建不信曰：「我無罪，王長史何為欲殺我？」旦日，建從官屬數十人詣敬，坐定，建起行酒，敬叱左右執之。吏士並無殺建意，官屬悉得突走。時成國主簿秦牧隨敬在會，持刀出曰：「大事已定，何為復疑？」即前斬建。于寘侯將輸僰等遂會兵攻敬，敬持建頭上樓宣告曰：「天子使我誅建耳。」于寘侯將遂焚營舍，燒殺吏士，上樓斬敬，懸首於市。輸僰欲自立為王，國人殺之，而立建子安國焉。馬達聞之，欲將諸郡兵出塞擊于寘，桓帝不聽，徵達還，而以宋亮代為敦煌太守。亮到，開募于寘，令自斬輸僰。時輸僰死已經月，乃斷死人頭送敦煌，而不言其狀。亮後知其詐，而竟不能出兵，于寘恃此遂驕。〔註51〕

據此載，敦煌太守已直接負責西域事務，西域長史歸其領屬，西域剿撫都要其統籌處置。《後漢書・西域傳》載，桓帝永興元年（153）：

（車師後部王）阿羅多迫急，將其母妻子從百餘騎亡走北匈奴中，敦煌太守宋亮上立後部故王軍就質子卑君為後部王。後阿羅多復從匈奴中還，與卑君爭國，頗收其國人。戊校尉閻詳慮其招引北虜，將亂西域，乃開信告示，許復為王。阿羅多乃詣詳降。於是收奪所賜卑君印綬，更立阿羅多為王。仍將卑君還敦煌，以後部人三百帳，別屬役之。食其稅。帳者，猶中國之戶數也。〔註52〕

〔註50〕《後漢書》，卷88，第2930頁。
〔註51〕《後漢書》，卷88，第2916頁。
〔註52〕《後漢書》，卷88，第2931頁。

當車師後部王叛逃時，敦煌太守上書立質子爲王，對西域策立重大決策有很大發言權。出現糾紛時，又從權改立前王，召回質子。事情辦得不見合理，但形勢比人強，只好如此。

綜而言之，不少史實表明，敦煌郡在處理西域事務上，許可權顯然遠超普通郡的範疇，很大程度上就是代表漢廷執行對西域事務的政策，仲裁西域各國紛爭，必要時能領漢邊地各郡兵、動用指揮各屬國的武力征戰救護，遂行意志。在西域有巨大的發言權和影響力。

除了敦煌外，酒泉也是漢廷控制西域重要依託。《後漢書‧耿秉傳》載：「明年秋，肅宗即位，拜秉征西將軍，遣案行涼州邊境，勞賜保塞羌胡，進屯酒泉，救戊己校尉」〔註53〕。耿秉是駐酒泉，而不是在敦煌。《後漢書‧章帝紀》載：「詔征西將軍耿秉屯酒泉，遣酒泉太守段彭救戊己校尉耿恭。」「酒泉太守段彭討擊車師，大破之，罷戊己校尉官」〔註54〕。這些說明，酒泉也在某種程度上像敦煌一樣，在西域事務上有重要的責任和份量。

在漢末，刺史逐漸發展爲一級地方行政長官，涼州刺史也見有參與西域事務。《後漢書‧西域傳》載：

> 至靈帝建寧元年，疏勒王漢大都尉於獵中爲其季父和得所射殺，和得自立爲王。三年，涼州刺史孟佗遣從事任涉將敦煌兵五百人，與戊己司馬曹寬、西域長史張晏，將焉耆、龜茲、車師前後部，合三萬餘人，討疏勒，攻楨中城，四十餘日不能下，引去。其後，疏勒王連相殺害，朝廷亦不能禁。〔註55〕

據此，則涼州刺史也有介入西域事務，徵發敦煌兵配合西域事務官戊己司馬、西域長史等處理西域邊務。

與西域城邦諸國不同，匈奴是游牧民族，但是東漢南匈奴單于駐紮在西河郡美稷縣。東漢設有使匈奴中郎將等官職主持鎮撫匈奴事務，而這些涉邊事務也離不開西河郡的支持。史籍所見西河郡多參與南匈奴事務。《後漢書‧南匈奴傳》載：「令西河長史歲將騎二千，弛刑五百人，助中郎將衛護單于，冬屯夏罷，自後以爲常。」明帝永平五年（62），北匈奴入寇，「西河長史馬襄赴救，虜乃引去。」「單于與中郎將杜崇不相平，乃上書告崇。崇諷西河太

〔註53〕《後漢書》，卷19，第717頁。
〔註54〕《後漢書》，卷3，第130、133頁。
〔註55〕《後漢書》，卷88，第2927頁。

守令斷單于章，無由自聞」〔註56〕。南匈奴單于與使匈奴中郎將不和，上書告之。使匈奴中郎將諷西河太守斷之。說明西河郡分擔許多涉南匈奴的軍務，南匈奴向朝廷的章奏途徑也要經由西河，甚至可能代其傳輸。

而北匈奴則嘗經由武威郡與東漢朝廷聯絡。《後漢書・南匈奴傳》載：

> 光武帝時，南單于降附漢，北單于惶恐，頗還所略漢人，以示善意。鈔兵每到南部下，還過亭候，輒謝曰：「自擊亡虜莫鞬日逐耳，非敢犯漢人也。」二十七年北單于遂遣使詣武威求和親。天子召公卿廷議，不決，皇太子言曰：「南單于新附，北虜懼於見伐，故傾耳而聽，爭欲歸義耳。今未能出兵，而反交通北虜，臣恐南單于將有二心，北虜降者且不復來矣。」帝然之，告武威太守勿受其使。〔註57〕

《後漢書・袁安傳》載：章帝「元和二年，武威太守孟雲上書：『北虜既已和親，而南部復往抄掠。北單于謂漢欺之，謀欲犯邊。宜還其生口，以安慰之。』詔百官議朝堂」〔註58〕。

東北邊郡也見有類似代理邊外事務的情況。《三國志・魏書・夫餘傳》載：「漢時，夫餘王葬用玉匣，常豫以付玄菟郡，王死則迎取以葬」〔註59〕。《三國志・魏書・高句麗傳》載：「漢時賜鼓吹技人，常從玄菟郡受朝服衣幘。……後稍驕恣，不復詣郡。於東界築小城，置朝服衣幘其中，歲時來取之，今胡猶名此城爲幘溝漊，溝漊者，句麗名城也」〔註60〕。玄菟郡代表朝廷有經辦賜予邊外服屬的少數民族物資等事務。

東漢政府供給歸附部族費用巨大，《後漢書・袁安傳》載：「且漢故事，供給南單于費直歲億九十餘萬，西域歲七千四百八十萬」〔註61〕。而沿邊州郡常要負擔供給塞外歸附部族。《後漢書・鮮卑傳》載：明帝時，用鮮卑擊烏桓，「於是鮮卑大人皆來歸附，並詣遼東受賞賜，青徐二州給錢歲二億七千萬爲常」〔註62〕。這種邊費無疑是巨大的負擔。《後漢書・孝明八王陳敬王羨

〔註56〕 《後漢書》，卷89，第2948、2955頁。
〔註57〕 《後漢書》，卷89，第2945～2946頁。
〔註58〕 《後漢書》，卷45，第1518頁。
〔註59〕 〔西晉〕陳壽撰：《三國志》，中華書局，1982年，卷30，第842頁。
〔註60〕 《三國志》，卷30，第843頁。
〔註61〕 《後漢書》，卷45，第1521頁。
〔註62〕 《後漢書》，卷90，第2986頁。

傳》載：「（章帝建初）七年，帝以廣平在北，多有邊費，乃徙羨爲西平王，分汝南八縣爲國。及帝崩，遺詔徙封爲陳王，食淮陽郡。」李賢注：「廣平，縣，故城在今洺州永年縣北。」「西平，縣，屬汝南郡也」〔註63〕。廣平在冀州趙國與鉅鹿交界之間襄國附近，當時要分攤邊費。而西平在內郡，沒有這些開支。

　　史實說明，一些邊郡曾代表朝廷各自與鄰接的邊外其他部族辦理各項交涉事宜，有的涉邊地方行政單位對外有普通內郡所沒有的特殊職能。

三、涉邊機構運行特點

　　邊政無小事，邊政常事關邊防、民族事務，具有特殊敏感性，牽一髮可能動全身。邊事起因突發性多，朝廷常鄭重對待，決策會議規格高，參與人員位尊權重，所做決策針對性強，牽涉面廣，關係重大，與普通事務相比，更要經過深謀遠慮，所以涉邊機構的運行也有一些較爲獨特之處。主要是：

　　首先，重視專業人士，特別是有邊政經驗、能力和見識的人士。

　　機構功能運行好與壞，關鍵在於人員的素質。邊政有其特殊性，其信息來源於來自邊地，並不爲一般朝臣通習。有時有邊政經驗和能力的人士是很缺乏的。如果有這樣的人，則爲朝廷之幸。《漢書·匈奴傳》載：

　　孝惠、高后時，冒頓寖驕，乃爲書，使使遺高后曰：「孤僨之君，生於沮澤之中，長於平野牛馬之域，數至邊境，願遊中國。陛下獨立，孤僨獨居，兩主不樂，無以自虞，願以所有，易其所無。」高后大怒，召丞相平及樊噲、季布等，議斬其使者，發兵而擊之。樊噲曰：「臣願得十萬眾，橫行匈奴中。」問季布，布曰：「噲可斬也！前陳豨反於代，漢兵三十二萬，噲爲上將軍，時匈奴圍高帝於平城，噲不能解圍。天下歌之曰：『平城之下亦誠苦，七日不食，不能彀弩。』今歌唫之聲未絕，傷痍者甫起，而噲欲搖動天下，妄言以十萬眾橫行，是面謾也。且夷狄譬如禽獸，得其善言不足喜，惡言不足怒也。」高后曰：「善！」令大謁者張澤報書曰：「單于不忘弊邑，賜之以書，弊邑恐懼，退日自圖，年老氣衰，髮齒墮落，行步失度。單于過聽，不足以自污。弊邑無罪，宜在見赦。竊有御車

〔註63〕《後漢書》，卷50，第1667～1668頁。

二乘，馬二駟，以奉常駕。」冒頓得書，復使使來謝曰：「未嘗聞中
國禮義，陛下幸而赦之。」因獻馬，遂和親。〔註64〕

當時漢國力尚弱，還沒有從戰爭創傷中恢復元氣，沒有雄厚的實力與全盛時
期的匈奴一爭雄長，低調向匈奴示弱，將損失降到最低點，即使雙方在北方
大陸爭雄的利益不可調和，也設法將決定兩國國勢消長的決戰後推，爭取到
有利於漢的時勢變化。季布根據漢初與匈奴鬥爭的經驗，冷靜應對挑畔的主
張，為呂后採納，對漢初能到寶貴的休養生息時間無疑極為可貴。這種至關
重要的邊政事務的處理實有賴於成熟理智的政治眼光、氣魄和素養。

《史記・韓長孺列傳》載：武帝建元六年（前135），「匈奴來請和親，天
子下議。大行王恢，燕人也。數為邊吏，習知胡事。議曰：『漢與匈奴和親，
率不過數歲即復倍約，不如勿許，興兵擊之。』」御史大夫韓安國認為「擊之
不便，不如和親。」「群臣議者多附安國，於是上許和親。」「其明年，則元
光元年，雁門馬邑豪聶翁壹因大行王恢言上」〔註65〕，設馬邑之謀。天子信
從，但謀劃破功，王恢當斬自殺。在對匈奴和戰的重大決策中，中央涉邊機
構大行長官王恢作為習知邊事的官吏，作為專業人士曾發揮重要作用，他一
貫主戰的提議最終還是被武帝採納，即使後來馬邑之謀未成功，王恢受責身
死，但漢武帝朝一改漢前期對匈奴和親的政策，與匈奴開戰的大幕已經拉開。
據《漢書・韓安國傳》更詳細的記載，漢武帝群臣討論對匈奴和戰這一事關
全局的重大問題時，御史大夫韓安國、大行王恢激辯四個回合，意見往復，
才見分曉。反映出漢朝統治階級在事關國運和長久和親政策變更方面，意見
嚴重分歧不統一。經過辯論，王恢的意見得到皇帝的支持。雖然馬邑之謀並
未成功，但從西漢國勢、漢匈關係發展來看，以前和親並未解決邊患，以後
史實說明，王恢雖然為馬邑之謀失利承擔責任而死，但他出擊匈奴的意見不
失為一種可行的選擇。王恢習知胡事，又任負責接待外賓的大行，對邊事的
判斷是準確的，也知道更多與匈奴交往應有的策略。韓安國一向足智多謀，
卻在晚年守邊中屢為匈奴所制，也因對匈奴主和親不為武帝重用，鬱鬱而終，
可以說是昧於邊政情勢的結果。

《後漢書・耿秉傳》載：「數上言兵事。常以中國虛費，邊陲不寧，其患
專在匈奴。以戰去戰，盛王之道。顯宗既有志北伐，陰然其言。永平中，召

〔註64〕《漢書》，卷94上，第3755頁。
〔註65〕《史記》，卷108，第2861頁。

詣省闥，問前後所上便宜方略，拜謁者僕射，遂見親幸。每公卿會議，常引秉上殿，訪以邊事，多簡帝心」〔註66〕。耿秉出身上谷邊郡將門，智略見長，爲帝倚重。參加公卿會議，在涉邊事務處理中發揮出重要影響。

《後漢書・班勇傳》載，安帝元初六年（119），北匈奴在西域伊吾攻沒敦煌長史索班，略有北道。敦煌太守曹宗請求出擊，復取西域。秉政的鄧太后在朝堂召開公卿會議。因爲班勇西域生長，熟悉邊情。受召與會。班勇安帝永初元年（107）曾任軍司馬，千石。延光二年（123）才任西域長史。估計元初六年，任職當不甚高，不夠資格參加公卿會議，只是因爲有邊政專才，獲召備詢。當時公卿多主張閉關棄西域，班勇詳細分析匈奴問題的來由，推估西域情勢，認爲不能出兵主動進攻。應該復置護西域副校尉居敦煌，遣西域長史屯樓蘭西，尚書、長樂衛尉鐔顯、廷尉綦毋參、司鑒崔據、太尉屬毛軫難之。班勇熟諳西域形勢，分析客觀合理。太后從勇議置西域副校尉，但未出屯。延光二年夏，復以勇爲西域長史，將兵五百人出屯柳中。經過努力，西域歸服。整個涉邊機構事務處理過程說明熟悉邊情的人員不可或缺的重要價值。

其次，中央與邊地有密切的互動。

邊情瞬息萬變，涉邊機構運行中，上下信息溝通要非常密切，中央要考慮邊地的實情，地方要明瞭上級的意圖，中央與身處邊境第一線從事實務辦理的官員必須保持密切的互動。

宣帝與趙充國針對征羌、屯田的邊事處置過程典型體現這一點。戰局剛開始，酒泉太守辛武賢主張酒泉、張掖與金城合兵不區分羌人順逆速戰清剿。身處征戰第一線的後將軍趙充國持重，主張酒泉、張掖等地按兵不動，防備匈奴與羌聯結，區分羌人爲亂主從，有打有拉，深謀遠慮，以靜制動，高明遠甚。宣帝根據公卿決策意見，責讓趙充國遲留，下令出兵並力刻期清剿。但將兵在外趙充國根據邊情，頂住壓力，堅持己見，持重不攻，認爲要區分羌人部族中順逆，不濫殺無辜，否則羌禍愈烈，兵連禍結。經過趙充國的詳細分析和對合理意見的堅持，宣帝聽受。在繁重的領軍治邊工作壓力下，年事已高的趙充國病重，帝又令辛武賢爲副，令與強弩將軍進擊。充國上書反對用兵，主張罷騎兵，留步兵屯田。趙充國有大局觀，不著眼一時一處之得失。皇帝謀慮求速戰速決，但不合實際。趙充國上奏「留屯國十二便」，屯田

〔註66〕《後漢書》，卷19，第716頁。

包含四方面便利：鞏固對河湟地區的軍事控制；叛羌破敗，未叛之羌歸服；民得休息，節省軍費，穩定社會；便於加強治理建設，如修繕郵亭路橋等。《漢書·趙充國傳》載：「充國奏每上，輒下公卿議臣。初是充國計者什三，中什五，最後什八。有詔詰前言不便者，皆頓首服。丞相魏相曰：『臣愚不習兵事利害，後將軍數畫軍冊，其言常是，臣任其計可必用也』」〔註67〕。趙充國在上書中詳言理由，分析客觀合理，令身處後方宣帝和公卿大臣最終被折服。分析整個平羌亂的邊事處理過程，趙充國有崇高的威望、高明的能力，宣帝明察慎重能聽進意見都是最終取得成功的重要原因。而對於治邊尤為可貴和有典型性意義的地方在於，在整個過程中，中央涉邊機構決策人員與地方執行機構身處邊境事務第一線官員有良性的積極有效的互動，這是非常有價值的，這對於邊政處理來說至關重要，掌握決策權力、控制社會資源的人與瞭解邊情、有治理經驗和辦法的人合力同心，聯絡互動，複雜的變化的邊境情勢盡在朝廷的掌控下，以最小的代價消彌對政權的統治衝擊。可以說漢宣帝和趙充國等人因此在治邊史上顯然非常突出，也因此被史書詳細記錄，讓後人歎服。

《漢書·馮奉世傳》載：漢元帝「永光二年秋，隴西羌彡姐旁種反，詔召丞相韋玄成、御史大夫鄭弘、大司馬車騎將軍王接、左將軍許嘉、右將軍奉世入議。是時，歲比不登，京師穀石二百餘，邊郡四百，關東五百。四方飢饉，朝庭方以為憂，而遭羌變。玄成等漠然莫有對者。」馮奉世願率軍征羌。並估計敵情需用兵四萬，用時一月。「丞相、御史、兩將軍皆以為民方收斂時，未可多發，萬人屯守之，且足。」馮固爭之不能得，率萬二千人以將屯為名出征。「羌虜盛多，皆為所破，殺兩校尉。奉世具上地形部眾多少之計，願益三萬六千人乃足以決事。書奏，天子大為發兵六萬餘人，拜太常弋陽侯任千秋為奮武將軍以助焉。」「十月，兵畢至隴西。十一月，並進。羌虜大破，斬首數千級。餘皆走出塞。兵未決間，漢復發募士萬人，拜定襄太守韓安國為建威將軍，未進，聞羌破，還」〔註68〕。這次征羌先敗後勝，很大程度上也得益於中央與邊地的互動。戰前先議，執政者力圖控制戰爭規模，減少財政開支，並未接受馮奉世專業的意見，造成初戰失利。馮奉世臨敵知機，結合實際情況，分析敵情，再次堅持了正確的意見，而元帝在事實面前，面對

〔註67〕《漢書》，卷69，第2991～2992頁。
〔註68〕《漢書》，卷79，第3296～3299頁。

失利的處境，不得不尊重專業，尊重第一線的領軍者，按要求再發兵以應，最終馮奉世得以靖邊勝還。中央與邊地的互動最終取得較好的成果。

　　第三，涉邊事務處理中涉及各方利益的角力與協調，常會表現出一般政治角力中看不到的濃鬱邊地地域性色彩。

　　東漢中央涉邊事務保邊與棄邊的爭論典型體現這一特點。東漢涼州羌亂不息，政府剿撫失宜，統治力不從心。安帝初鄧太后臨朝稱制，其兄鄧騭為大將軍執政。永初四年（110），謁者龐參提議，大將軍鄧騭也傾向於贊同因財政、後勤困難放棄羌人眾多的涼州，把涼州漢人撤往關中，但放棄疆土事關重大，鄧騭也不敢自己擔失地的罪名，便召集公卿討論此提議。郎中虞詡言於太尉張禹，言其不可。他警告應堅守涼州，否則大失邊郡人心，可能出現涼州漢人豪強割據、反抗朝廷的局面，對東漢政府而言，後果將遠比邊郡羌禍嚴重，關係朝廷生死存亡。為了穩定涼州局勢，他還提出優撫身處涼州一線官吏的辦法，鼓舞士氣。虞詡的意見得到群臣的讚賞，決策通過。在當時政治局勢下，來自別州在涼州任職的各級在任官吏其實為了自身安全紛紛求內徙。「並無守戰意，皆爭上徙郡縣以避寇難」〔註69〕。一些西北邊郡如隴西、安定、北地、上郡有的已經被迫暫時內徙。但是家鄉在涼州的官吏和士人百姓權衡利害，反對內遷。其中，士人王符的觀點，代表邊郡士人普遍的看法。他在《潛夫論》中對邊事有深入分析，他主張平羌，並指出棄涼州，失去屏障的三輔就會變成涼州一樣的局勢，帝國永遠都迴避不了邊防之事。在政府已經組織過的實際內遷行動中，普通百姓也不願離開家鄉，流落異地。不少無以聊生的農民起事，反對當地政府的倒行逆施，甚至投向羌亂隊伍。縱觀東漢保邊與棄邊的爭論，兩方的分歧有各自的利益本位和地域認同，邊郡士人很大程度上因與內郡士人利益不同，取捨不同。難以在朝堂上發聲的百姓更用行動來維護自身的利益。這種濃鬱邊地地域性色彩在涉邊機構邊事處理中是彌漫出來，讓人無法忽視。

第三節　邊令執行

　　決策產生的方針政策和具體的指令，須經涉邊機構傳達執行才真正產生實際效力，國家政治和社會生活各領域都無法繞開此一環節。通常情況下中

〔註69〕《後漢書・西羌傳》，卷87，第2887頁。

央政令是以皇帝詔敕的形式發佈的，政令發佈中樞西漢主要是御史大夫和丞相「兩府」，東漢則爲尚書臺。經由中樞傳到三公府，再向下傳達給諸卿等具體的行政職能部門和地方郡國，郡國又下達到縣道鄉貫徹執行。政令逐級傳佈，各行其責。在貫徹中，上級機關有權責對下級機關的具體執行情況進行監督，下級機關在執行中可以根據自身情況因時因地有所應變創制，發現問題也必須及時向上回饋，爲決策或調整決策提供依據。整個國家機器運行的過程，涉及到行政體制的方方面面，而涉邊政令執行也不例外。

一、文書制度

具體政令執行依靠文書的傳遞運行。文書是貫徹統治者方針政策和各項具體法令的載體，是上下級或同級各種具體行政職能機構聯絡和處理公務的一種具有法律效力的正式工具。發佈和處理文書是官員的履行職務施政的一種政治權力。《文書雕龍·章表》云：「章表奏議，經國之樞機」〔註 70〕。準確表述了文書在國家行政中的地位。在秦漢出土簡牘中文書是與典籍雙峰並峙的一個大類，從中可見秦漢文書的本來面目。在西北邊塞出土了大量的文書，由於地域的關係，許多都涉及邊事，是涉邊文書。如居延漢簡、居延新簡、額濟納漢簡、敦煌漢簡、敦煌懸泉漢簡、武威漢簡等出土的文書中，主要是涉邊文書，種類繁多，有著傳世文獻不曾涉及的極豐富內容。內地雲夢秦簡、里耶秦簡、張家山漢簡、尹灣漢簡等大宗秦漢簡牘中所見律令簿籍等等也多屬文書範疇，其中有的也涉及邊事。

秦政府行政極重視文書，有嚴格的文書制度，確保政令傳達的暢通和準確。雲夢秦簡秦律十八種中有《內史雜》，明確規定：「有事請也，必以書，毋口請，毋羈請」〔註 71〕。可見秦時各項事務口頭的請示報告是不正式的，一定要有文書形式，而且還不能由別人代請，要當事人親自提出。《史記·蕭相國世家》載：「沛公至咸陽，諸將皆爭走金帛財物之府分之，何獨先入收秦丞相御史律令圖書藏之。沛公爲漢王，以何爲丞相，項王與諸侯屠燒咸陽而去。漢王所以具知天下阨塞，戶口多少，強弱之處，民所疾苦者，以何具得秦圖書也」〔註 72〕。其實，丞相、御史府作爲秦行政運行的中樞所在，所藏的

〔註 70〕〔南朝齊〕劉勰撰、〔清〕黃叔琳注、李詳補注、楊明照校注拾遺：《增訂文心雕龍校注》，中華書局，2000 年，第 306 頁。
〔註 71〕《睡虎地秦墓竹簡》，第 62 頁。
〔註 72〕《史記》，卷 53，第 2014 頁。

律令圖書，並非我們一般意義的典籍作品，而是政府匯總全國各地區各部門上傳下達各種各樣的行政法令文獻、文書檔案，所以蕭何才能具知天下大勢、戶口民生情況。此人原來做過秦沛縣的主吏掾，練達吏職，熟悉政府行政事務，深知這一點，所以才會一入首都，先收文書。掌握了文書，天下各種信息就能詳細瞭解，這對於統治者來說，確實比一些金銀珠寶單純的財物重要許多。《論衡·別通》載：「蕭何入秦，收拾文書，漢所以能制九州者，文書之力也。以文書御天下」〔註73〕。秦漢政府日常行政離不開文書，以致「以文書御天下」，文書行政甚至因此到一種極端的狀態，如《後漢書·陳寵傳》載「是時三府掾屬專尚交遊，以不肯視事爲高」〔註74〕。不肯視事，則政府公務脫離實際政情民生的的調查研究，只能慣性地從文書到文書刻板官僚地畫卯辦公了。《漢書·張安世傳》載：「初，安世長子千秋與霍光子禹俱爲中郎將，將兵隨度遼將軍范明友擊烏桓。還，謁大將軍光，問千秋戰鬥方略，山川形勢，千秋口對兵事，畫地成圖，無所忘失。光復問禹，禹不能記，曰：『皆有文書。』光由是賢千秋，以禹爲不材，歎曰：『霍氏世衰，張氏興矣』」〔註75〕。這裡所說當是涉邊的軍事文書，而明智政務深知政治要旨的人重視文書，但決不以文書爲依恃的，更不會認爲文書是行政事務的全部。

文書分爲上行和下行兩大類。民眾向官府、臣民向皇帝、下級向上級奏事報告的文書是上行文書，名稱如章、表、奏、議等；皇帝、朝廷和上級政府下發的各種法令是下行文書，名稱如策、制、詔、敕、條教等。另外各平級或無直接隸屬關係的政府職能部門間行政運作也會用到各種文書，如記、檄、傳等。不同種類各有用途。文書在起草發佈執行中是有一定程序的。起草要注明經辦掾屬等官吏姓名，以示對內容檢查負責。發佈文書要經由機構的長官和副長官判署，才能正式生效。由於行政文書中行政命令本身有時效性，軍事文書更有緊急的可能，因此文書運行傳送中有嚴格的時限規定，要按時傳送，各個傳送環節不同的經辦人還要嚴格履行交接程序，記錄在案，如遲延或者出現丟失，傳送者要承擔失職的追究。根據文書性質和重要程序，當事人要被判處不同的罪責。因此從政府詔令文書的執行傳遞速度，可以看出其行政效率等統治狀況。

〔註73〕〔東漢〕王充撰、黃暉校釋：《論衡校釋》，中華書局，1990年，卷13，第591頁。
〔註74〕《後漢書》，卷46，第1548頁。
〔註75〕《漢書》，卷59，第2656～2657頁。

　　文書傳送按當時交通狀況，長距離傳送一般是分段接力傳遞，在速度上是有具體的規定，稱爲「程」〔註76〕。《周禮·地官·掌節》載：「凡邦國之使節……皆有期以反節。」鄭玄注：「將送者執此節以送行者，皆以道里日時課，如今郵行有程矣，以防容奸擅有所通也」〔註77〕。《說文解字》載：「程，品也」〔註78〕。《續漢書·輿服志》劉昭注引《漢舊儀》載：「奉璽書使者乘馳傳。其驛騎也，三騎行，晝夜行千里爲程」〔註79〕。重要而緊急的文書，一晝夜行千里，傳送速度是極快的。涉邊文書由於常常關係軍務邊情，對速度有較高的要求。居延新簡：

> 官去府七十里，書一日一夜當行百六十里，書積二日少半日乃到，
> 解何？書到，各推辟界中必得事案到，如律令，言會月二十六日，
> 會月二十四日。（EPS4T2·8A）〔註80〕

要求文書一晝夜行 160 里，延誤了，要追究各當事人的責任。雲夢秦簡秦律十八種中有《行書律》，其中有關於傳送文書的法律規定：

> 行命書及書署急者，輒行之；不急者，日畢，勿敢留，留者以律論之。

這裡的「命書」，秦統一後稱爲「制書」。又云：

> 行傳書、受書，必書其起及到日月夙莫，以輒相報也。書有亡者，
> 亟告官。隸臣妾老弱及不可誠仁者勿令。書廷鬭有日報，宜到不來
> 者，追之。〔註81〕

律條對文書傳遞收發記錄、時限、傳遞人資質和傳遞中可能出現的情況如遺失、不按時到達應採取的措施都做了詳明的規定，典型反映出秦律的嚴謹和文書制度的規範。居延漢簡：

> 十一月郵書留遲不中程各如牒，晏等知郵書數留遲，爲府職不身拘
> 校而委。（55·11，137·6，224·3）〔註82〕

〔註76〕「程」的論述參考汪桂海：《漢代官文書制度》，廣西教育出版社，1999 年。

〔註77〕〔清〕孫希旦集解、王文錦、陳玉霞點校：《禮記集解》，中華書局，1987 年，卷 28，第 1114～1116 頁。

〔註78〕《說文解字注》，卷 13，第 327 頁下。

〔註79〕《後漢書》，志 30，第 3673 頁。

〔註80〕甘肅省文物考古研究所、甘肅省博物館、中國文物研究所、中國社會科學院歷史研究所編：《居延新簡：甲渠候官》，中華書局，1994 年，第 246 頁。

〔註81〕《睡虎地秦墓竹簡》，第 61 頁。

〔註82〕謝桂華、李均明、朱國炤編：《居延漢簡釋文合校》，文物出版社，1987 年，第 97 頁。

居延新簡：

> 不中程百里，罰金半兩；過百里至二百里，一兩；過二百里，二
> 兩。不中程，車一里，奪吏主者勞各一日；二里，奪令相各一日。
>
> （EPS4T2・8B）〔註83〕

不中程是指傳送程度沒有達到規定要求，造成延誤。簡文所見漢代對文書傳送延誤，追究當事人和管理者的責任，處罰是很嚴厲的。張家山漢簡《奏讞書》一二載：

> 河東守讞（讞）：郵人官大夫内留書八日，詐更其徼（檄）書辟（避）
> 留，疑罪。廷報：内當以爲僞書論。〔註84〕

材料所見的這位文書傳遞者讓文書滯留延誤達 8 天，爲逃避留書的懲罰，偷換了其傳遞的文書，後被判僞造文書罪。

文書傳送的管道依賴通行全國的郵驛系統。這是一個布及全國各個政區的網路幹線，負責各種信息的上傳下達。驛置設置運行也有一整套的制度。《漢書・高帝紀下》載：田橫「乘傳詣雒陽」，顏師古注引如淳曰：「律，四馬高足爲置傳，四馬中足爲馳傳，四馬下足爲乘傳，一馬二馬爲軺傳，急者乘一乘傳。」師古曰：「傳者，若今之驛，古者以車，謂之傳車，其後又單置馬，謂之驛騎」〔註85〕。《睡虎地秦墓竹簡・語書》載：「以次傳，別書江陵布，以郵行」〔註86〕。郵驛傳遞文書信息之外，也提供官員和各種人士往來的交通工具、後勤供應補充如飲食、休息住宿等服務。根據不同任務和級別，有不同的設置。《續漢書・輿服志上》載：「驛馬三十里一置，卒皆赤幘絳韝云」〔註87〕。驛置設置里程，人員的裝備均有一定標準。《史記・孟嘗君列傳》載：「孟嘗君得出，即馳去，更封傳，變名姓以出關。……秦昭王後悔出孟嘗君，求之已去，即使人馳傳逐之。」司馬貞《索隱》：「封傳，猶今之驛券也」〔註88〕。《漢書・文帝紀》載：文帝十二年（前168），「除關無用傳」〔註89〕。《史記・孝景本紀》載：景帝四年（前153），「復置津關，用傳出入」

〔註83〕《居延新簡：甲渠候官》，第246頁，原文漏注「B」面。
〔註84〕張家山漢墓竹簡整理小組編著：《張家山漢墓竹簡〔二四七號墓〕》（釋文修訂本），文物出版社，2006年，第97頁。
〔註85〕《漢書》，卷1下，第57～58頁。
〔註86〕《睡虎地秦墓竹簡》，第13頁。
〔註87〕《後漢書》，志29，第3651頁。
〔註88〕《史記》，卷75，第2355頁。
〔註89〕《漢書》，卷4，第123頁。

〔註 90〕。享受驛置服務，在線路上通行，都有賴相應的身份職務憑證，在重要關口還有專門的盤查。據以上材料可知，秦漢文書在行政體制中有極重要的地位，在起草、發佈、傳輸中都有嚴密的文書制度。

二、邊令傳遞特色

涉邊文書在運行中有其突出的特色。

首先，邊地很重視郵驛的設置。

邊境很多地區人煙不稠密，人員往來、信息傳遞對郵驛更加依賴。《史記·衛將軍驃騎列傳》載，元狩二年（前 121）：

> 大行李息將城河上，得渾邪王使，即馳傳以聞。天子聞之，於是恐其以詐降而襲邊，乃令驃騎將軍將兵往迎之。驃騎既渡河，與渾邪王眾相望，渾邪王裨將見漢軍而多欲不降者，頗遁去，驃騎乃馳入與渾邪王相見，斬其欲亡者八千人，遂獨遣渾邪王乘傳先詣行在所，盡將其眾渡河，降者數萬，號稱十萬。〔註91〕

通過馳傳上報軍情，通過乘傳輸送人員。《漢書·西域傳下》載，桑弘羊等向武帝奏言：「張掖、酒泉遣騎假司馬爲斥候，屬校尉，事有便宜，因騎置以聞」〔註92〕。也是通知騎置報告軍情。《漢書·丙吉傳》載：

> 丙吉宣帝時任丞相，馭吏邊郡人，習知邊塞發奔命警備事，嘗出，適見驛騎持赤白囊，邊郡發奔命書馳來至。馭吏因隨驛騎至公車刺取，知虜入雲中、代郡。遽歸府見吉白狀，因曰：「恐虜所入邊郡，二千石長吏有老病不任兵馬者，宜可豫視。」吉善其言，召東曹案邊長吏，瑣科條其人。〔註93〕

緊急軍情的傳遞稱爲「奔命書」。邊郡的「奔命書」以赤白囊包裹通過驛騎傳遞至公車府，直接上報皇帝。《漢書·百官公卿表上》衛尉條顏師古注引《漢官儀》云：「公車司馬掌殿司馬門，夜徼宮中，天下上事及闕下凡所徵召，皆總領之」〔註94〕。公車司馬作爲衛尉屬官，事實上是皇帝的門衛，兼管緊急上報文書的收發。《漢書·陳湯傳》載，成帝建始四年（前 29），「西域都護段

〔註 90〕《史記》，卷 11，第 442 頁。
〔註 91〕《史記》，卷 111，第 2933 頁。
〔註 92〕《漢書》，卷 96 下，第 3912 頁。
〔註 93〕《漢書》，卷 74，第 3146 頁。
〔註 94〕《漢書》，卷 19 上，第 729 頁。

會宗爲烏孫兵所圍，驛騎上書，願發城郭敦煌兵以自救。」成帝召群臣謀議，陳湯分析不足憂，「居四日，軍書到，言已解」〔註95〕。顯然，西域都護隨時用「騎置」報告局勢變化，而且速度很快。郵驛在朝廷對邊地的控制中發揮了重要作用。

《後漢書・西域傳》論曰：「立屯田於膏腴之野，列郵置於要害之路，馳命走驛，不絕於時月」〔註96〕。概括了邊境與內地的通訊情況，設郵置與屯田一樣是邊地控制的重要保障，也是對邊地確立統治的一種表現。秦漢時期非常重視驛置建設，邊地尤顯突出。敦煌懸泉漢簡爲我們提供了許多傳世文獻中未見詳載的驛置設置情況，有學者指出：

> 敦煌郡當時有廄置九所，懸泉置當屬其一。其餘有魚離置、遮要置、龍勒置、廣至置、效谷置、冥安置、淵泉置（總數缺一）等。……置和驛是兩種不同的郵驛機構，功能有區別。驛以驛馬傳遞爲主，置以傳車接送爲主併兼遞部分郵件，有些驛、置又合而爲一。敦煌郡轄境除上述 9 所廄置外，還有 12 個驛，它們是：萬年驛、懸泉驛、臨泉驛、平望驛、龍勒驛、甘井驛、田聖驛、遮要驛、效谷驛、魚離驛、常和驛、毋窮驛等。驛置以下最基層的單位當屬亭。敦煌郡郵路所設的亭，簡文中可知名者近 60 個，它們是：……懸泉簡中很少見到郵，僅石靡郵、懸泉郵 2 處，且都出現在東漢永平十五年（72）的紀年簡中。可知西漢時稱亭而不稱郵，只是到了東漢才有了郵的建置。〔註97〕

由此可知，雖然敦煌郡作爲邊郡設置較晚，人口不多，經濟開發較遲，但驛置設置卻是相當發達和完備，有力地保障了漢朝對邊地的控制，邊情的掌握。

其次，邊地很重視政令的宣達。

儘管邊地常遠離政治中心，但並不意味著山高皇帝遠。朝廷總是千方百計盡可能地貫徹各項政令，有效施行統治。西北邊地出土簡牘中保存了許多這樣的詔令材料。例如居延漢簡《永始三年詔書》：

一、丞相方進、御史臣光昧死言明詔哀安元，臣方進、御史臣光言，

〔註95〕《漢書》，卷 70，第 3022～3023 頁。

〔註96〕《後漢書》，卷 88，第 2931 頁。

〔註97〕張德芳：《簡論縣懸泉漢簡的學術價值》，《敦煌懸泉漢簡釋粹》，第 201～202頁。

往秋郡被霜，冬無大雪，不得宿麥，恐民□☑

二、言，即可許取，請除貸錢它物律，詔書到，縣、道、官□☑縣官，還息與貸者必不可許，必別奏，臣方進、臣光愚戇，頓：首：死：罪：

三、制可

四、治民之道，宜務其本，廣農□☑來出貸，或取以賈販，愚者□□

五、來去城郭流亡，離本逐末，浮食□☑與縣官並稅，以成家致富，開併兼之路，□☑

六、令堪封曰，富民多畜田、出貸□☑□□☑

七、賞得自責毋息，毋令使郡縣相殘賊，務禁絕息□☑

八、郡國九穀最少，豫稍爲惆給，立輔既言，民所疾苦，可以便安。弘農太守丞立、山陽行太守事，湖陵□□上□☑

九、調有餘給不足，弔民所疾苦，必可以便安百姓，著公計長吏守丞☑臣光奉職無狀，頓：首：死：罪：，臣方進、臣光、前封公上計弘農太守☑

十、永始三年七月戊申朔戊辰，下當用者

十一、七月庚午丞相方進，下少府衛將：軍：二：千：石：部刺史、郡太守☑下當用者，書到言

十二、八月戊戌，丞相方進重令：長安男子李黎、索輔等，自言古租□□又聞三輔豪黠吏，比復出貸，吏重質不止，疑郡國亦然，書到

十三、十月己亥，張掖太守譚、守郡司馬宗行長史事，□☑書從事，下當用者，明遍懸亭顯處，令吏民皆知之，如詔書

十四、十一月己酉，張掖肩水都尉譚、丞平，下官，下當用者，如詔書

十五、十一月辛亥，肩水侯憲，下行尉事，謂關嗇吏，承書從事，明遍亭☑處，如詔書　士吏猛〔註98〕

根據簡文可以知到文書傳遞的時間和路程，甚至進而可以推算出文書傳遞速

〔註98〕薛英群：《居延漢簡通論》，甘肅教育出版社，1991年，第202～204頁，簡文先後次序經過薛氏按文意重新排列。

度，知道政府的行政效率。詔書成帝永始三年（前 14）七月戊辰二十一日正式批准執行，七月庚午二十三日丞相府將詔書下達，八月戊戌二十二日發現問題，丞相重新下達，十月己亥二十四日到達張掖太守府，十一月乙酉四日到肩水都尉府，十一月辛亥六日到肩水侯官。詔書從長安重新下達，至張掖郡治就歷時兩個月左右。《續漢書・郡國志》載：「張掖郡」劉昭注「故匈奴昆邪王地，武帝置，雒陽西四千二百里。」「京兆尹」劉昭注「雒陽西九百五十里」，則大致可推算出，張掖郡治觻得離長安 3250 里。在這麼遠的距離，範圍這麼廣大的地區，詔書要在這個時間段在城鄉普遍宣達傳示，非常不容易，顯示出政令傳達較通暢，政府效能較高。又如肩水金關遺址出土的居延新簡有《甘露二年丞相御史律令》：

(1) 甘露二年五月己丑朔甲辰朔（衍一朔字），丞相少史充、御史守少史仁以請：詔有逐驗大逆無道故廣陵王胥御者惠、同

(2) 產弟故長公主弟卿大婢外人。移郡太守，逐得試知。外人者，故長公主大奴千□等曰，外人，一名麗戎，字中夫，前太子守觀

(3) 奴嬰齊妻。前死，麗戎從母捐之字子文，私男弟偃，居主焉市里。弟，捐之姊子，故安道侯奴，杜取不同縣里男子字泺爲麗戎

(4) 瘛，以牛車就（僦）載、籍田倉爲事。始元二年中，主女孫爲河間王後，與捐之隨之國。後，麗戎、泺從居主朹〔菜〕弟（第），養男孫丁子沱。元鳳元年

(5) 中，主死，絕户，奴婢沒入詣官，麗戎、泺俱亡。麗戎脫籍，疑變更名字，循匿絕迹，更爲人妻妾，罪民間，若死毋從知。麗戎此

(6) 時年可二十三、四歲，至今年可六十所。爲人：中狀，黄色，小頭、黑髮、楕面，枸頸，常低額如顧狀，身小長，託廆少言。書到，二千石遣毋害都吏

(7) 嚴教屬（囑）縣官令以下嗇夫、吏正、三老、雜驗問鄉里吏民，賞（償）取（娶）婢及免奴以爲妻，年五十以上，刑（形）狀類麗戎者，問父母昆弟：本誰生子？務

(8) 得請聞。發主從（蹤）迹，毋□聚煩。復庇大逆，同產當坐。

重事。推迹未罷，毋令居部家中不舉！傳者書言白報，以郵亭
行詣長安。

（9）傳、會重事，當奏聞，必謹容之，毋留，如律令。

（10）六月，張掖太守毋適、丞勳，敢告部都尉卒人，謂縣，寫移書
列，趣報，如御史律令。敢告卒人／掾便・守卒史安國、佐財

（11）七月壬辰，張掖肩水司馬陽，以秩次兼行都尉事，謂候、〔塞
尉〕，寫移書到，〔逐〕索部界中。毋有？以書言，會二十日。
如律令／掾送、守屬□

（12）七月乙未，肩水候福謂候長廣、〔嗇夫〕□，寫〔移書到〕，〔逐〕
索部界中。毋〔有〕？以書言，會月十五日詣報府。毋□〔忽〕
如律令／令史□〔註99〕

與此事相關的還有甲渠候官破城子有相關簡文：

☑所逐驗大逆無道故廣陵王胥御者惠同產弟、故長公主弟卿☑

☑字中夫，前爲故大子守觀奴嬰齊妻，嬰齊前病死，麗戎從母捐☑

☑男子字遊，爲麗戎笔，以牛車就載，籍田倉爲事，始元（EPT43・
92）〔註100〕

根據簡文可知，文件宣帝甘露二年（前 52）五月甲辰十六日奏請發出，六月
到張掖太守府然後轉發，七月壬辰初五經肩水都尉府轉發，三天後七月乙未
初八由肩水候官下達金關候部，歷時 52 天〔註101〕。在交通不發達的當時，能
夠花這麼多時間將政令傳輸到這麼遠，肯定耗費不少人力、物力，而這種施
政的能力和決心眞是相當可貴的。政府的治理從政令的宣達來看顯然是比較
有效和成功的。

第三、邊地軍情傳輸非常迅捷。

兵貴神速，信息傳遞是關係戰爭勝負得失的大事。邊地的信息傳輸不少
是與軍情相關的，而這些信息的傳輸非常迅捷。《漢書・趙充國傳》載：宣帝
神爵元年（前 61），後將軍趙充國率軍征羌，從前線駐地金城龍支西部都尉府
與首都長安有大量緊急軍情要聯絡，「六月戊申奏，七月甲寅璽書報從充國計

〔註99〕初仕賓：《居延簡冊《甘露二年丞相御史律令》考述》，《考古》，1980 年第 2
期，第 179～184 頁：又見於薛英群：《居延漢簡通論》，第 247～249 頁，文
字稍有出入。

〔註100〕《居延新簡：甲渠候官》，第 44 頁。

〔註101〕初氏認爲是歷時 67 天，薛氏認爲是歷時 61 天，疑有誤。

焉」，六月戊申二十八，七月甲寅初五，信息往返歷時 7 天，其中還包括了中央審理奏報，討論決策的時間。由於這是戰時軍機，可能使用當時最快的文書傳遞方式了。「豪靡忘使人來言：『願得復還故地』，充國以聞，未報。靡忘來自歸，充國賜飲食，遣還諭種人。護軍以下皆爭之，曰：『此反虜，不可擅遣。』充國曰：『諸君但欲便文自營，非爲公家忠計也。』語未卒，璽書報，令靡忘以贖論」〔註102〕。從羌酋使者來充國上報朝廷，到靡忘自來充國賜食遣還，估計只是五六天時間，這也可說明當時軍情往返非常迅捷。其實可以想見，如果動輒要數十天幾個月的時間，戰機已貽誤，請示已無意義。《續漢書‧郡國志五》「金城郡」條劉昭注「昭帝置，雒陽西二千八百里」〔註103〕。《續漢書‧郡國志一》「京兆尹」條劉昭注「雒陽西九百五十里」，〔註104〕則大致可推算出，金城郡治允吾離長安 1850 里。在這麼短的時間傳輸這麼遠，在當時是相當了不起的，反映出邊地驛置建設的高質量，說明漢廷邊地治理的成功。

三、邊令執行中的創制

在執行上級指令時，地方官吏根據情況也可應變創制。在不違國家大政方針情況下地方郡縣長官自出條教，獨立施政，這是地方行政比較獨特之處。

《漢書‧鄭弘傳》載：「兄昌字次卿，亦好學。皆明經，通法律政事。次卿爲太原、涿郡太守，弘爲南陽太守，皆著治迹，條教法度，爲後所述」〔註105〕。《漢書‧薛宣傳》載：「宣爲吏賞罰明，用法平而必行，所居皆有條教可紀，多仁恕愛利」〔註106〕。《漢書‧黃霸傳》載：「使郵亭鄉官皆畜雞豚，以贍鰥寡貧窮者。然後爲條教，置父老師帥伍長，班行之於民間，勸以爲善防奸之意……」，「歸告二千石，舉三老、孝弟、力田、孝廉、廉吏務得其人。郡事皆以義法令檢式，毋得擅爲條教，敢挾詐僞以奸名譽者，必先受戮，以正明好惡」〔註107〕。《後漢書‧張湛傳》載：「建武初，爲左馮翊。在

〔註102〕《漢書》，卷 69，第 2983 頁。
〔註103〕《後漢書》，志 23，第 3518 頁。
〔註104〕《後漢書》，志 19，第 3403 頁。
〔註105〕《漢書》，卷 66，第 2902 頁。
〔註106〕《漢書》，卷 83，第 3390 頁。
〔註107〕《漢書》，卷 89，第 3629、3633 頁。

郡修典禮，設條教，政化大行」〔註108〕。《後漢書‧史弼傳》，李賢注引《續
漢書》曰：「（史）敞爲京兆尹，化有能名，尤善條教，見稱於三輔」〔註109〕。
地方治理要出成績，肯定要因地制宜，結合所在實際，才能爲當地百姓信從
擁護。各級地方長官所出條教，就是在當地施政舉措，這些條教法度不一，
因事因人而異，而主要涉及各地各時期法律的適用問題，當地經濟民生的發
展問題，社會治安風化問題，本來就不可能有一個中央製定全國推行的唯一
辦法，這就需要各地各級官吏結合當地情況，積極施政，而上述官員就作出
了不凡的治理努力，各自條教包含探索獲得的政治智慧，故爲後所稱。

　　邊地與內地相比，社會情況更爲特殊，同樣也要因地制宜，長官自出條
教。《漢書‧馮立傳》載：「竟寧中，以王舅出爲五原屬國都尉。數年，遷五
原太守，徙西河、上郡。立居職公廉，治行略與野王相似，而多知有恩貸，
好爲條教。吏民嘉美」〔註110〕。上述條教具體形式內容傳世文獻並未詳載，
而出土文書中則有許多具體記載，從中可以知道地方行政的方方面面。例如，
睡虎地秦簡中有《語書》：

> 二十年四月丙戌朔丁亥，南郡守騰謂縣、道嗇夫：古者，民各有鄉
> 俗，其所利及好惡不同，或不便於民，害於邦。是以聖王作爲法度，
> 以矯端民心，去其邪避（僻），除其惡俗，而使之之於爲善殹（也）。
> 今法律令已具矣，而吏民莫用，鄉俗淫失（泆）之民不止，是即法
> （廢）主之明法殹（也），而長邪避（僻）淫失（泆）之民甚害於邦，
> 不便於民。故騰爲是而修法律令、田令及爲閒私方而下之，令吏明
> 布，令吏民皆明智（知）之，毋巨（距）於罪。今法律令已布，聞
> 吏民犯法爲閒私者不止，私好、鄉俗之心不變，自從令、丞以下智
> （知），是即不勝任、不智殹（也）；智（知）而弗敢論，是即不廉
> 殹（也）。此皆大罪殹（也），而令、丞弗明智（知），甚不便。今且
> 令人案行之，舉劾不從令者，致以律，論及令、丞。有（又）且課
> 縣官，獨多犯令而令、丞弗得者，以令、丞聞。以次傳；別書江陵
> 布，以郵行。
>
> 凡良吏明法律令，事無不能殹（也）；有（又）廉絜（潔）敦慤而好

〔註108〕《後漢書》，卷27，第929頁。
〔註109〕《後漢書》，卷64，第2108頁。
〔註110〕《漢書》，卷79，第3305頁。

佐上：以一曹事不足獨治殹（也）；故有公心；有（又）能自端殹（也），
而惡與人辨治；是以不爭書。惡吏不明法律令，不智（知）事，不
廉絜（潔），毋（無）以佐上，繪（偷）隨（惰）疾事，易口舌，不
羞辱，輕惡言而易病人，毋（無）公端之心，而有冒柢（抵）之治，
是以善斥（訴）事，喜爭書。爭書，因恙（佯）瞋目扼掊（腕）以
視（示）力，計詢疾言以視（示）治，誈訊醜言麃斫以視（示）險，
阮閱強肮（伉）以視（示）強，而上猶智之殹（也）。故如此者不可
不爲罰。發書，私書曹，曹莫受，以告府，府令曹畫之。其畫最多
者，當居曹奏令、丞，令、丞以爲不直，志千里使有籍書之，以爲
惡吏。　語書〔註111〕

這是秦王嬴政二十年（前 227）秦邊地的南郡守騰頒給本郡各縣、道的一篇文
告。這可以說是一個地方長官的條教典型。爲導民爲善，「故騰爲是而修法律
令、田令及爲閒私方而下之，令吏明布，令吏民皆明智（知）之，毋巨（詎）
於罪。」顯然，這些都是南郡郡守自行製定的本郡地方法令。並且爲了使政
令貫徹落實，還派人巡查，對官吏進行評比，想出種種辦法，苦口婆心，再
三對各級官吏進行勸誡。

邊地好多政令都有其邊地特殊的內容，例如，居延漢簡中：

將軍、使者、大守議，貨錢古惡小苹不爲用，改更舊制，設作五銖
錢，欲便百姓，錢行未能。（16・11）〔註112〕

駐軍人口相對於人數不多的邊郡來說，是不少的，駐軍消費對邊郡的民生經
濟影響甚大。材料所見，將軍、使者與太守商議行錢事務，駐軍長官有時不
免也涉及到當地的民政事務中。

母得貰賣衣財物，大守不遣都吏循行▨

嚴教受卒官長吏各封臧▨（213・15）〔註113〕

邊郡太守用條教對戍邊將士進行約束。禁止出租和販賣非法所獲得（如發塚）
的衣服、財物。居延新簡：

九月乙亥，涼州刺史柳使下部郡大守、屬國、農都尉，承書從事下
當用者，明察吏有若能者，勿用，嚴教官屬謹以文理遇百姓，務稱

〔註111〕　《睡虎地秦墓竹簡》，第 13、15 頁。
〔註112〕　《居延漢簡釋文合校》，第 26 頁。
〔註113〕　《居延漢簡釋文合校》，第 321 頁。

明詔厚恩，如詔書／從事史賀音（EPT54‧5）〔註114〕

涼州刺史敕吏要寬遇百姓。

墾田以鐵器爲本，北邊郡毋鐵官，印器內郡，令郡以時博賣予細民，

毋令豪富吏民得多取販賣細民。（EPT52‧15）〔註115〕

可能是鹽鐵專營或者技術傳播限制，造成北邊郡無鐵官。

甲渠言部吏毋鑄作錢，發塚，販賣衣物於都市者（EPF22‧37）

建武六年七月戊戌朔乙卯，甲渠鄣守候　敢言之府，移大將軍莫府

書曰：奸黠吏民作使賓客私鑄，作錢薄小，不如法度，及盜發塚，

公賣衣物於都市，雖知莫譴苛，百姓患苦之。（EPF22‧38A）

掾譚令史嘉（EPF22‧38B）

書到，自今以來獨令縣官鑄作錢，令應法度禁吏民毋得鑄，作錢及

挾不行錢輒行法，諸販賣、發塚衣物於都市，輒收沒入縣官，四時

言犯者名狀‧謹案部吏毋犯者，敢言之。（EPF22‧39）〔註116〕

禁私鑄作錢，禁偷挖墳及販賣所得衣物。

　　在執行政令中地方政府根據當地實際進行調適，甚至創制，這也是地方積極行政應有之義，而從出土文書材料所見，邊地行政機關也不落人後，努力改進邊地治理，取得了成績，值得肯定。

〔註114〕《居延新簡：甲渠候官》，第 132 頁。

〔註115〕《居延新簡：甲渠候官》，第 97 頁。

〔註116〕《居延新簡：甲渠候官》，第 211 頁。

第三章　邊吏任用

　　《禮記‧中庸》云：「文武之政，佈在方策。其人存，則其政舉；其人亡，則其政息」〔註1〕。在人類發展較淺演的人治社會，法制還較不健全，司法不獨立，更無所謂權利平等、自由選舉、民主監督、新聞自由和輿論監督等等，政府的治理政策缺乏較好的一貫性、行政效能沒有較強的延續性常是不可避免的情況，人存政舉、人亡政息各時期各地區所在多有，在這種條件下，治理的關鍵在得人，部門長官的素質常是保證整個部門職效的關鍵所在。一些清醒的統治者明瞭這一點，很注意地方長官的選任，選出優秀的治理人才。西漢宣帝即為較顯明的例子。《漢書‧循吏傳》載：

> 及至孝宣，繇仄陋而登至尊，興於閭閻，知民事之艱難。自霍光薨後始躬萬機，屬精為治，五日一聽事，自丞相已下各奉職而進。及拜刺史守相，輒親見問，觀其所繇，退而考察所行以質其言，有名實不相應，必知其所以然。常稱曰：「庶民所以安其田里而亡歎息愁恨之心者，政平訟理也。與我共此者，其唯良二千石乎！」以為太守，吏民之本也，數變易則下不安，民知其將久，不可欺罔，乃服從其教化。故二千石有治理效，輒以璽書勉厲，增秩賜金，或爵至關內侯，公卿缺則選諸所表以次用之。是故漢世良吏，於是為盛，稱中興焉。〔註2〕

宣帝從民間入主漢室，深知社會低層治理的真實情況，明白郡級長官的良善對地方行政的重要性，特別重視地方長官的選拔，宣帝世也得以湧現眾多能

〔註1〕　《十三經注疏》，卷52，第1629頁中。
〔註2〕　《漢書》，卷89，第3624頁。

幹地方官吏，如趙廣漢、韓延壽、尹翁歸、嚴延年、張敞、王成、黃霸、朱邑、龔遂、鄭弘、召信臣等，號稱中興。

地方官吏以二百石為界可分朝廷命官和非朝廷命官兩種，《續漢書·百官志五》劉昭注引應劭《漢官》載：「大縣丞、左右尉，所謂命卿三人。小縣一尉一丞，命卿二人」〔註3〕。漢制，地方官吏秩二百石以上者，皆由朝廷命之，都算朝廷命官，通稱長吏（三輔有例外，屬吏秩級有二百石者）。二百石以下，均為少吏、掾屬，都是州郡縣長官自行辟除，他們並非朝廷命官，而是長官的助手。二百石以上的朝廷命官，以六百石為界又可細分高低兩種。衛宏《漢官舊儀》載：「舊制：令六百石以上，尚書調拜遷；四百石長相至二百石，丞相調除。中都官百石，大鴻臚調；郡國百石，二千石調」〔註4〕。尚書調拜除，其實即是以皇帝名義任免，所以六百石以上的長官，可以算是中上級的官員，六百石以下二百石以上，則是中下級官員。東漢政歸臺閣，任免官吏實權均在尚書臺，但官員秩級高低與西漢相類。秦漢時的屬吏一般來說均非朝廷命官，而由主官自行選用（丞相府、大將軍府的一些屬吏雖由主官任用，但地位尊重，也是朝廷命官），秩級均在二百石以下，無官印。屬吏事實上也可細分兩個層級，俸祿在百石以上是有秩，如掾、卒史等，都是較高級的屬吏；百石以下為斗食，如屬、書佐等，是較低等的屬吏。《漢書·百官公卿表上》載：「縣令、長，皆秦官，掌治其縣。萬戶以上為令，秩千石至六百石。減萬戶為長，秩五百石至三百石。皆有丞、尉，秩四百石至二百石，是為長吏。百石以下有斗食、佐史之秩，是為少吏」〔註5〕。

地方官吏選任涉及的家庭出身、籍貫、學識情況、任職經歷、遷轉理由等具體的規定，存在的限制和可能的規律等都有很複雜的內容，前賢作了許多探討〔註6〕。在邊地任職的官吏，也是龐大的官吏隊伍中的一部分，一般也適用官吏任用的各種制度，但因為在邊地任職也存在一些特殊的地方。《秦郡新考》謂：「內史體制與外郡迥異，不在郡數內」〔註7〕。其實當時地方行政

〔註3〕　《後漢書》，卷28，第3623頁。

〔註4〕　〔清〕孫星衍等輯、周天遊點校：《漢官六種》，中華書局，1990年，第50頁。

〔註5〕　《漢書》，卷19上，第742頁。

〔註6〕　參見嚴耕望：《中國地方行政制度史：秦漢地方行政制度》；黃留珠：《秦漢仕進制度》，西北大學出版社，1985年；安作璋、熊鐵基：《秦漢官制史稿》（下冊），齊魯書社，1985年；楊鴻年：《漢魏制度叢考》（第2版）等。

〔註7〕　《長水集》（上冊），第2頁。

體系並沒有整齊劃一，不光內史不同外郡，邊郡也不同內郡，郡與王國又有不同，事實上是存在不同的體制及官吏任用情形。具體的邊吏任用情況，非常複雜。邊郡較低級的官員具體的任命既多且雜，也可能並無所謂規範而嚴格的制度，這裡僅就官員邊地任職的地域性所造成的特殊性試作探討，著意考察分析與邊地官吏選任較有關係的若干情況。

第一節　邊吏任用情況分析

一、任用有較強的地域性

　　漢代地方官吏任用標準有嚴格的籍貫限制，從中可以發現地方官吏之任用有較強的地域性。嚴耕望根據史傳碑刻所見二千餘任地方官吏之籍貫，統計歸納指出：「漢代地方官吏之任用有極嚴格之籍貫限制。」約其法規可得下列四條：

　　　　一、中央任命之各級監官長吏不用本籍人——刺史不用本州人；郡
　　　　　　守國相等不用本郡國人；縣令長丞尉不但不用本縣人，且不用
　　　　　　本郡人。——惟西漢之司隸校尉、京兆尹、長安縣令丞尉不在
　　　　　　此限。
　　　　二、後漢中葉以後，又有「不得對相監臨法」及「三互法」——此
　　　　　　為第一條之引伸。
　　　　三、監官長吏自闢之屬吏，必用本籍人；惟京畿郡縣可例外。
　　　　四、郡督郵分部督察屬縣，用本郡人，但不用所督諸縣之人；州之
　　　　　　部郡從事，用本州人，但不用所部之郡人。〔註8〕

另外，分析中有提到、但歸納時未指出：「客居既久，且有高名者，亦得為客地掾屬。」「初置邊郡有蠻夷者，亦與普通郡縣有異，屬吏常用內郡人」〔註9〕，以便統制。

　　嚴耕望歸納的四條法規，史傳並未見其律令條文，但都依據史實分析得出，有相當的真實性。地方官吏其實可分中央任命的州郡縣長官和州郡縣長官自行任命的屬吏兩種。這四條法規，其實前兩條都是針對前者，都是朝廷命官，後兩條都是針對後者，非朝廷命官，而是朝廷命官的助手。進一步歸

〔註8〕《中國地方行政制度史：秦漢地方行政制度》，第357～358頁。
〔註9〕《中國地方行政制度史：秦漢地方行政制度》，第352～353頁。

納則是：「長官監察官必避本籍，屬吏必用本籍。」京畿、邊郡可例外。

任官的籍貫限制，有助於防止形成強大的盤根錯節的地方勢力，有利於不從當地小集團利益出發的各項行政措施的推行，從這些來看，籍貫限制極有可能出現在大一統國家建立的時期，有目的的推行則是中央專制集權加強的需要和結果。長官避本籍，禁忌有其由疏轉密的發展歷程。早期在本籍任長吏除了嚴耕望列舉的李廣、嚴助、朱買臣、主父偃外，還有韓安國：《史記·韓長孺列傳》載：「御史大夫韓安國者，梁成安人也，後徙睢陽。嘗受韓子雜家說於騶田生所，事梁孝王爲中大夫。吳楚反時，孝王使安國及張羽爲將，扞吳兵於東界。張羽力戰，安國持重，以故吳不能過梁。吳楚已破，安國、張羽名由此顯。梁孝王，景帝母弟，竇太后愛之，令得自請置相、二千石。……韓安國爲梁使，見大長公主……其後，安國坐法抵罪。……居無何，梁內史缺，漢使使者拜安國爲梁內史，起徒中爲二千石。……梁內史之缺也，孝王新得齊人公孫詭，說之，欲請以爲內史。竇太后聞，乃詔王以安國爲內史」〔註 10〕。韓安國籍貫城安及所徙處睢陽當時都屬梁國境內，他出任梁中大夫、梁將軍、梁使、梁內史等王國地方官員，並未受任官的籍貫限制。特別是任職位重要的梁內史一職，他還是竇太后向梁王特別點名要求得景帝批准的人選。當然這也有梁孝王爲景帝母弟，受太后寵愛，可自請置相，梁國在景帝世諸侯中地位特殊的因素。而這些均說明在武帝統治中期以前，任官的籍貫限制並不嚴格。

隨著時間推移，限制後來趨密。《漢書·京房傳》載：「房奏考功課吏法。上令公卿朝臣與房會議溫室，皆以房言煩碎，令上下相司，不可許。上意向之。」顏師古注引晉灼曰：「令丞尉治一縣，崇教化亡犯法者輒遷。有盜賊，滿三日不覺者則尉事也，令覺之，自除，二尉負其罪，率相準如此法。」據所言，則京房之考功課吏法，大致是有職權的官吏執行較嚴格的問責制，還要求各官員互相監督。「元帝於是以房爲魏郡太守，秩八百石，居得以考功法治郡。房自請，願無屬刺史，得除用他郡人，自第吏千石以下，歲竟乘傳奏事。天子許焉。」顏師古注引如淳曰：「令長屬縣，自課第殿最」〔註 11〕。元帝在任命京房爲魏郡太守施行考功法的政治試驗時，批准了京房提出的四個條件要求，這些是普通郡守沒有享有的的特殊待遇。即：不歸刺史監察；屬

〔註10〕《史記》，卷 108，第 2857～2859 頁。
〔註11〕《漢書》，卷 75，第 3161～3163 頁。

吏得任用他郡人；按功過自行考覈千石以下官吏，實施獎懲；歲末能回京師面見皇帝直接奏報施政情況。從中就可以看出，在元帝永光建昭年間，在官吏任用制度上，普通郡守只能任命本郡人爲屬吏，不能任用他郡人。這是得到較嚴格遵守的，只有特殊情況下得到皇帝特許才能有例外。這就說明任官的籍貫限制已較嚴密了。

《後漢書・蔡邕傳》載，靈帝熹平年間：

> 初，朝議以州郡相黨，人情比周，乃制婚姻之家及兩州人士不得對相監臨。至是復有三互法，禁忌轉密，選用艱難。幽冀二州，久缺不補。邕上疏曰：「伏見幽、冀舊壞，鎧馬所出，比年兵饑，漸至空耗，今者百姓虛縣，萬里蕭條，闕職經時，吏人延屬，而三府選舉，踰月不定。臣經怪其事，而論者云『避三互』，十一州有禁，當取二州而已。又二州之士，或復限以歲月，狐疑遲淹，以失事會。愚以爲三互之禁，禁之薄者，今但申以威靈，明其憲令，在任之人豈不戒懼，而當坐設三互，自生留閡邪？昔韓安國起自徒中，朱買臣出於幽賤，並以才宜，還守本邦。又張敞亡命，擢授劇州。豈復顧循三互，繼以末制乎？三公明知二州之要，所宜速定，當越禁取能，以救時敝，而不顧爭臣之義，苟避輕微之科，選用稽滯，以失其人。臣願陛下上則先帝，蠲除近禁，其諸州刺史器用可換者，無拘日月三互以差厥中。」書奏不省。

李賢注曰：

> 三互謂婚姻之家及兩州人不得交互爲官也。謝承書曰：「史弼遷山陽太守，其妻巨野薛氏女，以三互自上，轉拜平原相」，是也。〔註12〕

嚴耕望指出李賢注所云，實三互以前之制，非三互法也。他解釋『三互法』認爲：「譬之甲州人士有監臨乙州，同時乙州人士有監臨丙州者，則丙州人士不但不能監臨乙州，且不能監臨甲州；又若人有爲甲州刺史而婚於乙州之女，則甲州人士亦不能任刺史於乙州；皆所以防止轉互庇護也。郡縣任官蓋亦如此」〔註13〕。嚴說合理可存，據此三互法相當繁瑣。但嚴耕望引證史弼轉任平原相事，說是其妻鉅鹿薛氏女則誤，推斷當時鉅鹿太守爲山陽人沒有根據，鉅鹿當爲巨野，巨野是山陽屬縣。謝承書史弼例本爲李賢所引，李賢對三互

〔註12〕　《後漢書》，卷60下，第1990頁。
〔註13〕　《中國地方行政制度史：秦漢地方行政制度》，第350頁。

法並無嚴耕望那樣的解釋。按《後漢書》文意，在靈帝立三互法之前，原就有婚姻之家及兩州人士不得對相監臨之制，後制度禁忌轉密，復有三互法，則三互法不止是防止婚姻之家及兩州人士對相監臨兩項，還應有其他規定，惜史未明言。李賢注徑直說三互為前二者，其實只說明了前二者屬三互法禁忌的內容，所引謝承書史弼例實即三互法中婚姻之家之禁忌，對三互的定義實際並未說全，則至唐時也已不明了三互其他項內容。筆者頗疑三互法史載或有所疏漏，前二項內容婚姻之家和兩州人士不得對相監臨，按政策施行的社會實際推測還應包括一種不得對相監臨限制，構成三項任職禁忌，號稱三互法。但史無實據，存疑。

　　蔡邕上書中有言「苟避輕微之科」、「蠲除近禁」，則三互法禁忌防止的思想雖然其來有自，但嚴密的規定實可能到靈帝前後才製定出來，並非久遠沿襲之制，其實際的懲處也不會非常較真嚴酷。三互法的實施，制度轉密，其實對在任官員的循私舞弊情況，從條文來看，當有防堵之效。但至選用艱難，避三互至十一州有禁，不免因噎廢食，其中也可能存在既得利益受損的選官機構對制約機制人為自覺的抵製造成的奇怪現象。也就說真正出現問題的不是制度，而是政風。這可以看作政權遲暮時制度轉密，吏治卻日壞的惡性循環怪圈。因此在這樣的政治環境下，三互法能否徹底實施是很值得懷疑的。當一種制度損害到掌權的既得利益集團的利益時，在衰世即使能夠提出來，也往往會流為具文。蔡邕的上書可能並非為形形色色的三互法反對者代言，他的上書史載也未有下文，但從其他人的任職情況，可以發現三互法並沒有全面推行。

　　《後漢書‧皇甫嵩傳》載，皇甫嵩，安定朝那人，「靈帝公車徵為議郎，遷北地太守」〔註14〕。黃巾起，拜左中郎將領兵討黃巾，有軍功封都鄉侯。斬張角弟梁，獲首三萬，赴河死者五萬許，剖張角棺戮屍傳首京師，又斬張角弟寶，獲首十餘萬，平黃巾，拜左車騎將軍，領冀州牧，封槐里侯，食槐里、美陽兩縣合八千戶。威震天下。《後漢書‧傅燮傳》載，傅燮，北地靈州人，為護軍司馬，平黃巾後，「以為安定都尉，以疾免。」後為漢陽太守。「出為漢陽太守，初郡將范津明知人，舉燮孝廉，及津為漢陽，與燮交代，合符而去，鄉邦榮之。」太守前後任交接要合符取信。「王國使故酒泉太守黃衍說燮曰：『成敗之事，已可知矣，先起，上有霸王之業，下成伊呂之勳，天下非

〔註14〕《後漢書》，卷71，第2299頁。

復漢有，府君寧有意爲吾屬師乎？』爕案劍叱衍曰：『若剖符之臣，反爲賊說邪？』」〔註15〕「時刺史耿鄙委任治中程球，球爲通姦利，士人怨之。中平四年，鄙率六郡兵討金城賊王國、韓遂等。」此刺史當爲涼州刺史，六郡可能指涼州除河西四郡外的六郡，即北地、安定、漢陽、隴西、武都、金城。北地郡東漢屬涼州刺史部，永和六年（141）徙左馮翊祋祤縣，設富平、泥陽二僑縣，終漢末。「時北（地）胡騎數千隨賊攻郡，皆夙懷爕恩，共於城外叩頭，求送爕歸鄉里」〔註16〕。北地可能並未全部內遷，故羌胡仍和靈州傅爕等人鄰處親愛結恩，並願送爕歸鄉里。

　　綜合上述材料可知，靈帝世安定人皇甫嵩任北地守，北地人傅爕任安定都尉、漢陽守，都是本涼州人出任涼州屬郡長吏。這些顯然與靈帝熹平四年（175）頒行的「三互法」任職嚴格禁忌限制的精神是相違的。可見三互法施行並不嚴密，至少從史實所見三互法在邊郡流爲具文。其實這是可以理解的，漢末涼州羌亂不息，兵連禍結，統治相當脆弱，邊郡都要重用皇甫嵩、傅爕等出身邊地有影響有勢力有軍事才能的大族將帥，否則難以控制穩定緊張的局勢。即使有嚴格的任官籍貫限制，在軍事壓倒一切的形勢下，也只能事急從權，放在一邊了。因爲可用好用的人選從蔡邕的上奏可知，非常難找。而之前的情況也有教訓，如《後漢書·西羌傳》載：安帝永初五年（111），涼州羌亂，「羌既轉盛，而二千石、令、長多內郡人，並無戰守意，皆爭上徙郡縣以避寇難。朝廷從之，遂移隴西徙襄武，安定徙美陽，北地徙池陽，上郡徙衙」〔註17〕。長官不是本籍人，若危難時私心自利，並無與土著人民共患難自覺，這何嘗不是任職禁忌的消極影響。這樣一方面，邊地艱苦，爲內地官員視爲畏途，選派困難；另一方面，邊人熟悉邊地，瞭解邊情，容易有效治理邊地，有的還不樂去內地任職。這都是邊吏任用中不能不考慮的情況，官吏任用的地域性就合情合理了。

　　嚴耕望指出：西漢武帝中葉以後，「所見令長丞尉，不但非本縣人，且非本郡，但以鄰近郡國爲多」〔註18〕。李解民研究尹灣漢簡，進一步指出：

在當時 13 個州部中，東海郡長吏的籍貫遍及了 7 個州部和京畿地區，其中極大多數集中在豫州、兗州和監察該郡的徐州。值得注意

〔註15〕　《後漢書》，卷 58，第 1874～1878 頁。
〔註16〕　《後漢書》，卷 58，第 1877 頁。
〔註17〕　《後漢書》，卷 87，第 2887～2888 頁。
〔註18〕　《中國地方行政制度史：秦漢地方行政制度》，第 347 頁。

的是，益州、涼州、幽州、并州、朔方、交州等 6 個三邊州部的郡
縣一個也沒出現。東海郡在地理上屬於內郡，這種長吏籍貫的分佈
情況，似乎反映出這樣的事實：西漢晚期內郡長吏任用除本郡以外
的內郡人，不任用邊郡人。〔註19〕

陳勇在談及有關漢代涼州集團形成等問題，指出漢代邊郡人士的仕進較內郡
人士更為艱難，但當時制度對此是否有明確限制，則不清楚〔註20〕。

　　筆者認為尹灣漢簡東海郡長吏無一人籍貫是邊郡並非偶然，但從情理判
斷，既然在中央都有邊郡人士任職，常以武顯，如六郡良家子名將輩出，對
邊郡人入仕有制度性保障，甚至於在察舉人口比例上有所放寬，傾斜照顧，
則說明政府不太可能限制邊郡人士出仕內郡，例如東漢初安定烏氏人梁統
就曾任九江太守，但邊郡人任職內郡相比而言，還是殊少。之所以造成內郡
長吏絕少邊郡人士的原因，是因為漢官選任的地域性。邊郡人口較少，文
化教育水平相對內郡要落後，戰事相對繁劇，缺乏濃鬱求學治學風氣，導致
適合內郡需要文化水平較高的治理型儒學經術人才出現的較少，在相同條
件下在文化素養上競爭不過內郡人才。史籍所見邊郡出現的人才較多有武技
特長，典武事為主，更適宜擔任邊郡軍政事務。《漢書‧成帝紀》載元延元
年秋七月，詔曰：「公卿大夫、博士、議郎其各悉心，惟思變意，明以經對，
無有所諱；與內郡國舉方正能直言極諫者各一人，北邊二十二郡舉勇猛知
兵法者各一人」〔註21〕。內郡與邊郡人才選撥類型不同，可能很大程度上是
基於人才出產的實際，而非純人為的限制。關東出相，關西出將。內郡出
文官，邊郡產武將，人才的類型不同。史籍所見邊郡人更多地任邊郡吏，守
邊事，選拔出來的人才也主要在邊郡任職。另外邊郡內郡的改籍問題，制
度禁止邊郡人內徙，如張奐以軍功卓著經申請才得皇帝特許由敦煌淵泉改弘
農。說明改籍不允許、不容易。這也可能基於邊郡的用人需要，防止人才
冠冕的流失對邊郡人心士氣的打擊等等。這些都反映出官吏選任有其地域性
因素。

　　至於內郡人任職邊郡者則較多，居延漢簡中「戍卒籍貫，以汝南、淮陽

〔註19〕 李解民：《《東海郡下轄長吏名籍》研究》，連雲港市博物館、中國文物研究所
　　　　 編：《尹灣漢墓簡牘綜論》，科學出版社，1999 年，第 57 頁。
〔註20〕 陳勇：《尹灣漢墓簡牘與西漢地方官吏任遷》，《尹灣漢墓簡牘綜論》，第 76～
　　　　 85 頁。
〔註21〕 《漢書》，卷 10，第 326 頁。

二郡人民爲最多」〔註22〕，連邊地很多戍卒都是內地普通百姓。嚴耕望指出：「邊疆初郡，時或即任土著爲長吏，權宜羈縻」〔註23〕。《漢書·西南夷傳》載：「拜（唐）蒙以郎中將……見夜郎侯……約爲置吏，使其子爲令」〔註24〕。這是鞭長莫及情況，迫不得已。但凡中央有合宜條件，中央集權專制政體都會力圖加強控制。嚴耕望指出：「初置邊郡有蠻夷者，亦與普通郡縣有異，屬吏常用內郡人」〔註25〕，以便統制。初置邊郡，吏不一定用本籍。《漢書·地理志》載：「玄菟、樂浪，武帝時置，皆朝鮮、濊貉、句驪蠻夷。……郡初取吏於遼東。」「武帝元狩元年，略以爲儋耳、珠厓郡，……自初爲郡縣，吏卒中國人多侵淩之，故率數歲一反」〔註26〕。《後漢書·袁紹傳》載：「（公孫）康，遼東人。父度，初避吏爲玄菟小吏，稍仕。中平元年，還爲本郡守」〔註27〕。《三國志·魏志·公孫康傳》載：「公孫度字升濟，本遼東襄平人。度父延，避吏居玄菟，任度爲郡吏。……同郡徐榮爲董卓中郎將，薦度爲遼東太守，度起玄菟小吏，爲遼東郡所輕」〔註28〕。《後漢書·西羌傳》載：安帝永初五年（111），涼州羌亂，「羌既轉盛，而二千石、令、長多內郡人，並無戰守意，皆爭上徙郡縣以避寇難，朝廷從之」〔註29〕。都說明邊地大量任用內地人爲官吏。尹灣漢簡東海郡下轄長吏名籍中有：

海西令琅邪諸王宣，故漁陽□□左騎千人以功遷。

建陽丞京兆尹奉明王豐，故戍校前曲候令史以功遷。

建陵侯家〔丞〕梁國蒙孟遷，故象林候長以功遷。〔註30〕

簡牘更多見內郡人從軍屯戍邊郡者。武帝後開邊不已，河西等地率移民成郡，可以說這些新開初郡的漢人最初都是來自內郡。但等到邊郡設立日久，徙民初具規模，籍貫已不屬內地而屬所在地時，儘管可能仍有一些徙民持續入境，但邊郡任官會漸成體制，簡牘所見，邊塞二百石以下的基層官吏絕大

〔註22〕陳直：《居延漢簡研究》，天津古籍出版社，1986 年，第 17 頁。

〔註23〕《中國地方行政制度史：秦漢地方行政制度》，第 346 頁。

〔註24〕《漢書》，卷 95，第 3839 頁。

〔註25〕《中國地方行政制度史：秦漢地方行政制度》，第 353 頁。

〔註26〕《漢書》，卷 28 下，第 1658、1670 頁。

〔註27〕《後漢書》，卷 74 下，第 2418 頁。

〔註28〕《三國志》，卷 8，第 252 頁。

〔註29〕《後漢書》，卷 87，第 2887～2888 頁。

〔註30〕連雲港市博物館、東海縣博物館、中國社會科學院簡帛研究中心、中國文物研究所編：《尹灣漢墓簡牘》，中華書局，1997 年，第 85、91、94 頁。

多數都是所在或附近的邊郡人。邊郡基層屬吏，一般不任外地人；內地戍卒役期常是一年，不能長期在邊，也不如本地人熟悉情況。《後漢書·賈復傳》載：賈復子賈宗，「建初中爲朔方太守，舊內郡徙人在邊者，率多貧弱，爲居人所僕役，不得爲吏。宗擢用其任職者，與邊吏參選，轉相監司，以摘發其奸，或以功次補長吏，故各願盡死」〔註31〕。說明在朔方郡由太守任命的二百石以下的屬吏原本主要爲邊郡人擔任，可能是因爲內郡徙人籍貫非邊郡，又貧弱無勢，造成不得出仕。但這顯然只是慣例，而非牢不可破的明文制度，事實上賈宗的做法就改變了出仕慣例。朔方的內郡徙人（這些人定居後可能入當地籍，因爲政府鼓勵徙邊）也能出仕，與本地人爲吏者相監司，更有因此得以功次補長吏者。這種情況或許應該能反映出邊郡任職習慣的變遷過程。

　　綜而言之，官吏任用有籍貫限制，還有很強的地域性因素。可以概括爲：爲官不得任職本郡，京畿、邊郡可例外。任職邊郡者可以是各種人，但邊郡人爲多。邊地人在邊地長期任職，在邊地流轉，世代在邊地任職，形成世家大族，籍貫迴避不如內地嚴格。屬吏一般用本地人，但初置邊郡有蠻夷者，亦與普通郡縣有異，屬吏常用內郡人。以便統制。任職內郡者以內郡、京畿人爲主，周邊內郡人爲多，邊郡者極少。任職京畿者可以是各種人，王國人任職京師有時有限制。

二、出土簡牘所見官吏出缺的代理方式

　　官吏是行政的施行者，統治者都很重視官吏的任用。拜，《說文》引揚雄說：「拜從兩手下」〔註32〕。表示雙手作揖，或下拜。授予官職可稱拜。除，《說文》：「殿陛也」〔註33〕。去舊更新，拾級更易。又拜官曰除。《史記·平準書》：「諸買武功爵官首者試補吏，先除。」注：「先除，用也」〔註34〕。《漢書·田蚡傳》：「君除吏盡未，吾亦欲除吏。」注：「凡言除者，除去故官就新官」〔註35〕。官吏任用稱爲拜，或稱爲除。秦漢時期，已極少世官存在，官吏多有任期。《漢書·段會宗傳》載：「三歲，更盡還。」顏師古注引如淳曰：

〔註31〕　《後漢書》，卷17，第667頁。
〔註32〕　《說文解字注》，卷23，第595頁。
〔註33〕　《說文解字注》，卷28，第736頁。
〔註34〕　《史記》，卷30，第1423頁。
〔註35〕　《漢書》，卷52，第2380～2381頁。

「邊吏三歲一更，下言終更皆是也」〔註36〕。與高級長吏不同，漢簡文書中一般基層官吏戍邊超過三歲的，也還在繼續守邊，並無更換的迹象。「至於候長隧長，多爲邊郡人，身已在邊，久於其任，即無所謂三歲一更也」〔註37〕。《史記·張釋之馮唐列傳》載：張釋之「以訾爲騎郎，事孝文帝，十歲不得調，無所知名」〔註38〕。尹灣漢簡東海郡下轄長吏名籍中有「建鄉相山陽郡□□管費故將軍史以十歲補」，「鐵官丞臨淮郡淮陵龔武故校尉史以軍吏十歲補」〔註39〕，李解民指出「似謂十歲是在一個職務上任期的大限，一般不應超過這個期限」〔註40〕。《古今樂錄》載漢樂府古詩有：「十五從軍征，八十始得歸」〔註41〕。一般判斷並不是寫實，普通士兵與軍吏從軍年限不同，但若有如此長的從軍史，只要能如此奇迹般幸存，應該至少能擔任低級軍吏的。但邊郡戍守的軍人服役時間較長，則應是可能的。

　　居延漢簡、居延新簡等出土簡牘中有大量的材料反映出邊吏出缺，一時又無合適人選遞補，而由其他人員代理，這可能是邊地人事任免、官員任用方式中一個很普遍很突出的問題。這裡試作探討。

　　地方官吏休假、生病、去世，行喪、陞降、任滿調離、辭官、有罪免職等造成職位出缺，在行政運行中是難以避免的情況。尹灣漢簡中，東海郡下轄長吏不在署、未到官者名籍分輸錢都內、徭、告、寧、缺（死、免）、有劾、未到官諸項，都有詳細登記。說明出缺在官署應爲一種常態，而且比例不小。官署不得不時時留意，列籍處理。

　　居延漢簡：

　　　　甲渠第三十五隧長王常不在署。（206·16）〔註42〕

官吏不在署有簿籍登記。

　　　　第十五隧長王賞不在署二十八日出，一人高同車子未到，一人王朝

　　　　二十八日從候長未還，一人見（206·27）〔註43〕

〔註36〕　《漢書》，卷70，第3029頁。
〔註37〕　《居延漢簡研究》，第469頁。
〔註38〕　《史記》，卷102，第2751頁。
〔註39〕　《尹灣漢墓簡牘》，第93～94頁。
〔註40〕　李解民：《〈東海郡下轄長吏名籍〉研究》，《尹灣漢墓簡牘綜論》，第67頁。
〔註41〕　《橫吹曲辭四·紫騮馬》，〔南朝宋〕郭茂倩編撰：《樂府詩集》，中華書局，1979年，第352頁。
〔註42〕　《居延漢簡釋文合校》，第320頁。
〔註43〕　《居延漢簡釋文合校》，第321頁。

最基層的亭隧都有出勤報告。

居延新簡：

吏未到名：王士吏未到，未知來時；隧長傅育未到，今白召之；隧
長王良未到，今日當到；隧長常業未到，未知來時；通辨之，請辨
白。（EPT4・46）〔註44〕

吞遠隧卒賈良不在署，謹驗問吞遠候長譚、兼候史吞北隧長褒辭曰：
十二月五日良（EPT59・69）〔註45〕

有詳細的考勤簽到記錄，說明各種事由。

官員的正式除拜一般都較慎重，級別越高，規矩越多，常不是一件隨時
可以完成的小事，而職事卻不能無人應承，否則會影響各項事務的處理。而
且即使有合適繼任人選，在幅員遼闊的中央專制集權國家裏，在交通不便的
地區，信息傳遞、人員到位在短時間完成都非易事，所以權宜代理兼行就不
得已而爲之。

《史記・秦始皇本紀》載：始皇十六年，「發卒受地韓南陽假守騰」〔註46〕。
《史記・項羽本紀》裴駰《集解》引《楚漢春秋》曰：「會稽假守殷通。」又
載：項羽殺宋義，眾將「乃相與共立羽爲假上將軍」〔註47〕。《史記・淮陰侯
列傳》載：韓信欲獲封假齊王，劉邦只好順水推舟，「大丈夫定諸侯，即爲眞
王耳，何以假爲？」〔註48〕假，《說文》：「非眞也。」〔註49〕引申爲攝事，暫
時代理，非正式任命的。但出土簡牘材料中很少出現這種表述，在出土簡牘
所見經常使用的代理任用方式是如下幾種〔註50〕：

（一）守

守，《說文》：「守官也」〔註51〕。有爲之守之意。《漢書・平帝紀》載，
元始元年（1），「吏在位二百石以上，一切滿秩如眞。」師古注引如淳曰：「諸

〔註44〕《居延新簡：甲渠候官》，第4頁。
〔註45〕《居延新簡：甲渠候官》，第158頁。
〔註46〕《史記》，卷6，第232頁。
〔註47〕《史記》，卷7，第297、305頁。
〔註48〕《史記》，卷92，第2621頁。
〔註49〕《說文解字注》，卷15，第374頁。
〔註50〕官員任用方式的文獻事證有參考安作璋、熊鐵基：《秦漢官制史稿》（下冊），
齊魯書社，1985年，第360～370頁。
〔註51〕《說文解字注》，卷14，第340頁。

官初除，皆試守一歲乃爲眞，食全俸。」師古則認爲「時諸官有試守者」但「非凡除吏皆當試守也」〔註52〕。守，爲試署，官吏試任職者觀能否，一般一年後，稱職才眞除實授。《漢書·游俠·原涉傳》載：「是時，茂陵守令尹公新視事，涉未謁也」〔註53〕。「郡吏假守屬縣長吏乃常事，而眞除則亂世特例矣」〔註54〕。《漢書·張敞傳》載：「是時，潁川太守黃霸以治行第一入守京兆尹。霸視事數月，不稱，罷歸潁川。於是制詔御史：『其以膠東相敞守京兆尹。』自趙廣漢誅後，比更守尹，如霸等數人，皆不稱職。京師浸廢。」張敞「守太原太守，滿歲爲眞。太原郡清」〔註55〕。京師在皇帝眼皮底下行事，眾多權貴豪傑縱橫，事務繁鉅，向稱難治，官秩尊重，授任謹慎，故多位守官包括有能幹之名的黃霸一不稱上意即可能遭罷遣。另外，「守」本身還具有兼官代理性質，《漢官舊儀》載：「丞相史物故，調御史少史守丞相史，若御史少史監祠寢園廟，調御史少史屬守」〔註56〕。可見，某官吏出缺時，爲了職事的正常履行，通常有固有的權宜變通辦法，具體職事的代理有其制度規範。郡吏假守屬縣長吏乃常事，但一般不眞除。郡國守相權宜任命之縣長吏，也通稱爲守。《後漢書·卓茂傳》載：「初，茂到縣，有所廢置，吏人笑之，鄰城聞者皆蚩其不能。河南郡爲置守令」〔註57〕。有眞令在而置守令行事，是郡奪縣政很極端的例子了。而出土的簡牘材料所見，則多見出缺代理情況。

居延漢簡：

☐肩水守縣尉賞移肩水金關居延縣索關☐（140·5A）〔註58〕

守縣尉。

元延二年七月乙酉，居延令尚、丞忠移過所縣、道、河津關，遣亭長王豐以詔書買騎馬酒泉、敦煌、張掖郡中，當舍傳舍，從者如律令。／守令史詡、佐襃七月丁亥出（170·3A）〔註59〕

守令史。

〔註52〕《漢書》，卷12，第349頁。
〔註53〕《漢書》，卷92，第3717頁。
〔註54〕《中國地方行政制度史：秦漢地方行政制度》，第356頁。
〔註55〕《漢書》，卷76，第3221、3225頁。
〔註56〕《漢官六種》，第40頁。
〔註57〕《後漢書》，卷25，第870頁。
〔註58〕《居延漢簡釋文合校》，第232頁。
〔註59〕《居延漢簡釋文合校》，第271頁。

戊卒魏郡陰安新所裏王益眾　小居延候官守士吏☑（173・29）〔註60〕

守士吏。

居延守遊徼徐成☑（299・21）〔註61〕

守遊徼。

居延新簡：

始建國天鳳三年十二月丁亥朔庚寅甲溝鄣守候□（EPT6・53A）

尉史憲（EPT6・53B）〔註62〕

始建國天鳳三年十二月戊子，甲溝守候遷告第四□（EPT6・55）〔註63〕

五月丁丑，甲渠守候博移居延寫移，如律令／掾譚（EPT68・3）〔註64〕

守候官。

☑鄣守候殄北塞尉駿敢言之，謹移戊卒（EPT52・522A）〔註65〕

塞尉守候官。

建武六年四月己巳朔戊子，甲渠守候長昌林（EPT68・29）

建武六年四月己巳朔己丑，甲渠候長昌林劾將（EPT68・31）〔註66〕

從戊子到己丑，僅過了一天，說明簡所記正是昌林候長由守轉為正式之時。

三月癸未，甲渠守候博移居延寫移，如律令／守令史駿（EPT48・7）〔註67〕

守候官、守令史。

☑左農右守丞安世☑（EPT59・789）〔註68〕

守丞。

第十守候長賞詣官謁，四月甲戌，食坐入（EPT65・2）〔註69〕

出粟大石二十五石　□□兩……八年□月庚午官□守士吏立……

〔註60〕《居延漢簡釋文合校》，第271頁。

〔註61〕《居延漢簡釋文合校》，第492頁。

〔註62〕《居延新簡：甲渠候官》，第17頁。

〔註63〕《居延新簡：甲渠候官》，第17頁。

〔註64〕《居延新簡：甲渠候官》，第201頁。

〔註65〕《居延新簡：甲渠候官》，第113頁。

〔註66〕《居延新簡：甲渠候官》，第201頁。

〔註67〕《居延新簡：甲渠候官》，第55頁。

〔註68〕《居延新簡：甲渠候官》，第179頁。

〔註69〕《居延新簡：甲渠候官》，第184頁。

（EPT31‧15）〔註70〕

守士吏。

珍北守塞尉，罷遣之▨（EPT6‧10）〔註71〕

張博、史臨辭皆曰：黨去年六月中守塞尉治當曲隧（EPT20‧10）
〔註72〕

守塞尉。

▨守候長▨（EPT7‧46）〔註73〕

守候長。

▨□□察□史書毋犯者四時

▨／掾章、守卒史充、助佐令史霸（EPT16‧6）〔註74〕

守卒史。

　　從出土簡牘材料來看，代理職務稱「守」的方式是較多的，從候官到卒史各級官員都有，而大多是人選出缺職務代理性質。

（二）行、兼、兼行

　　行，《說文》：「人之步趨也」〔註75〕。可引申爲權宜去做。官職有缺未補，可以由同級其他官員攝行，通常則是以低級官吏身份攝行高級官吏之職務。兼，《說文》：「並也。從又持秝。兼持二禾，秉持一禾」〔註76〕。《漢書‧王莽傳中》載：「縣宰缺者，數年守兼。」注：「師古曰：不拜正官，權令人守兼」〔註77〕。就是以一身任本職外，還代理其他職務。「兼行」的情況則大致與「兼」同。出土簡牘中也多見：

　　居延漢簡：

十一月丁卯，張掖大守奉世、守郡司馬行長史事、庫令行丞事下居
延都尉□□酒泉大守□（505‧3）〔註78〕

〔註70〕《居延新簡：甲渠候官》，第34頁。
〔註71〕《居延新簡：甲渠候官》，第16頁。
〔註72〕《居延新簡：甲渠候官》，第29頁。
〔註73〕《居延新簡：甲渠候官》，第21頁。
〔註74〕《居延新簡：甲渠候官》，第27頁。
〔註75〕《說文解字注》，卷4，第78頁上。
〔註76〕《說文解字注》，卷13，第329頁。
〔註77〕《漢書》，卷99中，第4140～4141頁。
〔註78〕《居延漢簡釋文合校》，第603頁。

守郡司馬行長史事，庫令行丞事。

  三月丙午，張掖長史延行大守事，肩水倉長湯兼行丞事下屬國、農、
  部都尉小府、縣，官承書從事下當用者如詔書／守屬宗助府佐定
  （10・32）〔註79〕

長史行太守事，倉長兼行丞事。

  ◻十月甲◻◻元行候事，敢言之都尉◻
  ◻勞謹移射爰書，名籍一編◻（485・40）〔註80〕

行候事。

  建平五年十二月辛卯朔庚寅，東鄉嗇夫護敢言之：嘉平◻◻◻◻◻
  ◻案忠等毋官獄徵事，謁移過所縣邑門亭、河津關毋苛留，敢言之。
  十二月辛卯，祿福獄丞博行丞事，移過所如律令／掾海、守令史眾
  （495・12，506・20A）

  祿福獄丞印（495・12，506・20B）〔註81〕

獄丞行丞事，守令史。

  ◻◻月乙酉，張掖肩水司馬德行都尉事，尹勝胡謁候寫
  ◻令／屬和（558・3）〔註82〕

司馬行都尉事。

  兼倉曹、塞曹史並再拜言肩水都尉府（155・14B）〔註83〕

兼倉曹、塞曹史。

  十二月乙巳，張掖肩水都尉◻兼行丞事◻肩水北部都尉◻
  ◻（502・10A）〔註84〕

肩水都尉兼行丞事。

  二月戊寅，張掖大守福、庫丞承憙兼行丞事敢告張掖農都尉、護田
  校尉府卒人謂：《縣律》曰：「臧它物非錢者，以十月平賈。」計案：
  戍田卒受官袍衣物，貪利貴賣，貰予貧困民，吏不禁止，浸益多，
  又不以時驗問。（4・1）〔註85〕

〔註79〕《居延漢簡釋文合校》，第 17 頁。
〔註80〕《居延漢簡釋文合校》，第 586 頁。
〔註81〕《居延漢簡釋文合校》，第 594 頁。
〔註82〕《居延漢簡釋文合校》，第 654 頁。
〔註83〕《居延漢簡釋文合校》，第 254 頁。
〔註84〕《居延漢簡釋文合校》，第 600 頁。
〔註85〕《居延漢簡釋文合校》，第 4 頁。

庫丞兼行丞事。

> 五月甲戌，居延都尉德、庫丞登兼行丞事下庫城倉☐
>
> 用者，書到令長、丞、候、尉明白大扁書鄉、市、里門亭顯見☐
>
> （139・13）〔註86〕

庫丞兼行丞事。

> 十二月辛未，甲渠候長安、候史佃人敢言之：蚤食時，臨木隧卒☐
>
> ☐☐☐☐☐☐☐☐☐☐☐舉蓬，燔一積薪，虜即西北去，毋所失
>
> 亡，敢言之。／十二月辛未，將兵護民田官居延都尉謂城倉長禹兼
>
> 行〔丞事〕（觚）（第一面）（278・7A）〔註87〕

倉長兼行丞事。

> 五年正月癸未，守張掖居延都尉曠行丞事，騎司馬敞告兼勸農掾、
>
> 兵馬掾☐書到宣考察有毋四時言如守府治所書律令　兼掾丹守屬☐
>
> （16・10）〔註88〕

守張掖居延都尉行丞事之情況較少見，兼勸農掾、兵馬掾，兼掾、守屬等可
見職官多缺。

> ☐☐☐年六月丁巳朔庚申，陽翟邑獄守丞就兼行丞事，移函里男子
>
> 李立第臨自言，取傳之居延，過所縣、邑、侯國勿苛留，如律令。
>
> 候自發（140・1A）〔註89〕

獄守丞兼行丞事。

> ☐水都尉政、千人宗兼行丞事下官承書從事，下☐用者，如詔書。
>
> ☐月二十日／兼掾豐、屬☐、佐忠（495・9，503・7）〔註90〕

千人兼丞事，兼掾。

> 關嗇夫王光，今調兼行候事☐（237・25）〔註91〕

關嗇夫兼行候官事。

> 敞行塞謂第七隧長由兼行候事☐（264・1）〔註92〕

隧長兼行候官事。

〔註86〕《居延漢簡釋文合校》，第230頁。

〔註87〕《居延漢簡釋文合校》，第468頁。

〔註88〕《居延漢簡釋文合校》，第26頁。

〔註89〕《居延漢簡釋文合校》，第231頁。

〔註90〕《居延漢簡釋文合校》，第593～594頁。

〔註91〕《居延漢簡釋文合校》，第390頁。

〔註92〕《居延漢簡釋文合校》，第438頁。

居延新簡：

  ☑丞相定國下車☑

  ☑張掖長史定行大守☑（EPT52・627）〔註93〕

長史行太守事。

  ☑□守丞□憙□行丞事☑（EPT52・702）〔註94〕

守丞行丞事。這一守丞前當爲某一職務，否則守丞行丞事的表述語義重複。

  六月辛巳，張掖行長史事守部司馬從事，下當用者，如詔書（EPT52・

  104）〔註95〕

守部司馬從事行長史事。

  ☑□武賢、司馬如昌行長史事、千人武彊行丞事敢告部都尉，卒人

  謂縣寫重如☑卒人／守卒史稱、守屬奉世（EPT51・202）〔註96〕

司馬行長史事，千人行丞事。守卒史，守屬。

  九月己卯，行延亭連率事偏將軍□□☑

  勸農掾戎，官縣承書從事下□☑（EPT52・490）〔註97〕

行連率事，延亭連率當是新莽時在居延地區任職相當於太守級別的長官。

  十月丁卯，張掖大尹融、尹部騎司馬武行長史事、丞博□□□□行

  庫事□□□如律令書

  掾戎、兼屬護、書佐定（EPT59・338）〔註98〕

尹部騎司馬行長史事，丞行庫事。

  永光四年閏月丙子朔戊戌，甲渠鄣候☑

  行塞書到，彊行候事，眞☑（EPT11・2）〔註99〕

行候官事。

  建武八年三月己丑朔，張掖居延都尉譴、行丞事城騎千人躬告勸農

  掾禹，謂官縣令以春祠社稷，今擇吉日如牒，書到，令丞循行謹修

  治社稷，令鮮明，令丞以下當（EPT20・4A）

〔註93〕《居延新簡：甲渠候官》，第116頁。

〔註94〕《居延新簡：甲渠候官》，第118頁。

〔註95〕《居延新簡：甲渠候官》，第100頁。

〔註96〕《居延新簡：甲渠候官》，第80頁。

〔註97〕《居延新簡：甲渠候官》，第112頁。

〔註98〕《居延新簡：甲渠候官》，第116頁。

〔註99〕《居延新簡：甲渠候官》，第25頁。

掾盛、守屬業、書佐宮（EPT20・4B）〔註100〕

城騎千人行丞事，守屬。

□☑尉焉、行長史事丞博☑（EPT43・86）〔註101〕

丞行長史事。

十月辛酉，將屯偏將軍張掖大尹遵、尹騎司馬武行副咸事、試守徒
丞司徒□☑循下部大尉官縣承書從事，下當用者如詔書，書到言　兼
掾義、史馮、書吏☑（EPF22・65A）〔註102〕

尹騎司馬行副咸事，即當爲行丞事。試守徒丞。

□☑居延都尉德、城騎千人慶兼☑（EPT51・556A）〔註103〕

城騎千人兼某職，當爲兼丞事。

元壽二年十二月庚寅朔戊中，張掖居延都尉博、庫守丞賢兼行丞事
謂：甲渠鄣候言候長楊褒私使卒並積一日，賣羊部吏故貴三十五，
不日迹一日以上。隧長張譚毋狀，請斥免。府書案褒私使卒並積一
日，隧長張（EPT59・548A）

掾宣、守屬長、書佐並（EPT59・548B）〔註104〕

庫守丞兼行丞事。

五月丙寅，居延都尉德、庫守丞常樂兼行丞事謂甲渠塞候，寫移書
到，如大守府

書律令／掾定、守卒史奉親（EPT51・190A）〔註105〕

庫守丞兼行丞事。

☑庫丞登兼行丞事☑

☑書書到言所下官☑（EPT56・297）〔註106〕

庫丞兼行丞事。

額濟納漢簡：

十一月壬戌，張掖大守融、守部司馬橫行長史事、守部司馬焉行丞

〔註100〕《居延新簡：甲渠候官》，第29頁。
〔註101〕《居延新簡：甲渠候官》，第44頁。
〔註102〕《居延新簡：甲渠候官》，第212頁。
〔註103〕《居延新簡：甲渠候官》，第92頁。
〔註104〕《居延新簡：甲渠候官》，第173頁。
〔註105〕《居延新簡：甲渠候官》，第80頁。
〔註106〕《居延新簡：甲渠候官》，第143頁。

事下部都尉，承書從事下當用者，書到明白大扁書鄉、亭、市里門
外謁舍顯見處，令百姓盡知之如詔書，書到言。（2000ES7S：4A）
〔註107〕

守部司馬行長史事，守部司馬行丞事。竇融主河西時，是兩漢之際亂世，中
央政局不穩定，許多官職恐怕更加無法正式及時更替，官職任免無法循常履
任，只能權行。

始建國二年十一月甲戌下，十一月壬午，張掖大尹良、尹部騎司馬
武行丞事、庫丞習行丞事下部大尹、官縣丞，〈承〉書從事下當用者，
明白（2000ES9SF4：4）〔註108〕

尹部騎司馬行丞事，庫丞行丞事。

敦煌懸泉漢簡：

七六　《調史監遞要置冊》

監遞要置史張禹，罷。（241簡）守屬解敞，今監遞要置。（242簡）
建昭二年三月癸巳朔丁酉，敦煌太守彊、長史章、守部候修仁行丞
事，告史敞，謂效谷，今調史監置如牒，書到聽與從事。如律令。
（243簡）三月戊戌，效谷守長建、丞，謂縣（懸）泉置嗇夫，寫
移書到，如律令。／掾武、卒史光、佐輔。（244簡）（II 0216②：
241～244）〔註109〕

守部候行丞事。這是一件保存較完整的文書，太守府發出比較正式的公文，
常要由掾屬、令史、書佐起草，由太守、長史、丞一起簽署，或由太守與丞
一起簽署，所以當某一職位官員出缺時，為了保證公文能正常發出，公務得
到正常運行，常由其他官職兼代行使其職。

一五六　永光五年五月甲辰朔己巳，將田車師己校尉長樂兼行戊校
尉事右部司馬丞行……（A）
掾　，史意。（B）（II 0215②：21）〔註110〕

己校尉兼行戊校尉，故戊己校尉在史書中出現合稱並不奇怪。

二〇一　使烏孫長羅侯惠遣斥候恭，上書詣行在所。以令為駕一乘
傳。甘露二年二月甲戌，敦煌騎司馬充行大守事，庫令賀兼行丞事，

〔註107〕魏堅主編：《額濟納漢簡》，廣西師範大學出版社，2005年，第187頁。
〔註108〕《額濟納漢簡》，第231頁。
〔註109〕《敦煌懸泉漢簡釋粹》，第69頁。
〔註110〕《敦煌懸泉漢簡釋粹》，第120頁。

謂敦煌以次爲，當舍傳舍，如律令。（V1311③：315）〔註111〕

騎司馬行太守事，庫令兼行丞事。

從以上眾多簡牘材料可知，以「行」、「兼」、「兼行」方式代理官職，確保公務履行的情況在邊地極多。

（三）領

領，《說文》：「項也」〔註112〕。喻指治也，統領，居上指揮。領職一般爲本職較高，領下職。《漢書・魏相傳》載：「總領眾職，甚稱上意」〔註113〕。在出土簡牘材料中。上級官員領下級事務的例子不多。

居延漢簡：

候護兼領殄北□☑（225・29）〔註114〕

候官下領殄北候長，殄北爲候部名。

居延新簡：

建武㭉年六月庚午，領甲渠候職門下督盜賊　敢言之新除第二十一

（EPF22・169）〔註115〕

門下督盜賊職比候官低，稱領甲渠候，似不規範。

復漢元年十一月戊辰，居延都尉領甲渠督烽掾　敢言之誠北

（EPF22・423）〔註116〕

都尉領掾職。

從上述三種職務代理的任官方式可以發現，在邊地事實上存在眾多中下級官職空缺，需要職務代理的情況。這可能是邊地人員配置不充分的表現，事務眾多而人手短缺，編制不滿造成的結果。在條件艱苦的邊地，出現這種情況是可以理解的，也是無可奈何的事。在古代派戍邊地，對普通的內地民眾而言可能意味著生離死別。「《說文》：隴山，天水大阪也。辛氏《三秦記》引俗歌云：『隴頭流水，鳴聲幽咽，遙望秦川，肝腸斷絕。』《周地圖記》云：……東人西役，升此而顧，莫不悲思，其歌云：『隴頭泉水，流離西

〔註111〕《敦煌懸泉漢簡釋粹》，第 142 頁。
〔註112〕《說文解字注》，卷 16，第 417 頁上。
〔註113〕《漢書》，卷 74，第 3135 頁。
〔註114〕《居延漢簡釋文合校》，第 363 頁。
〔註115〕《居延新簡：甲渠候官》，第 215 頁。
〔註116〕《居延新簡：甲渠候官》，第 223 頁。

下，念我行役，飄然曠野。登高望遠，涕零雙墮』是此山也」〔註117〕。《後漢書·公孫瓚傳》載：原遼西太守劉君有罪徙日南，瓚爲故史詐稱侍卒從，徙邊恐不還，於洛陽北芒上具豚酒辭辭先人，「慷慨悲泣，再拜而去，觀者莫不歎息」〔註118〕。可見徙邊本非得已。

三、人事任免中存在的問題

根據出土簡牘，我們可以瞭解到人事任免、特別是職務代理中存在的許多細節，有些是過去不清楚，或研究中爲人忽視的問題，這裡試作進一步的分析。

首先，其他人代行職權的優先順序問題

在正式新任官吏到任前，制度規定如何補救，公務由誰代理，根據史籍簡牘可知，都是有其執行慣例的。代行職權有優先順序。

居延漢簡：

☑戊子酒泉庫令安國以次行太守事，丞步邊謂☑（19・8A）〔註119〕

☑戊子酒泉庫令安國以近次兼行大守事，丞步邊謂過所縣（102・6）〔註120〕

兼行順序以近次，近爲鄰近被代理職官駐處，次則爲秩級高低次第。一般官職出缺，例由佐官中地位最高者暫代行其事，代署緊急文書。

元鳳三年十月戊子朔戊子，酒泉庫令安國以近次兼行大守事，丞步邊謂過所縣、河津請遣□官持□□□錢去□□取丞從事金城、張掖、酒泉、敦煌郡，乘家所佔畜馬二匹，當傳舍，從者如律令／掾勝胡、卒史廣（303・12A）

十月壬辰，卒史解，章曰酒泉庫令印（303・12B）〔註121〕

庫令以近次兼行太守事，用印還是用庫令印。

持長臂射爲沙□□令二土屋二告令史☑

〔註117〕〔北宋〕李昉等：《太平御覽·地部·隴塞及海外諸山·隴山》，中華書局，1985年，卷50，第243頁。文淵閣四庫全書本文字小異，「隴頭流水，流離四下」，見上海古籍出版社同書影印本，2008年，卷50，第557頁。

〔註118〕《後漢書》，卷73，第2358頁。

〔註119〕《居延漢簡釋文合校》，第30頁。

〔註120〕《居延漢簡釋文合校》，第170頁。

〔註121〕《居延漢簡釋文合校》，第496～497頁。

五月丙寅，居延城司馬□以秩次行都尉事，丞禁□居延☑（262・
26）〔註122〕

城司馬行都尉事。

居延新簡：

四月己丑，張掖庫宰崇以近秩次行大尹文書事，長史丞下部大尉官
縣，承書從事下當用者，有犯者輒言，如詔書到言　兼掾義、兼史
曲、書吏遷金（EPT59・160）〔註123〕

庫宰行大尹文書事。兼掾，兼史。

☑騎司馬順以秩次行都尉☑

☑私屬奴壽王諫殺人已□☑（EPT3・10）〔註124〕

騎司馬行都尉事。

建武五年八月甲辰朔戊申，張掖居延城司馬武以近秩次行都尉文書
事，以居延倉長印封，丞邯告勸農掾褒、史尚謂官縣以令秋祠社稷，
今擇吉日如牒，書到令丞循行，謹修治社稷，令鮮明，令丞以下當
（EPF22・153A）

掾陽兼守屬司馬佐博（EPF22・153B）〔註125〕

城司馬以近秩次行都尉文書事，以倉長印封。戊申爲初五。

八月戊辰，張掖居延城司馬武以近秩次行都尉文書事，以居延倉長
印封，丞邯下官縣承書從事，下當用者，上赦者人數、罪別之如詔
書，書到言，毋出月二十八日，掾陽、守屬恭、書佐況（EPF22・
68）〔註126〕

城司馬行都尉文書事，以倉長印封。極可能與上簡同年，則戊辰爲二十五。

敦煌漢簡：

四月戊午，敦煌中部都尉過倫謂平望、破胡、吞胡、萬歲候官，寫
重案候官、亭隧（一三六六）

七月丁未，敦煌中部士吏福以私印行都尉事謂平望、破胡、天胡、

〔註122〕《居延漢簡釋文合校》，第435～436頁。
〔註123〕《居延新簡：甲渠候官》，第161頁。
〔註124〕《居延新簡：甲渠候官》，第3頁。
〔註125〕《居延新簡：甲渠候官》，第215頁。
〔註126〕《居延新簡：甲渠候官》，第213頁。

　　萬歲候官，寫移檄到（一三六七）〔註127〕

士吏無官印，只能以私印權行都尉事。正常以秩次高低作為權行上職的順序，這裡在有候官的情況下，由級別低的士吏而不是級別高的候官來行都尉事，原因可能是候官在外，士吏在都尉府內，地域遠近關係方便行事。

　　根據以上材料可知，慣例均是屬官以秩次代行長官職事，尤多是以就近屬官，然後以秩次。

　　其次，判署文書的用印問題

　　印是身份的證明，印分官印，私印。《漢官舊儀》載：「下至二百石，皆為通官印」〔註128〕。官印為政府製作頒發，只有秩級在二百石以上的重要朝廷命官才能獲頒官印，而且不再擔任此官時須繳還官印。出土所見的許多通印，印文寫明某官之印、之章者，均為官印。但一些秩級較高卻有官無職的官吏也可能無官印，如大司馬，武帝初置時是加官，並不治事，也無印綬官屬。《漢書·百官公卿表上》載：「元狩四年初置大司馬，以冠將軍之號。宣帝地節三年置大司馬，不冠將軍，亦無印綬官屬。成帝綏和元年初賜大司馬金印紫綬，置官屬，祿比丞相，去將軍」〔註129〕。後來其印綬官屬情況屢有變化。閒散的大夫、博士等官也未見有印綬。至於小官印，當為半通之官印。一些職司所用的半通之官印，印文只寫著職司機構名稱，用於職司公務，也應為政府製作頒發，具有法律效力。秦封泥中就見有「尚浴」、「章臺」、「樂府」、「上寢」等，都是半通印〔註130〕。一些官員職務秩級低於二百石，非朝廷命官，故無朝廷所頒之通官印，也使用半通印。揚雄《法言·孝至卷第十三》：「五兩之綸，半通之銅。」李軌注曰：「有秩嗇夫之印綬，印綬之微者也」〔註131〕。《後漢書·仲長統傳》載《昌言·損益篇》云：「身無半通青綸之命。」注引《十三州志》曰：「有秩、嗇夫，得假半章印」〔註132〕。這些均為小官印。私印為私人製作使用，印文多寫個人姓名者。

　　古代用印是比較慎重的，不同場合不同文書要使用不同的印。田蚡與竇

〔註127〕甘肅省文物考古研究所編：《敦煌漢簡》，中華書局，1991年，第271頁。

〔註128〕《漢官六種》，第46頁。

〔註129〕《漢書》，卷19上，第725頁。

〔註130〕周曉陸、路東之編著：《秦封泥集》，三秦出版社，2000年，照片資料一、二。

〔註131〕〔西漢〕揚雄撰、汪榮寶義疏、陳仲夫點校：《法言義疏》，中華書局，1987年，卷19，第534頁。

〔註132〕《後漢書》，卷49，第1651頁。

嬰爭鬥，竇失勢而死，罪名之一是矯先帝詔，詔書以家丞印封。《史記‧魏其武安侯列傳》載：「孝景時，魏其常受遺詔，曰：『事有不便，以便宜論上。』及繫，灌夫罪至族，事日急，諸公莫敢復明言於上。魏其乃使昆弟子上書言之，幸得復召見，書奏上，而案尚書大行無遺詔，詔書獨藏魏其家，家丞封。乃劾魏其矯先帝詔，罪當棄市。」《集解》：「《漢書音義》曰：『以家臣印封遺詔』」〔註133〕。詔書不能用家臣印封。《獨斷》載：「凡制書，有印，使符，下遠近皆璽封。尚書令印重封。唯赦令、贖令、如三公詣朝堂受制書，司徒印封。露布下州郡」〔註134〕。遺詔關係重大，尚書處當有記錄，藏於竇嬰家用家丞印封顯然不合制度，有作僞的嫌疑。

出土簡牘中，代理職務判署文書用印可能存在多種情況：原官缺，新官未到任，一些要用官印的文書無印可用，即用小官印或私印權宜行事；一些官員非正式任用，或一些非公事性質的事務，不便用官印行事，這時通常的作法是以私印行事；一些秩級低於二百石職務，如掾屬、令史、士吏、隧長等，本無官印，只能用私印作爲憑證。

出土材料中多見：

居延漢簡：

> 初元五年四月壬子，居延庫嗇夫賀以小官印行丞事，敢言☑（312‧16）〔註135〕

庫嗇夫以小官印行丞事。

> ☑元年十一月壬辰朔甲午肩水關嗇夫光以小官印兼行候事敢言之☑
> ☑出入簿一編敢言之（199‧1A）〔註136〕

關嗇夫以小官印兼行候官事。

> ☑□私印□行都尉事□□□□
> ☑者時甲渠上吏昌順候長□☑（229‧16）〔註137〕

以私印行都尉事。

> ☑庚子第三丞定衆以私印行候☑

〔註133〕《史記》，卷107，第2853〜2854頁。
〔註134〕〔東漢〕蔡邕：《獨斷》，新文豐出版公司編輯部：《叢書集成新編》，臺灣新文豐出版公司，1986年，第28冊，第29頁。
〔註135〕《居延漢簡釋文合校》，第511頁。
〔註136〕《居延漢簡釋文合校》，第311頁。
〔註137〕《居延漢簡釋文合校》，第372頁。

☑出入簿一編敢言之（303‧44）〔註138〕

丞以私印行候官事。

　　永光二年三月壬戌朔己卯，甲渠士吏彊以私印行候事，敢言之：候
　　長鄭赦父望之不幸死，癸巳予赦寧。敢言之（57‧1A）〔註139〕

士吏以私印行候官事。

　　甘露四年七月甲子，甲渠候長充以私印行候事，敢言之府，移左農
　　右（267‧20）〔註140〕

候長以私印行候官事。

　　神爵元年四月癸未朔乙酉，張掖肩水肩水候以私印行，神爵元年四
　　月癸未癸未朔乙酉，張掖肩水都君丞卿（306‧4A，5‧9A）〔註141〕

候官以私印行。

　　☑肩水候房以私印事☑
　　☑書到武始行候長☑（403‧3）〔註142〕

候官以私印行事。

　　☑賢以私印行☑（514‧9）〔註143〕

以私印行。

　　☑日甲☐☐☐☐以私印行事敢言之謹戍卒
　　☑言之（38‧20A）〔註144〕

以私印行事。

　　☑以私印行事移觻得（299‧6）〔註145〕

以私印行事。

　　☑長政以私印兼行候文書事，下尉部士吏☐候長☐等下當用者，明
　　☐☑
　　☑知之，如詔書，書到言。掾相（240‧2A，240‧22A）〔註146〕

〔註138〕《居延漢簡釋文合校》，第499頁。
〔註139〕《居延漢簡釋文合校》，第100頁。
〔註140〕《居延漢簡釋文合校》，第449頁。
〔註141〕《居延漢簡釋文合校》，第501頁。
〔註142〕《居延漢簡釋文合校》，第552頁。
〔註143〕《居延漢簡釋文合校》，第625頁。
〔註144〕《居延漢簡釋文合校》，第64頁。
〔註145〕《居延漢簡釋文合校》，第491頁。
〔註146〕《居延漢簡釋文合校》，第400頁。

可能為候長以私印兼行候官文書事。

> 五月丙戌，殄北隧長宣以私印兼行候事，移甲渠，寫移書到如律令。

> ／尉史並（206・9）[註147]

隧長以私印兼行候官事。

> 甲渠候長放以私印兼行☑（224・2）[註148]

候長以私印兼行。

居延新簡：

> ☑渠候破胡以私印行事，移居延甲渠候官、尉史始至裏

> ☑□節三年十二月丁丑，除延年里孫充國補延壽四年（EPT57・

> 12）[註149]

候官以私印行事。

> 九月戊寅甲渠候，以私印行事告塞尉寫移書書☑

> 吏功毋失期，它如府書律令／令史勝之、尉史充國（EPT57・48）

> 地節五年正月丙子朔庚辰，甲渠候☑

> 印行事，謂士吏強候之府曰言□☑（EPT57・49）[註150]

候官以私印行事。

> ☑□渠士吏安主，以私印行候事，謂士吏章候☑（EPT52・195A）

> [註151]

士吏以私印行候官事。

> 二月己未，甲渠候長毋害以私印行候事☑

> 言報不服，移自證爰書，會三月朔，如律☑（EPT52・148）[註152]

候長以私印行候官事。

> ☑長良以私印兼行候事，謂不侵候長宗☑（EPT51・401）[註153]

可能為候長以私印兼行候官事。

> 二月庚辰，甲溝候長戎以私印行候文書事，敢言之，謹寫移敢言

〔註147〕《居延漢簡釋文合校》，第 320 頁。
〔註148〕《居延漢簡釋文合校》，第 360 頁。
〔註149〕《居延新簡：甲渠候官》，第 148 頁。
〔註150〕《居延新簡：甲渠候官》，第 149 頁。
〔註151〕《居延新簡：甲渠候官》，第 103 頁。
〔註152〕《居延新簡：甲渠候官》，第 102 頁。
〔註153〕《居延新簡：甲渠候官》，第 87 頁。

之。 候君詣府尉史陽（EPT48·25）〔註154〕

候長以私印行候文書事。

> 八月庚戌，甲渠候長 以私印行候文書事，告尉謂第四候長憲等寫
> 移（EPF22·158）〔註155〕

候長以私印行候文書事。

> 六月戊子，甲渠第八隧長敞以私印行候事，敢言謹寫移，敢言之
> （EPT56·67）〔註156〕

隧長以私印行候官事。

> ▢▢以私印兼行候事，謂第十候長霸、候史敞（EPT51·342）〔註157〕

以私印兼行候官事。

> 私印行候文書事，告尉謂吞▢（EPT6·7）〔註158〕

私印行候官文書事。

> 建武八年十一月庚辰，守尉習以私印封，叩頭死罪，敢言之……望
> 見（EPF16·57A）〔註159〕

> ▢▢▢以私印行事▢▢▢猥請印，宜有禁，如延壽項言吏▢
> （EPT52·119）〔註160〕

守尉以私印封。

> 有也▢▢皆不▢▢▢▢叩頭，以私印封行事，容奸，宜有禁▢
> ▢ ·告劾▢
> ▢▢ ▢百石吏▢

以私印封行事可能有奸詐，當時還曾有禁忌。但正式官印使用慎重，仍不便
利。

> ▢官行者走，亡印以私名姓封。（EPT56·56）〔註161〕

沒有官印，連私印也沒有，又要封只好以私名姓封。

〔註154〕《居延新簡：甲渠候官》，第56頁。
〔註155〕《居延新簡：甲渠候官》，第215頁。
〔註156〕《居延新簡：甲渠候官》，第135頁。
〔註157〕《居延新簡：甲渠候官》，第85頁。
〔註158〕《居延新簡：甲渠候官》，第16頁。
〔註159〕《居延新簡：甲渠候官》，第209頁。
〔註160〕《居延新簡：甲渠候官》，第101頁。
〔註161〕《居延新簡：甲渠候官》，第135頁。

敦煌懸泉漢簡：

> 七○　建昭二年九月庚申朔壬戌，敦煌長史淵以私印行太守事，丞
> 敞敢告部都尉卒人，謂南塞三候、縣、郡倉，令曰：敦煌、酒泉地
> 執（勢）寒不雨，蚤（早）殺民田，貸種穬麥皮芒厚以廩當食者，
> 小石……（II 0215③：46）〔註162〕

長史以私印行太守事。

根據以上材料可知，以小官印、私印行事，在文書中都要做說明，基於文書制度，不同的印信用途不同，即使小官印、私印權宜用於公務，但在法律地位上和官印署理的文書肯定有等差，也不是常態而是權宜的行政行為方式。

第三，人事任免職務交接問題

具體的人事任免、職務代理等事項關涉重大，官府文書勢必要作出說明；若只是職務代理，那麼代理畢竟是暫時的，並不是正式任免，在正常的行政體制下，正式任命的繼任官員終歸是要到位的，這時代理者還要把職權歸還給來上任的官員。出土簡牘也有反映這些情況。

居延漢簡：

> 狀辭：居延肩水裏上造年三十六歲，姓匽氏，除為卅井士吏。主亭
> 隧候望通烽火備盜賊為職（456‧4）〔註163〕

任命狀。包括有籍貫、爵位、年齡、姓氏、所任職務等說明。

> 居延甲渠士吏礫得廣宛里公乘竇敞，能不宜其官，今換補靡谷候
> 長，代呂循。（203‧33）〔註164〕

竇敞免士吏，換補候長。代替呂循。從文意和職務變遷看，「能不宜其官」並非貶詞。正式任免狀有說明前職、籍貫、爵位、遷職理由等。

> 移居延第五隧長輔遷補居延令史，即日遣之官　一事
> 一封　十月癸未令史敞封入（40‧21）〔註165〕

低級官吏人事任免，即日生效。

> ☐☐畫至希山上，即代候長安國☐（493‧5）〔註166〕

〔註162〕《敦煌懸泉漢簡釋粹》，第65頁。
〔註163〕《居延漢簡釋文合校》，第568頁。
〔註164〕《居延漢簡釋文合校》，第317頁。
〔註165〕《居延漢簡釋文合校》，第70頁。
〔註166〕《居延漢簡釋文合校》，第592頁。

立即上任或代理。

　　貧急軟弱不任職請斥免可補者名如牒書☑（231・29）〔註167〕
合宜人選要求強硬能幹謹慎者。

　　本始二年以來盡地節二年吏除（255・24A）

　　本始二年以來盡地節二年吏除（255・24B）〔註168〕
宣帝本始二年（前72）以來，盡地節二年（前68），整4年，可能是包含官
職一個完整任期，舊新兩屆官職交接，職務履行週期而被列出。

　　☑眞官到視事有代罷（264・35）〔註169〕
代理到正式官員上任為止。

　　兼行都尉事，眞官到若有代罷，如律。（509・11A，513・1A）〔註170〕
新任都尉到時，兼行者按律要停止代理。

　　居延新簡：

　　缺，唯府除補，叩頭死罪，敢言之。（EPT7・41）〔註171〕
職缺，請示除補。

　　今年正月中，府調業守候長，署不侵部，主領吏（EPT68・69）〔註172〕
候長秩比二百石，太守府或者都尉府有此級別官員的人事代理任免權。

　　故吏，間田金城里五士周育年四十二，可補高沙隧長，代張意
　　（EPT27・8）〔註173〕
職務合適人選。

　　● 甲渠言尉史陽貧困不田數病，欲補隧長，宜可聽。（EPF22・327）
　　〔註174〕
尉史貧困不田數病，從文意看補隧長似有照顧性質，可能待遇較好些。

　　● 狀辭曰：公乘年五十二歲，姓陳氏，建武三年九月中，除為甲渠
　　士吏，以迹候通（EPF22・353）

〔註167〕《居延漢簡釋文合校》，第376頁。
〔註168〕《居延漢簡釋文合校》，第423頁。
〔註169〕《居延漢簡釋文合校》，第441頁。
〔註170〕《居延漢簡釋文合校》，第615頁。
〔註171〕《居延新簡：甲渠候官》，第21頁。
〔註172〕《居延新簡：甲渠候官》，第202頁。
〔註173〕《居延新簡：甲渠候官》，第32頁。
〔註174〕《居延新簡：甲渠候官》，第220頁。

●狀辭曰：公乘居延廣地里，年三十二歲，姓孫氏，建武六年正月
中除爲甲渠城北候長，以通烽火迹（EPF22‧355）〔註175〕

除士吏、候長等職務的狀辭也有說明任命時間。

□……頗知律令文，年三十八歲，長七尺五寸，居延肩水里，家去
官八十里，……（EPT3‧3）〔註176〕

應該也是狀辭，頗知律令文。

三十井常寇隧長、閒田市陽里上造齊當，年二十一，新始建國地皇
上戊元年四月戊辰，除補甲溝第三□（EPT48‧21）〔註177〕

原職務也說明了。

□三泉里公乘召偹年三十三，能不宜其官，換爲候史□（EPT51‧
520）〔註178〕

換爲候史。

甲渠候官尉史鄭駿，遷缺（EPF22‧57）

故吏陽里上造梁普，年五十，今除補甲渠候官尉史，代鄭駿（EPF22‧
58）

甲渠候官斗食令史孫良，遷缺（EPF22‧59）

宜谷亭長孤山里大夫孫況，年五十七，燕事，今除補甲渠候官鬥令
史，代孫良（EPF22‧60）〔註179〕

尉史缺補，斗食令史缺補。

故吏居延安國里公乘龍世年二十五，今除爲甲渠尉史，代許昌□
（EPT2‧7）〔註180〕

任尉史，代許昌。故吏須說明。

修行居延西道里公乘史承祿，年三十四，今除爲甲渠尉史，代楊
壽。（EPT53‧109A）〔註181〕

史承祿除爲尉史，代楊壽。

〔註175〕《居延新簡：甲渠候官》，第221頁。
〔註176〕《居延新簡：甲渠候官》，第2頁。
〔註177〕《居延新簡：甲渠候官》，第55頁。
〔註178〕《居延新簡：甲渠候官》，第91頁。
〔註179〕《居延新簡：甲渠候官》，第212頁。
〔註180〕《居延新簡：甲渠候官》，第1頁。
〔註181〕《居延新簡：甲渠候官》，第125頁。

居延金□里張□□年三十五，地節四年二月丁卯除爲甲渠吞遠隧
長，代高外人（EPT57·83）〔註182〕

除隧長，代高外人。

甲渠守候長居延鳴沙里公乘尚林，年五十，建武六年正月壬子除
（EPT68·77）〔註183〕

任守候長。

去署，乏候望，不憂事邊，謹勅第四候長☒（EPF22·627）〔註184〕

告誡申勅。

●甲渠言鉼庭士吏李奉、隧長陳安國等年老病，請斥免，言府●一
事集封☒（EPT51·319）〔註185〕

年老病斥免。

隧長常業代休，隧長薛隆迺丁卯餔時到官，不持府符·謹驗問隆
（EPF22·170）

辭今月四日食時受府符，諸候官行到遮虜河，水盛浴渡失亡符水中，
案隆丙寅（EPF22·171）〔註186〕

隧長更代還要驗府符作憑證。

第二隧長史臨，今調守候長，眞官到，若有代罷。（EPF22·248）
〔註187〕

候長到任後，守候長罷。

第十四隧長李孝，今調守第十守士吏（EPF22·252）

第十士吏馮匡，斥免缺（EPF22·253）

士吏孝，書到聽書從事，如律令（EPF22·255）

第十守士吏李孝，今調守萬歲候長，有代罷（EPF22·256）

萬歲候長何憲，守卅井塞尉（EPF22·257）〔註188〕

〔註182〕《居延新簡：甲渠候官》，第150頁。
〔註183〕《居延新簡：甲渠候官》，第202頁。
〔註184〕《居延新簡：甲渠候官》，第229頁。
〔註185〕《居延新簡：甲渠候官》，第84頁。
〔註186〕《居延新簡：甲渠候官》，第216頁。
〔註187〕《居延新簡：甲渠候官》，第218頁。
〔註188〕《居延新簡：甲渠候官》，第218頁。

這幾枚簡，集中反映了第十四隧、第十隧、萬歲候部、卅井候部等處職務任免情況，第十四隧隧長李孝先守第十士吏，原第十隧士吏馮匡斥免，職務出缺。李孝後又調任守萬歲候部候長，如有替代者才會免除職務。原萬歲候長何憲則調任代理卅井塞尉。

　　從上述材料的分析可以瞭解人事任免、職務替代的方方面面，這些細節傳世文獻缺載，或者語焉不詳，出土材料有助於瞭解中下級邊吏選任的具體情形。這裡特別值得說明的是，邊吏選任中，時人所看重的一些因素，如在狀辭中有「能不宜其官」、「頗知律令文」等，雖是任職的套語，卻也能夠說明任官要求有文化知識、法律知識，懂各項行政事務的條文辦事規程等情況，而籍貫、爵位、年齡、原任職都有說明，甚至說明離家多遠，可能是有助於職事的安排避嫌或者任職的合理性，綜合考慮對當地風俗、地理環境的熟悉程度等情況，反映出人事任免具有一定的理性行政的色彩。至於在任免與勸誡中提到的「去署，乏候望，不憂事邊」，「年老病斥免」，「貧急軟弱不任職請斥免」，則無疑都是官吏選任中重勤能的表現。

第二節　影響選任的諸種因素

　　秦漢時期，作爲中央專制集權國家制度初創的階段，官吏選任在設計安排上相比後世考慮還不算周密完善，更加上專制政治人治色彩濃厚，官吏的選任、特別是許多高級官吏的選任有其很大的隨機性和偶然性，而不是制度化程序任免的結果。馮唐易老，李廣難封，體制下總有一些人才由於各種各樣的原因，無法得到重用，人盡其才。作爲皇帝或執政權臣，他們各有自己的偏向喜好，很大程度上會影響到官吏的選任。例如，武帝世是西漢極盛的時代，突出的事功是對外的征伐，名將輩出，但眞正得武帝信任重用的將領都是與他有親戚的人，如衛青、霍去病、李廣利。儘管衛霍建不世之功，但與朝廷巨大的投入密切相關。霍去病的驕貴傲狠、李廣利貪殘可鄙，常爲人詬病。而李廣不得其死，李陵功敗垂成均與武帝用人好惡直接相關，令後人歎息。這些前人說得很多，這裡不贅。君主一時心血來潮，朝令可能夕改，就難免有各種裙帶關係滲雜其中，這種主觀隨意性在人事安排上表現很突出。如外戚馮參，據《漢書·馮奉世傳》載：父奉世上黨人徙杜陵。以成帝末居郡數年，以渭陵寢中郎「永始中，超遷代郡太守。以邊郡道遠，徙爲安

定太守，數歲，病免」〔註189〕。因為外戚的原因得到超遷，安置也得到優待，本派往較遠的代郡，改派至離長安較近的安定郡。這些都說明官吏選任中存在巨大的偶然因素。可見邊吏選任中還並不很嚴密規範的，很多具體因素都可能會對官吏的選任情況產生影響，而這裡對影響邊吏的選任若干客觀因素試作分析。

一、軍事形勢與邊吏選任

有學者指出，西漢王朝邊吏的選拔，主要來源武功、坐法貶任等途徑。「動盪的邊疆局勢又迫切需要一批有勇有謀的將吏來管理、保衛邊疆，因而從有軍事才能和有功、武藝出眾的將吏中選拔邊吏，便成了西漢王朝邊吏的主要來源之一，據筆者粗略統計，由此種途徑入選的邊吏占史書所載邊吏的近五分之一」〔註190〕。秦漢的北方邊郡，因為長期與異族有較多較激烈的對抗衝突，選任長吏的要求，和內郡是有不同的。更多注重其領軍出戰的軍事素質能力，並不苛求能勸農教化方面。「因而具有超眾的軍事指揮才能而出任邊吏者，史書記載甚多」〔註191〕。嚴峻的軍事鬥爭形勢，邊郡官吏的選任常取能領軍作戰有軍事才能的將領。中央治邊策略無論對外擴張進取還是收縮防守，邊吏選任都與軍事密切相關，這關係邊地經略成敗、邊人的存亡。

李廣的遷轉典型地反映此一狀況。《史記·李將軍列傳》載：「徙為上谷太守，匈奴日以合戰。典屬國公孫昆邪為上泣曰：『李廣才氣，天下無雙，自負其能，數與虜敵戰，恐亡之。』於是乃徙為上郡太守。後廣轉為邊郡太守，徙上郡。嘗為隴西、北地、雁門、代郡、雲中太守，皆以力戰為名」〔註192〕。當李廣為上谷太守時，匈奴日以合戰，邊境軍事局勢緊張。典屬國公孫昆邪怕李廣在戰爭中送命，要求將他調離上谷，意見被採納。其實換一個人來當上谷太守，也不能改變與匈奴對抗局面，只是可能比自負的李廣謹慎一些而已。這一調任恐怕有更深的用意。李廣的軍事才能也只有在戰爭中才能得到

〔註189〕《漢書》，卷79，第3306頁。
〔註190〕李大龍：《兩漢重要邊吏的選拔和任用制度述略》，《中國邊疆史地研究》，1993年第3期，第45～53頁。
〔註191〕李大龍：《兩漢時期的邊政與邊吏》，黑龍江教育出版社，1998年，第114頁。
〔註192〕《史記》，卷109，第2868頁。

發揮，沒有怕名將送命不派上戰場的道理，即便李廣被調離上谷，又被派往過上郡、隴西、北地、雁門、代郡和雲中，均為邊郡要地，只是可能局勢較上谷緩和而已。景帝時整個的對外戰略處於守勢，並無主動進攻的軍事外交戰略，李廣在上谷與匈奴日以合戰的軍事舉措是與這一外交方針不合拍的。所以執政者深恐李廣的軍事行動破壞整個對外戰略，把李廣調離軍事衝突劇烈的上谷。而同時，李廣的才能，在敵人中的聲名，在群眾中的威望，卻一直是執政者所藉重的，所以一直鎮守邊郡，以力戰為名。

一個有軍事才能的將領對於邊地關係重大。《史記·張釋之馮唐列傳》載：「魏尚為雲中守，其軍市租盡以享士卒，〔出〕私養錢，五日一椎牛，饗賓客軍吏舍人，是以匈奴遠避，不近雲中之塞。虜曾一入，尚率車騎擊之，所殺甚眾」〔註193〕。在漢初匈奴強漢弱的邊地大勢中，雲中這種強勢亦屬少見，魏尚的能力可見一斑。《史記·酷吏列傳·郅都》載：「孝景帝乃使使持節拜都為雁門太守，而便道之官，得以便宜從事。匈奴素聞郅都節，居邊，為引兵去，竟郅都死不近雁門。匈奴至為偶人象郅都，令騎馳射莫能中，見憚如此。匈奴患之」〔註194〕。漢廷為匈奴忌憚的將領並不多，郅都能讓匈奴引兵去，當為雁門百姓之福。他們的作為對邊地的安定起了不可磨滅的貢獻。《漢書·匈奴傳下》載「建塞徼，起亭燧，築外城，設屯戍，以守之，然後邊境得用少安」〔註195〕。可以說重視軍備一直都是秦漢邊地、特別是西北邊地安定之道。《漢書·地理志下》載：「保邊塞二千石治之，咸以兵馬為務」〔註196〕，《漢書·傅常鄭甘陳段傳》贊稱：「自元狩之際，張騫始通西域，至於地節，鄭吉建都護之號，訖王莽世，凡十八人，皆以勇略選」〔註197〕。西域都護的人選要求必須有勇有謀，這是其職務性質需要所決定的。

《後漢書·廉范傳》載：「廉范字叔度，京兆杜陵人也，趙將廉頗之後也。漢興，以廉氏豪宗，自苦陘徙焉。世為邊郡守，或葬隴西襄武，故因仕焉。曾祖父褒，成哀間為右將軍，祖父丹，王莽時為大司馬庸部牧，皆有名前世」〔註198〕。廉家本是邊郡豪族，故得「世為邊郡守」。邊郡長官的選擇很注重家

〔註193〕《史記》，卷102，第2758～2759頁。
〔註194〕《史記》，卷122，第3133～3134頁。
〔註195〕《漢書》，卷94，第3803頁。
〔註196〕《漢書》，卷28下，第1645頁。
〔註197〕《漢書》，卷70，第3032頁。
〔註198〕《後漢書》，卷31，第1101頁。

世成長背景中是否有邊郡生活經驗，是否有治邊能力威望。因爲邊郡常繁劇難治，要求有軍事才能，能應付戰陣。

所以說，軍事形勢與邊吏選任密切相關，軍事才能是朝廷選拔邊吏的主要考量之一。

二、民族問題與邊吏選任

邊地常是少數民族聚居區，邊地的治理與民族問題密切相關。秦漢時期，在邊吏選任中就很注意邊吏在民族事務上的處理能力和個人所具有的條件優勢。

西漢的常惠，可以說是政府民族問題處理專家，爲漢廷所倚重。他的經歷相當豐富，據《漢書·蘇武傳》載：他少時任假吏追隨蘇武出使匈奴，並見拘留 19 年。「後漢使復至匈奴，常惠請其守者與俱，得夜見漢使。具自陳道。教使者謂單于，言天子射上林中，得雁，足有繫帛書，言武等在某澤中。使者大喜，如惠語以讓單于。」他能力是出色的，能疏通看守者得以主動聯絡漢使，使蘇武使團得以返回。隨蘇武還者九人，常惠等「皆拜爲中郎，賜帛各二百匹」〔註199〕。由於他對匈奴的瞭解和出色的事務處置能力，在漢匈爭鬥劇烈的西域被委以重任。據《漢書·常惠傳》載，他負責烏孫與漢廷的聯繫交涉，接洽漢在烏孫和親的公主，曾護烏孫兵征匈奴有功，封長羅侯。他有武略，多次出使，殺龜茲貴人姑翼爲校尉賴丹報仇，「後代蘇武爲典屬國，明習外國事，勤勞數有功」〔註200〕，官至右將軍。這些事務的較好處置顯然很大程度上得益於他在匈奴磨煉多年，對異族事務相當熟悉。

又如東漢的班勇，《後漢書·班超傳》載，班超上書言：「遣子勇隨獻物入塞。及臣生在，令勇目見中土。」超在西域三十一年，勇未見中土，則明其生長於西域。李邑上書「盛毀超擁愛妻，抱愛子，安樂外國，無內顧心。」所抱愛子可能即爲勇。勇在西域生長，風土人情熟悉，又在班超教育下成長，對相關事務也有出色的處理能力。東漢對勇頗爲倚重，西域有事，「鄧太后召勇詣朝堂會議」〔註201〕，獻計獻策。又親任西域長史，幾乎重新恢復了東漢對西域的控制，能繼承父業。這些都是邊吏選任成功的典型。

邊地異族上層的選用，也是穩定邊地的重要舉措。

〔註199〕《漢書》，卷54，第2466頁。
〔註200〕《漢書》，卷70，第3005頁。
〔註201〕《後漢書》，卷47，第1583、1578、1587頁。

　　秦在治理巴蜀中，很注意對巴蜀土著部族進行籠絡，分侯賜爵，盡力消除統治阻力，發揮他們對統治的正面作用。《史記·張儀列傳》載：秦「卒起兵伐蜀，十月，取之，遂定蜀，貶蜀王更號爲侯，而使陳壯相蜀」〔註202〕。《華陽國志校注·蜀志》載：秦於周慎王五年、秦惠文王後元九年（前316）秋伐蜀，「冬十月，蜀平」，「周赧王元年（前314），秦惠王封子通國爲蜀侯，以陳壯爲相」〔註203〕。秦惠文王所封的「子通國」當是蜀王的後裔，這樣，表面上維持了蜀王子孫的尊榮。《後漢書·南蠻西南夷傳》載：「秦惠王並巴中，以巴氏爲蠻夷君長，世尚秦女，其民爵比不更，有罪得以爵除」〔註204〕。承認其蠻夷君長的地位，得世尚秦女；其部民爵位比不更（秦第四級爵）。秦雖然統一了巴蜀地，但巴蜀蜀王後裔、巴人君長所擁有的勢力仍然相當大。封侯賜爵、優撫籠絡一定程度上可以緩解秦與巴蜀人間的矛盾。兩漢在邊地，西北針對西域、匈奴、羌，都有類似這樣的舉措，選用異族上層出任邊吏具有「蠻夷君長」制的特徵，能有效地緩衝了中原與邊地在政治文化、社會習俗等各方面尖銳的矛盾。

　　漢廷對異族人才大膽使用，不拘一格。據《漢書·金日磾傳》載：「本匈奴休屠王太子也。……日磾以父不降見殺，與母閼氏、弟倫俱沒入官，輸黃門養馬，時年十四矣」〔註205〕。因爲人謹慎有度得武帝賞識，忠孝篤愼，副霍光受遺詔輔昭帝，封秺侯。金氏世名忠孝，世代富貴與張湯之張氏齊名，《漢書·張湯傳》載：「功臣之世，唯有金氏、張氏，親近寵貴，比於外戚」〔註206〕，在西漢著名。金日磾侄兒金安上，宣帝世貴顯，封都成侯。雖然金日磾、金安上本人不在邊地任職，卻來源邊地異族，在中原顯貴，是朝廷重用異族人才的表現。而金氏子孫不少在邊地任職，或者職司與邊地異族有關。例如金安上子金岑成帝時爲主客，在中央主持異族來訪接待等事務；孫金涉成帝時爲侍中騎都尉領三輔胡越騎，統領異族士兵；孫金參哀帝時使匈奴拜匈奴中郎將、越騎校尉等，朝廷顯然是有意識地藉重他們的異族身份任用之，扶植親漢的異族人才以標榜示範。

〔註202〕《史記》，卷70，第2284頁。
〔註203〕〔東晉〕常璩撰、任乃強校注：《華陽國志校補圖注》，上海古籍出版社，1987年，卷3，第126頁。
〔註204〕《後漢書》，卷86，第2841頁。
〔註205〕《漢書》，卷68，第2960頁。
〔註206〕《漢書》，卷59，第2657頁。

　　義渠安國等人，也是任用邊吏中重用異族的表現。義渠，族名也。義渠安國姓義渠，可能是其先爲義渠人。《後漢書・西羌傳》中是把義渠當作羌人發展源流中的一支，這應該是有根據的。義渠安國會受派遣處理羌人可能是他熟悉羌人語言風俗，比其他漢朝官員無疑具備更多優勢。《漢書・趙充國傳》載：

> 是時，光祿大夫義渠安國使行諸羌，先零豪言願時渡湟水北，逐民所不田處畜牧，安國以聞。充國劾安國奉使不敬。……（充國）對曰：「……宜遣使者行邊兵豫爲備，敕視諸羌，毋令解仇，以發覺其謀。」於是兩府復白遣義渠安國行視諸羌，分別善惡。……安國以騎都尉將騎三千備羌，至浩亹，爲虜所擊，失亡車重兵器甚衆，安國引還，至令居，以聞。……（充國）乃上書謝罪，因陳兵利害，曰：「臣竊見騎都尉安國前幸賜書，擇羌人可使使罕，諭告以大軍當至，漢不誅罕，以解其謀。恩澤甚厚，非臣下所能及。……」充國歎曰：「……往者舉可先行羌者，吾舉辛武賢，丞相御史復白遣義渠安國，竟沮敗羌。……」〔註207〕

歸納可見，光祿大夫義渠安國受丞相、御史推薦，皇帝派遣，以「先行羌者」的職名作爲「使者」辦理羌人事務，還以「騎都尉」的軍職率軍與羌人作戰，並與征羌的後將軍趙充國寫信，建議離間羌人罕種與先零種的關係，意見被採納。受遣的職名是「先行羌者」，這不像是一個官職，應該爲一項臨時性「行羌」的職事。他受命覘行諸羌，監視動向；接受羌人的陳情，辦理羌人與中央政府的交涉。從作爲來看，在朝廷中是被委以重任，身份特殊的，在涉羌事務中也是負責方面、積極介入、表現活躍的。《後漢書・西羌傳》載：

> 至宣帝時，遣光祿大夫義渠安國覘行諸羌，其先零種豪言：「願得度湟水，逐人所不田處以爲畜牧。」安國以事奏聞，後將軍趙充國以爲不可聽。後因緣前言，遂度湟水，郡縣不能禁。至元康三年，先零乃與諸羌大共盟誓，將欲寇邊，帝聞，復使安國將兵觀之。安國至，召先零豪四十餘人斬之。因放兵擊其種，斬首千餘級。於是諸羌怨怒，遂寇金城。〔註208〕

可惜義渠安國並沒能安撫住羌人。第二次受使領兵，誅殺羌豪，發兵擊殺千

〔註207〕《漢書》，卷69，第2972～2973、2981、2984頁。
〔註208〕《後漢書》，卷87，第2877頁。

餘人，更使羌人大亂。又如杅彌太子賴丹。《漢書‧西域傳下》載：

> 初，貳師將軍李廣利擊大宛，還過杅彌，杅彌遣太子賴丹爲質於龜
> 茲。廣利責龜茲曰：「外國皆臣屬於漢，龜茲何以得受杅彌質？」即
> 將賴丹入至京師。昭帝乃用桑弘羊前議，以杅彌太子賴丹爲校尉將
> 軍，田輪臺，輪臺與渠犁地皆相連也。龜茲貴人姑翼謂其王曰：「賴
> 丹本臣屬吾國，今佩漢印綬來，迫吾國而田，必爲害。」王即殺賴
> 丹，而上書謝漢，漢未能征。宣帝時，長羅侯常惠使烏孫還，便宜
> 發諸國兵，合五萬人攻龜茲，責以前殺校尉賴丹，龜茲王謝曰：「乃
> 我先王時爲貴人姑翼所誤，我無罪。」執姑翼詣惠，惠斬之。〔註209〕

賴丹是西域城邦小國異族高層出身，受漢信用以漢校尉身份派往輪臺屯駐，受害後漢爲之集結大軍復仇。賴丹受漢重用並以身殉職，堪稱異族邊吏的典型。

東漢涼州董卓、馬騰等人是另一種情況，他們雖爲漢族，卻原本生長邊地下層，與異族長久相處，都與羌人有密切關係，打成一片，最初也因此受政府任用爲邊吏的。《後漢書‧董卓傳》載：

> 少嘗遊羌中，盡與豪帥相結。後歸耕於野，諸豪帥有來從之者，卓
> 爲殺耕牛，與共宴樂，豪帥感其意，歸相斂得雜畜千餘頭以遺之，
> 由是以健俠知名。爲州兵馬掾，常徼守塞下。卓臂力過人，雙帶兩
> 鞬，左右馳射，爲羌胡所畏。

董卓因在羌人中有威信而任用爲邊吏。

> 六年，徵卓爲少府，不肯就，上書言：「所將湟中義從及秦胡兵皆詣
> 臣曰：『牢直不畢，稟賜斷絕，妻子饑凍。』牽挽臣車，使不得行。
> 羌胡敝腸狗態，臣不能禁止，輒將順安慰。增異復上。」朝廷不能
> 制，頗以爲慮。及靈帝寢疾，璽書拜卓爲并州牧，令以兵屬皇甫嵩。
> 卓復上書言曰：「臣既無老謀，又無壯事，天恩誤加，掌戎十年。士
> 卒大小相狎彌久，戀臣畜養之恩，爲臣奮一旦之命。乞將之北州，
> 效力邊垂。」於是駐兵河東，以觀時變。〔註210〕

董卓結私恩義，東漢政局失控後，擁兵自重，終亂漢室。馬騰，韓遂等人都有類似的背景，馬騰還是漢羌通婚的混血兒，有異族血統，馬氏在邊地也爲

〔註209〕《漢書》，卷96，第3916頁。
〔註210〕《後漢書》，卷72，第2319、2322頁。

人敬信。而追溯他們的出身行迹，均得益於邊吏選任中的民族因素。

綜而言之，民族問題也與邊吏選任密切相關，民族因素是朝廷選拔邊吏的重要考量之一。

三、社會風氣與邊吏選任

邊地武勇的社會風氣習俗與邊地嚴峻的軍事形勢密切相關，但一旦這樣的社會風氣形成，就會在社會歷史中獨立發揮其作用，不因軍事形勢發生改變而馬上發生改變。

《漢書‧地理志下》載：「凡民函五常之性，而其剛柔緩急，音聲不同，繫水土之風氣，故謂之風，好惡取捨，動靜亡常，隨君上之情欲，故謂之俗」〔註211〕。《漢書‧賈山傳》載，賈山在《至言》云：「風行俗成，成世之基定」〔註212〕。應劭《風俗通義》序中云：「風者，天氣有寒暖，地形有險易，水泉有美惡，草木有剛柔也。俗者，含血之類，象之而生，故言語歌謳異聲，鼓舞動作殊形。」「為政之要，辯風正俗，最其上也」〔註213〕。說明時人極重視各地不同的風俗，並且已經有把風俗與治國聯繫在一起的意識。

各地風氣不同，西北邊地有自己的風氣。例如《漢書‧地理志下》載：

> 天水、隴西，山多林木，民以板為室屋。及安定、北地、上郡、西河，皆迫近戎狄，修習戰備，高上氣力，以射獵為先。故秦詩曰：「在其板屋。」又曰：「王於興師，修我甲兵，與子偕行。」及《車轔》、《四載》、《小戎》之篇。皆言車馬田狩之事。漢興，六郡良家子，選給羽林、期門，以材力為官，名將多出焉。孔子曰：「君子有勇而亡誼則為亂，小人有勇而亡誼則為盜。」故此數郡，民俗質木，不恥寇盜。〔註214〕

周秦時期隴右與關中北面就已開武勇的風氣。

> 自武威以西，本匈奴昆邪王、休屠王地，武帝時攘之，初置四郡，以通西域，鬲絕南羌、匈奴。其民或以關東下貧，或以報怨過當，或以讒逆亡道，家屬徙焉。習俗頗殊，地廣民稀，水草宜畜牧，故

〔註211〕《漢書》，卷28下，第1640頁。

〔註212〕《漢書》，卷51，第2336頁。

〔註213〕〔東漢〕應劭撰、王利器校注：《風俗通義校注》，中華書局，1981年，第8頁。

〔註214〕《漢書》，卷28下，第1644頁。

涼州之畜爲天下饒。保邊塞，二千石治之，咸以兵馬爲務；酒禮之
會，上下通焉。吏民相親。是以其俗風雨時節，穀糴常賤，少盜賊，
有和氣之應，賢於內郡。此政寬厚，吏不苛刻之所致也。〔註215〕

河西納入版圖後，也習染武勇的風氣。「定襄、雲中、五原，本戎狄地，頗有
趙、齊、衛、楚之徙。其民鄙樸，少禮文，好射獵。雁門亦同俗」〔註216〕。
河套地區也同樣尚武勇。班固注意到各地環境不同，風氣習俗大異，分析全
國各地的情況，概括當時地域文化的特徵。他分析秦和西漢西北包括隴右、
河西和河套武勇的風氣習俗，與各傳記中史實符合，可以說很生動形象貼近
現實反映了當時邊地的面貌。這些地區秦漢西漢形成鮮明的尚武的地域文
化，儘管東漢這些地方境界變遷，國力衰落，人口大減，但西北尚武好勇的
風氣則一直延續著。這種社會風氣深刻影響了當時的社會，自然也極大影響
到邊吏選任。秦漢朝廷重視利用這種尚武的風俗。

秦國的興盛與西北尚武風俗密切相關。《史記‧張儀列傳》載，張儀說韓
王曰：

秦帶甲百餘萬，車千乘，騎萬匹，虎賁之士跿跔科頭貫頤奮戟者，
至不可勝計。秦馬之良，戎兵之眾，探前趹後蹄間三尋騰者，不可
勝數。山東之士，被甲蒙冑以會戰，秦人捐甲徒裼以趨敵，左挈人
頭，右挾生虜。夫秦卒與山東之卒，猶孟賁之與怯夫；以重力相壓，
猶烏獲之與嬰兒。夫戰孟賁、烏獲之士以攻不服之弱國，無異垂千
鈞之重於鳥卵之上，必無幸矣。〔註217〕

雖然恐嚇之詞描述很誇張，卻也能夠表現秦人兇悍好戰尚勇鬥狠的面貌，這
也一再被戰場上無數的勝利所驗證。商鞅變法尊崇軍功製定軍功爵制，《商君
書‧境內第十九》載：「能得爵首一者，賞爵一級，益田一頃，益宅九畝，一
除庶子一人，乃得人兵官之吏」〔註218〕。其他還有許多具體規定，都是用賞
賜任官來鼓勵將士殺敵立功。《韓非子‧定法第四十三》也云：「商君之法曰：
『斬一首者爵一級，欲爲官者爲五十石之官；斬二首者爵二級，欲爲官者爲
百石之官。』官爵之遷與斬首之功相稱也」〔註219〕。這些對於普通民眾來說

〔註215〕《漢書》，卷28下，第1644～1645頁。
〔註216〕《漢書》，卷28下，第1656頁。
〔註217〕《史記》，卷70，第2293頁。
〔註218〕蔣禮鴻撰：《商君書錐指》，中華書局，1986年，卷5，第119頁。
〔註219〕〔清〕王先慎撰、鍾哲點校：《韓非子集解》，中華書局，1998年，卷17，第

是很有吸引力的,《商君書・畫策第十八》載:「民之見戰也,如餓狼之見肉,⋯⋯父遺其子,兄遺其弟,妻遺其夫,皆曰:『不得,無返。』又曰:『失法離令,若死我死』」〔註220〕。從軍殺敵,既光榮又有實在的好處,進一步鼓勵了這種尚武風氣,有利於秦國選出眾多的精兵強將,南征北戰,所向披靡,最終用武力實現統一。

漢朝選用邊吏也重視武勇。《漢書・丙吉傳》載:丙吉宣帝時任丞相,「馭吏邊郡人,習知邊塞發奔命警備事,嘗出,適見驛騎持赤白囊,邊郡發奔命書馳來至。馭吏因隨驛騎至公車刺取,知虜入雲中、代郡,遽歸府見吉白狀,因曰:『恐虜所入邊郡,二千石長吏有老病不任兵馬者,宜可豫視。』吉善其言,召東曹案邊長吏,瑣科條其人。」顏師古注引張晏曰:「瑣,錄也。欲科條其人老少及所經歷,知其本以文武進也」〔註221〕。可見丞相東曹有邊長吏人事檔案資料,包括以何才能晉升都有記載,而邊長吏注重能任兵馬事,有軍事才能。《漢官舊儀》載:「丞相初置,吏員十五人,皆六百石,分爲東、西曹。東曹九人,出督州爲刺史。西曹六人,其五人往來白事東廂,爲侍中,一人留府曰西曹,領百官奏事」〔註222〕。《漢書補注・丙吉傳》載:「何焯曰:續志東曹主二千石長吏遷除及軍吏」〔註223〕。可見長吏、軍吏選用本自是一個體系的,歸口丞相東曹,而選用邊地長吏中優先考慮其武勇。

當然普通的軍人武夫常粗鄙無文,在戰場上可能很稱職,卻未見得能治理好一方百姓。所以在邊吏選任中,中上級的邊地長官常會取用有邊地生活經歷的邊地豪族,這樣的人既有武勇之氣,又有較優裕的家庭出身,雖不如內地士人般知書達禮,但從小熏染養成,較有條件接觸行政規章制度文化,能勝任治理需要。漢代很注意選用「六郡良家子」。《漢書・地理志下》載:「漢興,六郡良家子選給羽林、期門,以材力爲官,名將多出焉。」顏師古注曰:「六郡謂隴西、天水、安定、北地、上郡、西河」〔註224〕。這些人能征慣戰,弓馬嫻熟,名將輩出,西漢知名者如李廣、甘延壽、上官桀、趙充國、辛武

---

399 頁。

〔註220〕《商君書錐指》,卷4,第108頁。

〔註221〕《漢書》,卷74,第3146～3147頁。

〔註222〕《漢官六種》,第36頁。

〔註223〕〔清〕王先謙撰:《漢書補注》,中華書局,1983年,卷74,第1369頁。

〔註224〕《漢書》,卷28下,第1644頁。

賢等。漢武帝尚武，擴充侍衛郎官編制，增設期門、羽林郎。這些武勇侍衛除了從三輔良家子中選用外，也常從西北六郡良家子中選用。《史記・李將軍列傳》載：「孝文帝十四年，匈奴大入蕭關，而廣以良家子從軍擊胡，用善騎射，殺首虜多，為漢中郎。廣從弟李蔡亦為郎，皆為武騎常侍，秩八百石。」《索隱》案：「如淳云：非醫、巫、商賈、百工也」〔註225〕。可知，選用六郡良家子為郎並非武帝始創，應該為漢的傳統。良家子從軍要負擔衣裝、馬匹、武器，平常武藝訓練也要大量時間精力和物力，應該來自以農業生產為生活來源、出身清白、家境較殷實的家庭。

　　邊郡子弟讀書條件不如內郡，以學識仕進當不如內郡，但騎射技藝為其所長。這種出仕也可算對邊郡的一種關照，一定程度上維護仕進格局的地域平衡，所以山東出相，山西出將的格局決非偶然，也是朝廷因勢利導所致。從傳記中得到的信息來判斷，兩漢的李廣、趙充國、辛武賢、隗囂、梁統、皇甫規、張奐、段熲、董卓、韓遂、馬騰等人，他們的家族盛時人才眾多，家大勢大，在西北邊地都可以算得上世家豪族。他們的入仕和作為基本能夠代表西北邊吏的選用情況，而他們大都是以武勇選，契合邊地風俗。

　　東漢西北羌亂不息，西北邊地也是名將輩出，知名顯達者如「涼州三明」等，他們的出身行迹典型反映邊地武勇之士的仕進之路。《後漢書・皇甫規傳》載，皇甫規字威明，安定朝那人，祖父棱，度遼將軍，父旗，扶風都尉。以有兵略為郡功曹，為上計掾上書自效不用。舉賢良方正對策拜郎中，譏刺梁冀得罪，免歸，州郡承旨幾陷死者再三。歷任太山太守、中郎將、議郎、度遼將軍，數月薦使匈奴中郎將張奐自代。自為使匈奴中郎將。又任弘農太守，封侯。任護羌校尉。規死後，婦美慧，為董卓覬覦，不從而死。兄子皇甫嵩，漢末名將忠臣，剿黃巾有大功，困於董卓，卓死後受命率兵滅董家。皇甫家在西北也屬屈指可數的名門望族了。

　　《後漢書・張奐傳》載，張奐字然明，敦煌淵泉人，其父張惇為漢陽太守，自己也多歷顯位。他在邊郡人士中比較少見的地方是少時游學三輔，以博學知名，以賢良對策入仕，但其實他仍然是以軍功得顯位，算是文武雙全的人物。永壽元年任安定屬國都尉，後遷使匈奴中郎將，延熹二年（159）免，六年任武威太守、使匈奴中郎將，後遷度遼將軍，九年遷大司農。再任使匈奴中郎將，以九卿秩督三州及度遼、烏桓營。後遷少府、大司農，兩次當封

侯未果。還任太常。他因功向靈帝申請得特准從敦煌遷籍弘農，但在當時和後世一般還是將他歸爲西州人士，是著名的「涼州三明」之一，連董卓都仰慕欲親近而不得。後以黨錮歸鄉里，閉門不出，養徒千人。死後故任所武威多爲立祠，世世不絕。張家子弟出色，張奐長子張芝，文爲儒宗，武爲將表，號張有道，人稱草聖，另子張昶亦善草書。另子張猛爲武威太守。張家如此家世徒眾，有才學名望，東漢西州人士裏絕無僅有。

《後漢書·段熲傳》載，段熲字紀明，武威姑臧人。西域都護段會宗之從曾孫。少便習弓馬尚游俠，後折節好古學，舉孝廉爲憲陵園丞，陽陵令。遷遼東屬國都尉，設詐斬來犯之鮮卑，後拜議郎，以將有文武受薦拜爲中郎將擊太山賊三萬餘人，獲首萬餘，餘黨降散，因功封侯。遷護羌校尉，將兵大破燒當羌，斬首二千，獲生口萬餘；後又大破燒何羌，斬首五千餘，溺死千六百人；擊雜種羌，斬首三千餘，義從反叛，受涼州刺史郭閎貪功誣陷下獄。復拜議郎，遷并州刺史，復爲護羌校尉，殺當煎等羌四千餘，勒姐羌四百餘，降二千餘，後又大破斬數千當煎羌，凡破西羌斬首三萬三千，獲生口數萬，馬千羊八百萬，降者萬餘落，封都鄉侯，邑五百戶。後又殺當煎羌三千餘，平西羌。又領軍擊東羌，在逢義山殺先零諸種八千餘，獲牛馬二十八萬，拜破羌將軍，與張奐發生征討還是招降東羌的論爭。在凡亭山、射虎谷殺漢陽散羌萬九千級，獲牛、馬等不可勝數。東羌悉平，凡斬三萬八千六百餘級，獲牛馬等四十二萬餘，費用四十四億，更封新豐縣侯，邑萬戶。拜侍中，轉執金吾，河南尹。左轉諫議大夫，再遷司隸校尉。曲意宦官，黨中常侍王甫，枉誅中常侍鄭颯等。轉潁川太守，徵拜太中大夫。爲太尉，王甫敗，受波及飲鴆自殺。在涼州三明中，段熲家世較寒微，但屢領兵征戰，軍功最著。因事宦官不受清流推重，又不得善終，爭議最大。但其實西州人士在當時本不以才德學術受矚目，黨錮之禍在涼州波及很小，以致於皇甫規等西州豪傑以此爲恥就說明這一點，由此段熲的出身行迹可以典型反映了西北社會風氣對邊吏選任的影響。至於董卓、李傕、郭汜、樊稠、張濟、韓遂、馬騰等西北邊地出身的漢末將領，比涼州三明等而下之，均以武勇得選，但忠勇爲國程度大減，後來發展成爲著名的軍閥了。

武勇的社會風氣與官吏選任相結合，會推動豪強勢力的發展，兩漢之際便已表露出來了。《後漢書·竇融傳》載，「融於是日往守萌，辭讓鉅鹿，圖出河西。萌爲言更始，乃得爲張掖屬國都尉。融大喜，即將家屬而西。既到，

撫結雄傑，懷輯羌虜，甚得其歡心，河西翕然歸之。是時，酒泉太守梁統、
金城太守厙鈞、張掖都尉史苞、酒泉都尉竺曾、敦煌都尉辛肜，并州郡英俊，
融皆與爲厚善」〔註226〕。「州郡英俊」是指任官所在之州郡還是與竇融籍貫同
鄉里之州郡？梁統籍貫是安定，當較可能指任官所在涼州之州郡。從竇融結
黨史實和文意推斷，較可能是竇融等人與任官所在州郡中有勢力豪強在亂世
中連結自保。「及更始敗，融與梁統等計議曰：『今天下擾亂，未知所歸，河
西斗絕在羌胡中，不同心戮力則不能自守；權鈞力齊，復無以相率。當推一
人爲大將軍，共全五郡，觀時變動。』議既定，而各謙讓，咸以融世任河西
爲吏，人所敬向，乃推融行河西五郡大將軍事。是時，武威太守馬期、張掖
太守任仲並孤立無黨，乃共移書告示之，二人即解印綬去。於是，以梁統爲
武威太守，史苞爲張掖太守，竺曾爲酒泉太守，辛肜爲敦煌太守，厙鈞爲金
城太守。融居屬國，領都尉職如故，置從事監察五郡」〔註227〕。竇融、梁統
等人結黨，在兩漢間亂世專制河西五郡。武威太守馬期、張掖太守任仲並「孤
立無黨」受排斥，結黨的要素是什麼？親友、同志、同鄉、同袍、同學等。
從史實來看，河西諸人的結黨是有地方鄉里豪強勢力爲後盾的同鄉鄉黨利益
集團，這是州郡英俊的本質。竇融「家長安中，出入貴戚，連結閭里豪傑，
以任俠爲名。」本爲扶風平陵人，但是「高祖父嘗爲張掖太守，從祖父爲護
羌校尉，從弟亦爲武威太守，累世在河西，知其土俗」〔註228〕，爲河西豪強
認同，在結黨中「世任河西，爲吏人所敬向」出任爲首領。梁統安定烏氏人，
先任酒泉太守，結黨後轉任武威太守。其他諸人的情況當大同小異，這是亂
世中能結黨的條件。當然結黨諸人具體所任州郡與已有人選、利益分配、分
工合作和當時的時勢相關。而漢末董卓、韓遂、馬騰等出身涼州的軍閥則可
能是這種地方豪強勢力在亂世發展壯大的結果。

　　《後漢書‧循吏‧任延傳》載：光武建武時，任延爲武威太守，「時將兵
長史田紺，郡之大姓，其子弟賓客爲人暴害。延收紺繫之，父子賓客伏法者
五六人。紺少子尚乃聚會輕薄數百人，自號將軍，夜來攻郡，延即發兵破之」
〔註229〕。長史爲本郡人，少見，可能是兩漢之際亂世特異。西北豪族大姓在
鄉里橫行，發展出盤根錯節的勢力，不利於社會穩定。大姓以家世更有便利

〔註226〕　《後漢書》，卷23，第796～797頁。
〔註227〕　《後漢書》，卷23，第797頁。
〔註228〕　《後漢書》，卷23，第795、796頁。
〔註229〕　《後漢書》，卷76，第2463頁。

條件在地方擔任各級官吏，這可能是邊地普通官吏選任中普遍的情況。敦煌漢簡：

> 兒尚叩頭白記‧聞來上曰久食盡乏，願貸穀一斛穀到奉詣前，又前
> 計未上，甚自知楊橡坐前數＝哀憐，恩德甚＝厚＝，又前欲遣持斛
> 詣尹府，欲且邵陽成士。（244A）

> 吏令後歸，尚意中甚不安也，事不足亂平，尹府哀小姓貧人子久居
> 塞外，當爲發代。唯掾以時移視事盈歲。名尹府須以調代，＝到得
> 歸，叩＝頭＝（244B）〔註230〕

小姓貧人子則可能要面對戌邊食不足，役不平，吏令後歸，無爲發代的悲慘
狀況。

　　總之，邊地武勇的社會風氣影響到邊吏選任，這種選任又推動豪強勢力
的發展，深深影響到邊地的社會面貌。

〔註230〕《敦煌漢簡》，第229頁。

第四章　各時期邊地治理的典型

秦漢是中國歷史上氣度恢弘的時期，以強盛著名於世，開創了中央集權大一統的國家格局，先後維持了相當長的一段時間，這種局面在歷史上直到隋唐以後才被重現，這個角度來說，秦漢時期邊地治理的成效無疑是比較成功的。具體來看，秦漢歷史時期邊地治理事例眾多，秦、西漢、東漢各朝的邊地治理功績成效各異，為了進一步分析說明邊地治理的情況，這裡選取秦、西漢、東漢各時期在西北邊地治理中有代表性的個案來說明各自治理特色。

第一節　秦對義渠的蠶食消化

秦由一個有野心的諸侯國發展而來，其朝氣蓬勃的進取精神在中國歷史上相當強烈。顧頡剛認為：「犬戎滅宗周而不能有其地，故秦國興焉。秦之致強盛，得周王畿之西部，建立大國，一也；以五百年之努力，逐漸融化鄰近諸戎族，增益人民，二也；滅巴與蜀，以奠定經濟基礎，三也。經此三階段，加以用商鞅，力致富強，而後統一寰宇乃具必然之勢」〔註1〕。說得很在理，歸納顧氏所分析的秦所以興盛的三階段，其實都與秦成功地進行邊疆開拓、妥善地處理少數民族事務有關。處於中原文化邊地的秦，其發展壯大與所製定執行的民族政策有密切的關係。秦對相鄰而處競爭關係的西戎各國，按力量對比形勢發展執行很靈活的政策，最大限度地維護和擴大自身的利益，這在對付義渠中很典型地反映出來。

〔註 1〕 顧頡剛：《秦與西戎》，《史林雜識》（初編），中華書局，1963 年，第 57 頁。

一、義渠的來源族屬和分佈

義渠是古老的一支民族，《逸周書・史記解》載：「昔者義渠氏有兩子，異母皆重。君疾，大臣分黨而爭，義渠以亡」〔註2〕。又見《竹書紀年》：武乙「三十年，周師伐義渠，乃獲其君以歸」〔註3〕。說明他們商末就與周人有關係。西周初還曾以四夷身份參加過成王朝會，《逸周書・王會解》載四夷朝貢盛況：「正北方義渠以茲白，茲白者若白馬，鋸牙，食虎豹。」王應麟云：「《西羌傳》：涇北有義渠之戎。《地理志》：北地郡義渠道，秦縣也。《括地志》：寧、原、慶三州，秦北地郡，戰國為義渠戎國之地。」何秋濤云：「義渠，西北之國，……若其所轄之地則是甚廣遠，今慶陽府及平涼府所屬之固原州皆義渠舊壤。義渠之亡蓋在周成王以後，穆王以前。厥後春秋戰國時又有義渠者，蓋亡後復興若陳蔡之比也」〔註4〕。可見義渠漸為中原政權所知，來往密切。世易時移，「及平王之末，周遂陵遲，戎逼諸夏」，「涇北有義渠之戎」〔註5〕。秦穆公時，「岐、梁山、涇、漆之北有義渠、大荔、烏氏、朐衍之戎」〔註6〕。甚至於：「義渠、大荔最強，築城數十，皆自稱王」〔註7〕。顯然，義渠已經發展成為一支強大的部族力量。為了生存和發展，秦歷世驅逐攻伐諸戎，開邊拓土。進入戰國，約周貞定王八年（前 461）後，「自是中國無戎寇，唯餘義渠種焉」〔註8〕。由此可見，義渠是長久以來主要活動在西北一支強大的部族，與華夏特別與秦關係密切。

至於其族屬，認識很分歧。司馬遷將義渠列入《史記・匈奴列傳》敘述，認為是胡，是北方的游牧民族。《史記・衛將軍驃騎列傳》載：「將軍公孫賀。賀，義渠人，其先胡種。賀父渾邪景帝時為平曲侯」〔註9〕。比司馬遷年長的晁錯，也認為義渠是胡，他說：「今降胡義渠蠻夷之屬來歸誼者，其眾數千，飲食長技與匈奴同」〔註10〕。其次認為義渠是羌，是西方的少數民族。《列子・

〔註 2〕 黃懷信、張懋鎔、田旭東撰、李學勤審定：《逸周書彙校集注》，上海古籍出版社，1995 年，卷8，第 1018 頁。

〔註 3〕 王國維撰：《今本竹書紀年疏證》，卷上，方詩銘、王修齡撰：《古本竹書紀年輯證》附錄，上海古籍出版社，2005 年，第 234 頁。

〔註 4〕 《逸周書彙校集注》，卷 7，第 903～904 頁。

〔註 5〕 《後漢書・西羌傳》，卷 87，第 2872 頁。

〔註 6〕 《史記・匈奴列傳》，卷 110，第 2883 頁。

〔註 7〕 《後漢書・西羌傳》，卷 87，第 2873 頁。

〔註 8〕 《後漢書・西羌傳》，卷 87，第 2874 頁。

〔註 9〕 《史記》，卷 111，第 2941 頁。

〔註 10〕 《漢書・晁錯傳》，卷 49，第 2282～2283 頁。

湯問篇》載：「秦之西有儀渠之國者，其親戚死，聚柴積而焚之，燻則煙上，謂之登遐。然後成為孝子」〔註11〕。《墨子‧節葬下》也有同載〔註12〕，所記的「儀渠之國」，就是義渠，說秦之西有儀渠之國有火葬之俗。《荀子‧大略篇》記載「氐、羌之虜也，不憂其係纍也，而憂其不焚也」〔註13〕。氐、羌也有火葬之俗，很可能族源相同。范曄也將義渠列入《後漢書‧西羌傳》傳首敘述，認為義渠是羌。漢宣帝派義渠安國兩次到西羌各地巡行，他對西羌的語言風土十分熟悉，主要是由於他是義渠人的後裔，對於西羌特別熟悉之故。不少學者主張義渠屬於氐羌一系〔註14〕。也有學者認為義渠是狄，應劭曰：「義渠，狄國，為秦所滅，因氏焉。《漢書》光祿大夫義渠安國」〔註15〕。李白鳳作《義渠考》，認為「義渠本白狄種，當始於殷代」〔註16〕。王宗維《西戎八國考述》認為主張義渠為羌的論證並不嚴密，他也支持義渠戎是白狄種判斷，認為其屬阿爾泰語系突厥語族〔註17〕。

　　自周初，迄於昭襄王三十五年（前272）為秦滅亡，義渠在八百餘年間，早已由一個逐水草而居的游牧民族，發展到築城定居，建國稱王的強盛族國。傳統的說法是春秋戰國時期義渠主要部分活動於涇水上游之北，即今隴東慶陽地區。如《史記‧匈奴列傳》司馬貞《索隱》引韋昭云：「義渠，本西戎國，有王，秦滅之。今在北地郡」，張守節《正義》引《括地志》云：「寧州、慶州西戎，即劉拘邑城，時為義渠戎國，秦為北地郡也」〔註18〕。東漢班彪《北征賦》曰：「登赤須之長阪，入義渠之舊城。忿戎王之淫狡，穢宣后之失貞。嘉秦昭之討賊，赫斯怒以北征。紛吾去此舊都兮，騑遲遲以歷茲。遂舒節以

〔註11〕楊伯峻撰：《列子集釋》，中華書局，1979年，卷8，第167～168頁。

〔註12〕〔清〕孫詒讓撰、孫啓治點校：《墨子閒詁》，中華書局，2001年，卷6，第188～189頁。

〔註13〕〔清〕王先謙撰、沈嘯寰、王星賢點校：《荀子集解》，中華書局，1988年，卷19，第501頁。

〔註14〕蒙文通先生《周秦少數民族研究》認為：秦策所言義渠事，「此乃《左氏春秋》所謂允姓之戎居於瓜州者。」馬長壽：《氐與羌》，上海人民出版社，1984年，第96頁。

〔註15〕〔南宋〕鄭樵撰：《通志‧氏族略二》引〔東漢〕應劭：《風俗通》，中華書局，1987年，卷26，志454。

〔註16〕李白鳳：《東夷雜考》，齊魯書社，1981年，第191頁。

〔註17〕王宗維：《西戎八國考述》，西北大學西北歷史研究室編著：《西北歷史研究》（1986年號），三秦出版社，1987年，第31頁。

〔註18〕《史記》，卷110，第2284頁。

遠逝兮，指安定以爲期。」李善注曰：「赤須阪在北地郡，義渠，城名，在北地，王莽改爲義溝。酈善長《水經注》曰：赤須水出赤須谷，西南流注羅水」〔註19〕。正是途徑義渠舊城而感懷史事所作。另一種說法認爲，義渠的活動地域比秦北地郡要大，《後漢書・西羌傳》載：「明年，秦伐義渠，取徒涇二十五城。」李賢注：「徒涇，縣名，屬西河郡」〔註20〕。王宗維認爲，大致商末、西周初活動在今山西西南部地區，曾被周族所敗。他認爲甲骨文中的「力」，即「西伯娥黎」的黎，也就是春秋時的「驪戎」、「麗土之狄」。晉文公曾借道於「麗土之狄」以勤王，其居地當在晉都之東。秦穆公霸西戎時，大荔、義渠的居地尚在晉陝黃河以東的山西南部，所以不可能歸服於秦國。其向西遷徙有一個過程。依據《史記・秦本紀》秦厲公十六年（前461）至秦惠文王更元十年（前315）之間關於秦與義渠戰事發生的地點和上引《後漢書・西羌傳》文分析，春秋時晉文公攘戎狄，迫使其西遷，進入陝西北部，「這時的義渠戎主要分佈在洛河流域至無定河之間」。秦穆公之後若干年才出現大荔之戎活動於今大荔一帶，而義渠之戎則活動於洛水上中游地區的情況，才成爲西戎八國之成員。戰國時期秦不斷向陝北發展，屢擊其部，迫使其臣服，並迫使其大部向西遷移，進入慶陽及其以西地區〔註21〕。

二、秦對義渠的攻伐蠶食與懷柔拉攏

《史記・秦本紀》載：穆公「三十七年，秦用由余謀伐戎王，益國十二，開地千里」〔註22〕。而《史記・匈奴列傳》作「秦穆公得由余，西戎八國服於秦」〔註23〕。穆公既霸西戎，此時義渠沒有大的動靜。戰國初力量消長，義渠與強秦對抗，時戰時和互有勝負。秦厲共公六年（前471），「義渠來賂」〔註24〕。周貞定王二十五年（前444），秦厲共公「三十三年，伐義渠，虜其王」。周考王十一年（前430），秦躁公「十三年，義渠來伐，至渭南」〔註25〕。可知戰事很慘烈，義渠首領一度被俘，但爭鬥多年的結果，此時秦並未能使義渠屈服滅亡。

〔註19〕 《文選》，卷9，第428頁。
〔註20〕 《後漢書》，卷87，第2874～2875頁。
〔註21〕 《西戎八國考述》，第33～42頁。
〔註22〕 《史記》，卷5，第194頁。
〔註23〕 《史記》，卷110，第2883頁。
〔註24〕 《史記・六國年表》，卷15，第689頁。
〔註25〕 《史記・秦本紀》，卷5，第199頁。

　　《後漢書・西羌傳》載「義渠敗秦師於洛。後四年，義渠國亂，秦惠王遣庶長操將兵定之」〔註26〕。此事《史記・秦本紀》未載，《史記・六國年表》載：秦惠文王七年，「義渠內亂，庶長操將兵定之」〔註27〕，則義渠敗秦師於洛當在秦惠文王三年、周顯王三十八年（前 335）。這次內亂對義渠是巨大的傷害。周顯王四十二年（前 327），秦惠文王「十一年，縣義渠」，「義渠君爲臣」〔註28〕。在強大的秦國壓力下，義渠漸漸失去了獨立地位。周顯王四十六年（前 323），秦惠文王更元二年「秦伐義渠，取鬱郅」。鬱郅，唐李賢注云：「縣名，屬北地郡」〔註29〕。

　　在與秦的戰爭中，義渠處於明顯被動局面，而秦把精力集中於東方，對義渠有點掉以輕心，義渠遂利用有機時機取得過勝利。《史記・秦本紀》載秦惠文王更元七年（前 318），「韓、趙、魏、燕、齊帥匈奴共攻秦，秦使庶長疾與戰修魚，虜其將申差，敗趙公子渴、韓太子奐，斬首八萬二千」〔註30〕。《戰國策・秦策二》載：

> 義渠君之魏，公孫衍謂義渠君曰：「道遠，臣不得復過矣，請謁事情。」義渠君曰：「願聞之。」對曰：「中國無事於秦，則秦且燒焫獲君之國；中國爲有事於秦，則秦且輕使重幣，而事君之國也。」義渠君曰：「謹聞令。」居無幾何，五國伐秦。陳軫謂秦王曰：「義渠君者，蠻夷之賢君，王不如賂之以撫其心。」秦王曰：「善。」因以文繡千匹，好女百人，遺義渠君。義渠君致群臣而謀曰：「此乃公孫衍之所謂也。」因起兵襲秦，大敗秦人於李帛之下。〔註31〕

義渠利用東方諸國伐秦的有機時機，從背後襲秦得手。

　　秦爲除掉後顧之憂而大舉攻伐義渠，惠文王更元十一年（前 314）「侵義渠，得二十五城」〔註32〕。《史記・秦本紀》云：惠文王更元「十年，……伐取義渠二十五城」〔註33〕。《史記・匈奴列傳》則云：「其後義渠之戎築城郭

<hr>

〔註26〕　《後漢書》，卷 87，第 2874 頁。
〔註27〕　《史記》，卷 15，第 728 頁。
〔註28〕　《史記・秦本紀》，卷 5，第 206 頁。
〔註29〕　《後漢書・西羌傳》，卷 87，第 2874 頁。
〔註30〕　《史記》，卷 5，第 207 頁。
〔註31〕　〔西漢〕劉向集錄：《戰國策》，上海古籍出版社，1998 年，卷 4，第 144～146 頁。
〔註32〕　《史記・六國年表》，卷 15，第 732 頁。
〔註33〕　《史記》，卷 5，第 207 頁。

以自守，而秦稍蠶食，至於惠王，遂拔義渠二十五城。惠王擊魏，魏盡入西河及上郡於秦」〔註34〕。武王元年（前310），「伐義渠、丹、犁」〔註35〕。秦人認真對付義渠，遂使之元氣大傷。

三、秦對義渠的控制征服與消化

打敗義渠後，秦人設縣。秦惠文王十一年「縣義渠。……義渠君爲臣」〔註36〕。但其後義渠並不馴服，和戰不定。

《史記・匈奴列傳》載：「秦昭王時，義渠戎王與宣太后亂，有二子。宣太后詐而殺義渠戎王於甘泉。遂起兵伐殘義渠。於是秦有隴西、北地、上郡，築長城以拒胡」〔註37〕。《後漢書・西羌傳》載：「及昭王立，義渠王朝秦。遂與昭王母宣太后通，生二子。至王赧四十三年，宣太后誘殺義渠王於甘泉宮，因起兵滅之。始置隴西、北地、上郡焉」〔註38〕。宣太后採用「非婚而媾」的特殊手段加以懷柔，穩定後方達三十餘年，秦與義渠一度親密至極，秦最終吞併義渠。顧頡剛說：「白髮翁嫗相對言情，此美人計不已行之過遲乎，范曄之說亦未必絕對可信」〔註39〕。對真實性持否定態度。馬非百《秦集史・人物傳之二》案云：「宣太后以母后之尊，爲國家殲除頑寇，不惜犧牲色相，與義渠戎王私通生子。謀之達三十餘年之久。始將此二百年來（自厲公六年義渠來賂至昭王三十五年，約二百年）爲秦人腹心大患之敵國巨魁手刃於宮廷之中，衽席之上。然後乘勢出兵，一舉滅之，收其地爲郡縣，使秦人得以一意東向，無復後顧之憂。此其功豈在張儀、司馬錯收取巴蜀下哉」〔註40〕。對記載信從但評價似嫌過於撥高。林劍鳴從宣太后個人生活作風角度加以分析，認爲來自楚國的羋八子，在春秋戰國之世叔嫂通姦、大伯與弟媳苟合、嫡子烝庶母習以爲常的風氣影響下，爲某種政治目的主動與義渠王私通是完全可能的〔註41〕。《史記・范雎列傳》載：秦昭襄王對范雎所說：「寡人宜以身受命久矣，會義渠之事急，寡人且暮自請太后。今義渠之

〔註34〕《史記》，卷110，第2885頁。

〔註35〕《史記・秦本紀》，卷5，第209頁。

〔註36〕《史記・秦本紀》，卷5，第206頁。

〔註37〕《史記》，卷110，第2885頁。

〔註38〕《後漢書》，卷87，第2874頁。

〔註39〕顧頡剛：《秦與西戎》，《史林雜識》（初編），第62頁。

〔註40〕馬非百：《秦集史》，中華書局，1982年，第108頁。

〔註41〕林劍鳴：《秦史稿》，上海人民出版社，1981年，第259、274頁。

事已，寡人乃得受命⋯⋯」〔註 42〕。有學者認爲秦之道德觀念有異於東方，男女之間性關係較自由，「無男女之別」的社會風俗正是由於母系殘餘所成。秦王政誅呂不韋之黨，其中便有『戎狄君公』，可見戎狄首領有不少常居秦都，義渠王與宣太后並非各在其國，來往當然很方便。宣太后的「荒淫」，不僅她自己滿不在乎，當時秦人也不以爲意〔註 43〕。更有學者進一步認爲，宣太后一黨有義渠王的支持。故武王時還曾討伐義渠，到昭王初立，義渠王即朝秦，並與宣太后通，且在宣太后掌權近四十年內雙方相安無事，充分說明其與義渠的曖昧關係。至周赧王四十三年（前 272），《史記》載：「宣太后誘殺義渠王於甘泉宮，因起兵滅之。」與其說是宣太后殺義渠王，不如說是秦昭王所殺。義渠是宣太后牽制昭王的後盾，不可能輕易放棄，聞昭王與范雎語：「義渠之事急，寡人日自請太后。今義渠之事已，寡人乃得以身受命。」滅義渠，昭王即親政，而且立即「廢太后，逐穰侯、高陵、華陽、涇陽君於關外」，義渠對於宣太后一派的支柱作用正是牽一髮而動全身，這亦是昭王必要殺之滅之的原因〔註 44〕。不管事實眞相是什麼，從記載可知，因爲秦執行有效的政策，此時義渠已爲秦所征服控制，而義渠王則很深地涉入秦國宮廷事務，兩國密切相連，義渠逐漸爲秦吞併。

上郡早已於秦惠文王十年（前 328）已出現，隴西郡亦早於昭襄王二十七年（前 280）已出現〔註 45〕，只北地置於秦昭襄王三十五年（前 272），滅義渠當年。秦將生活在今慶陽及其以北地區的義渠戎消滅之後，設北地郡，並將郡治設在原義渠國都義渠城。此北地郡的「北地」，即由「北邊之地」而來。漢代稱「道」之地區，均有少數民族居住其間。義渠爲秦所滅後，秦仍令其民與秦人雜居其地。義渠滅亡之後，大部分民眾成爲郡縣編戶，其聚居的地方設置了義渠道，另外可能有少部分民眾北逃，加入了匈奴部落聯盟。從有限史事記載可知，秦在征服義渠中，政策中有兩個策略很明顯：一是注意軟硬兩手，根據時勢靈活變化；二是注意控制上層，優撫上層，安置在京城優撫軟禁。都起到明顯的效果，在邊地開拓中表現出極鮮明鍥而不捨的進

〔註 42〕《史記》，卷 79，第 2406 頁。

〔註 43〕向麗：《秦國殘餘母系芻論》，《四川教育學院學報》，1997 年第 4 期，第 69～72 頁。

〔註 44〕辛迪：《義渠考》，《內蒙古師範大學學報》（哲學社會科學版），2004 年第 6 期，第 90～93 頁。

〔註 45〕《史記·秦本紀》，卷 5，第 206、212 頁。

取精神。

　　秦成功地消化了義渠，成爲秦國力量壯大的一部分。但不是說義渠被消滅了，還有義渠保有他們自己部落組織。甚至至西漢仍有義渠的名號存在。據《漢書・百官公卿表下》高帝五年至九年義渠任廷尉〔註46〕，此人名義渠或與義渠出身有關。賈誼《新書・匈奴》載：「竊聞匈奴當今逐贏，此其示武昧利之時也，而建隆義渠、東胡諸國，又頗來降」〔註47〕。《史記・衛將軍驃騎列傳》附有公孫賀與公孫敖傳，都稱義渠人，同爲將軍，皆從衛青討伐匈奴有功。《漢書・公孫賀傳》卻說：「公孫賀字子叔，北地義渠人也。賀祖父昆邪，景帝時爲隴西守，以將軍擊吳楚有功，封平曲侯，著書十餘篇。」師古曰：「《藝文志》陰陽家有《公孫渾邪》十五篇是也」〔註48〕，在這裡義渠是族名還是地名呢？從語意看，是作地名。即使從出身地、軍伍行迹來說是異族，卻有字，有文化修養能著書立說，可見也是漢化很深了。「傅介子，北地人也。」師古曰：「《趙充國傳》贊云：『義渠公孫賀、傅介子』，然則介子北地義渠人也」〔註49〕，北地義渠一時也人才輩出。《漢書・匈奴傳》載：「屬國千長義渠王騎士射殺犁汚王，賜黃金二百斤，馬二百匹，因封爲犁汚王」〔註50〕。則說明義渠至昭帝時在西北邊地局部地區仍保存有完整的部族組織。《漢書・翟方進傳》載：「會北地浩商爲義渠長所捕，亡，長取其母，與豻豬連繫都亭下。商兄弟會賓客，自稱司隸掾、長安縣尉，殺義渠長妻子六人，亡」〔註51〕。此長應爲義渠道的長官。《漢書・地理志》北地郡下十九縣中就有：「義渠道，莽曰義溝」〔註52〕。《漢書・趙充國傳》中有光祿大夫義渠安國經辦羌人事務，可能是與羌人關係密切的義渠族人〔註53〕。東漢以後，義渠作爲地名還存在，但作爲部族就基本不見於史書記載，可能已基本被同化，融入於其他各族了。

　　秦是開創基業的時代，最終實現國家的統一，有開邊之功。秦始皇使蒙

〔註46〕《漢書》，卷19下，第747～748頁。
〔註47〕〔西漢〕賈誼撰、閻振益、鍾夏校注：《新書校注》，中華書局，2000年，卷4，第134頁。
〔註48〕《漢書》，卷66，第2877頁。
〔註49〕《漢書・傅介子傳》，卷70，第3001頁。
〔註50〕《漢書》，卷94上，第3783頁。
〔註51〕《漢書》，卷84，第3413頁。
〔註52〕《漢書》，卷28下，第1616頁。
〔註53〕《漢書》，卷69，第2972頁。

恬等人發兵三十萬，北擊胡，取河南地，西北又立三十四縣，城河上為塞，渡河取高闕、陶山北假中，修長城、直道，從長城走向可知始皇時期的北邊比前代有了較大的擴展。尉屠睢等人在南方還史無前例地征服百越，略取陸梁地，設立桂林、象郡、南海等一系列的新郡，幅員空前廣闊，一舉奠定後世中國疆域的雛形。挾統一之勢，秦還在全國統一文字、度量衡，推行法制令行禁止，這些對於基於主體地位的中原文化在邊地的推廣普及，無疑具有奠基性的意義。據《史記·秦始皇本紀》所載，秦始皇巡視郡縣，先後在嶧山刻石、之罘立石、琅邪立石、碣石刻石、會稽刻石，有目的地系統地頌秦德功業，宣揚推廣秦的文化價值觀，從秦始皇巡視的地域和刻石內容與地點可知秦在邊地思想文化建設上不遺餘力。當然由於秦維持統一局面的時間並不長，儘管開邊的聲勢浩大，但邊地治理並不穩固。漢初朝廷控制的疆域較秦時有較大的削減，例如西北失去了九原郡等地，退守昭襄王長城一線，在南方喪失對南越、閩越等地的控制等，都說明了過去在邊地治理經營上時間不夠，根基尚淺。但無論如何，秦在中國疆域形成的歷史上，對邊地的開創之功，治理探索中野心勃勃、殫精竭慮、鍥而不捨的精神則是永垂史冊的。

第二節　西漢在西域烏孫的經營 [註54]

　　西漢在中國歷史上是以強盛著稱，在西北開拓超越前代。河西設郡，經營西域，基本上可以說達到了中原王朝在疆域擴展上的一個極限，這也是當時農耕為主手工勞動的生產力水平上中央集權專制帝國在力量投送上的極限。這一標杆甚至在這以後相當長的歷史時期都無法被改變和超越。西

〔註54〕相關研究如：楊建新：《關於漢代烏孫的幾個問題》，《新疆大學學報》，1980年第 2 期；劉光華：《也說漢代的烏孫——兼與〈關於漢代烏孫的幾個問題〉商榷》，《新疆大學學報》，1981 年第 3 期；王明哲、王炳華：《烏孫研究》，新疆人民出版社，1983 年；李大龍：《西域都護的設立不是漢烏關係轉變的標誌》，《西域研究》，1993 年第 1 期；洪濤：《關於烏孫研究的幾個問題》，《中央民族大學學報》，1994 年第 2 期，第 22～26、94 頁；李豔華、孔令遠：《細君與解憂》，《湘潭大學社會科學學報》，2001 年第 2 期，第 53～56 頁；余太山：《西域通史》，新疆人民出版社，2003 年；袁延勝：《懸泉漢簡所見漢代烏孫的幾個年代問題》，《西域研究》，2005 年第 4 期，第 9～15 頁；何海龍：《從懸泉漢簡談西漢與烏孫的關係》，《求索》，2006 年第 3 期，第 209～211 頁。等。

漢在西北治理的成就可以作爲其邊地治理成功的代表，而這些成就的取得仍然與其政策策略密不可分。一項政策、一種策略的實施並不是一蹴而就的，而是上上下下長年累月謀慮、推行努力的結果，經歷複雜的政治鬥爭和時局演變，在歷史上，這可能需要幾代人的努力。漢武帝始開邊，經營西域謀斷匈奴右臂；漢宣帝地節二年（前 68）初置西域都護治理西域。在西漢經營西域中，漢與烏孫關係的發展變化典型反映出了邊地治理中的甘苦得失。

一、漢與烏孫和親及親漢勢力的形成

烏孫在西域中爲大國、強國，本臣服於匈奴，但匈奴也只能羈縻之。爲對付匈奴，漢極力要爭取西域，特別像烏孫這樣有實力的奧援。烏孫爲維護自身利益，面對強大的匈奴也有對外結援的需要和意願。漢和烏孫有聯合的需要和可能性，西域路通之後，漢與烏孫遂有和親之舉。武帝元封中以江都王建女細君爲公主嫁給烏孫首領昆莫，爲右夫人。匈奴也不甘受牽制，也嫁公主給昆莫，爲左夫人。匈奴、烏孫等與當時西漢不同，以左爲尊貴，可見地壤接近的匈奴在烏孫積威之深。漢匈在烏孫的角力中，匈奴還是略占上風的。這種處境下的細君公主之遭遇可以想見。只能自治宮室別居（也有漢人與烏孫飲食住宿風俗不同的因素），《漢書·西域傳下》載：「歲時一再與昆莫會」，夫妻有名無實。昆莫年老，語言不通，公主悲愁自傷作歌云：「吾家嫁我兮天一方，遠託異國兮烏孫王。穹廬爲室兮旃爲牆，以肉爲食兮酪爲漿。居常土思兮心內傷，願爲黃鵠兮歸故鄉」〔註55〕。這樣的政治婚姻難有幸福，還要適應烏孫習俗，住宿飲食。「天子聞而憐之，間歲遣使者持帷帳錦繡給遺焉。」漢朝每隔一年派遣烏孫的使者成爲遠嫁公主與中央、與娘家人精神維繫的紐帶，也給孤苦的公主提供微薄的物質支持。「昆莫年老，欲使其孫岑陬尚公主。公主不聽，上書言狀。天子報曰：『從其國俗。欲與烏孫共滅胡。』岑陬遂妻公主。昆莫死，岑陬代立。」至少還是公主，剛開始還能不聽，並不是像普通婦人嫁雞隨雞，嫁狗隨狗，可以任由支配的。還能向朝廷、娘家上書投訴。但政治大環境和夫家異族風俗文化大背景下，公主還是要服從的。「岑陬尚江都公主，生一女少夫」〔註56〕。

〔註55〕《漢書》，卷 96 下，第 3903 頁。
〔註56〕《漢書》，卷 96 下，第 3904 頁。

解憂公主是繼細君公主之後第二位與烏孫和親的漢公主。《漢書・西域傳下》載：

> （細君）公主死，漢復以楚王戊之孫解憂爲公主，妻岑陬。岑陬胡
> 婦子泥靡尚小，岑陬且死，以國與季父大祿子翁歸靡，曰：「泥靡大，
> 以國歸之。」翁歸靡既立，號肥王。復尚楚主解憂，生三男兩女：
> 長男曰元貴靡；次曰萬年，爲莎車王；次曰大樂，爲左大將；長女
> 弟史，爲龜茲王絳賓妻；小女素光爲若呼翕侯妻。〔註57〕

和親的細君和解憂公主雖名爲公主，也有宗室血統，但其家族親支在漢地因事受到過懲處，曾有罪人身份。細君祖父江都易王劉非是漢武帝兄弟，細君父江都王劉建元狩二年（前121）謀反自殺，國除爲廣陵郡。解憂祖父楚王劉戊，是吳楚七國之亂禍首之一，兵敗自殺。武帝建元元年（前140），「赦吳楚七國帑輸在官者」。李賢注引應邵曰：「吳楚七國反時，其首事者沒入爲官奴婢，武帝哀焉，皆赦遣之也」〔註58〕。按漢律，謀反者妻子家小要受株連，處罰極重，動輒族誅，只是他們都是宗室，與皇帝親緣尚近，不可能族誅，量罪會較輕，但罪人身份是無疑的。

漢公主與烏孫和親，維繫漢與烏孫的親善關係，生子女鞏固自身的地位，將進一步發揮漢的影響力。解憂公主在烏孫所生第二代中，長女弟史後也被漢封爲公主，以示尊崇。《漢書・西域傳下》載：

> 時烏孫公主遣女來至京師學鼓琴，漢遣侍郎樂奉送主女，過龜茲。
> 龜茲前遣人至烏孫求公主女，未還，會女過龜茲，龜茲王留不遣，
> 復使使報公主，主許之。後公主上書，願令女比宗室入朝，而龜茲
> 王絳賓亦愛其夫人，上書言得尚漢外孫爲昆弟，願與公主女俱入朝。
> 元康元年，遂來朝賀。王及夫人皆賜印綬，夫人號稱公主，賜以車
> 騎旗鼓，歌吹數十人，綺繡雜繒琦珍凡數千萬。留且一年，厚贈送
> 之。後數來朝賀，樂漢衣服制度，歸其國，治宮室，作徼道周衛，
> 出入傳呼，撞鐘鼓，如漢家儀。外國胡人皆曰：「驢非驢，馬非馬，
> 若龜茲王，所謂騾也。」絳賓死，其子丞德自謂漢外孫，成、哀帝
> 時往來尤數，漢遇之亦甚親密。〔註59〕

〔註57〕《漢書》，卷96下，第3904頁。
〔註58〕《漢書・武帝本紀》，卷6，第157頁。
〔註59〕《漢書》，卷96下，第3916～3917頁。

公主次子曾立爲莎車王，《漢書·西域傳上》載：

> 宣帝時，烏孫公主小子萬年，莎車王愛之。莎車王無子死，死時萬
> 年在漢。莎車國人計欲自託於漢，又欲得烏孫心，即上書請萬年爲
> 莎車王。漢許之，遣使者奚充國送萬年。萬年初立，暴惡，國人不
> 說。莎車王弟呼屠徵殺萬年，並殺漢使者，自立爲王，約諸國背
> 漢。會衛候馮奉世使送大宛客，即以便宜發諸國兵擊殺之，更立它
> 昆弟子爲莎車王。還，拜奉世爲光祿大夫，是歲，元康元年（前65）
> 也。〔註60〕

這些力量逐漸發展爲親漢的勢力。

公主還以漢的利益出發，監控所在國政治情勢，伺機而動；屢上書向漢
通報軍政情報，協助漢對外政策的施行。《漢書·西域傳下》載：

> 昭帝時，公主上書言：「匈奴發騎田車師，車師與匈奴爲一，共侵烏
> 孫。唯天子幸救之！」漢養士馬，議欲擊匈奴。會昭帝崩，宣帝初
> 即位，公主及昆彌皆遣使上書，言：「匈奴復連發大兵侵擊烏孫，取
> 車延、惡師地，收人民去，使使謂烏孫趣持公主來，欲隔絕漢。」

公主及昆彌各自有使。公主有獨立的、更親近的管道來與漢中央、娘家聯
絡。漢朝給公主堅定支持，漢兵大發十五萬騎，五將軍分道並出征討匈奴，
另外：

> 遣校尉常惠使持節護烏孫兵，昆彌自將翎侯以下五萬騎從西方入，
> 至右谷蠡王庭，獲單于父行及嫂、居次、名王、犁污都尉、千長、
> 騎將以下四萬級，馬牛羊驢橐駝七十餘萬頭，烏孫皆自取所虜獲。
> 還，封惠爲長羅侯。是歲，本始三年也。〔註61〕

雙方聯兵共擊匈奴，取得巨大成果，達到最初和親的目的。烏孫基本擺脫了
匈奴的控制，漢在烏孫的影響力大大增強。漢匈在烏孫的較量中，漢取得階
段性的勝利。漢成功的關鍵在於漢對烏孫的壓迫要遠小於匈奴。當然公主卓
有成效的努力，也是烏孫親漢的重要助力。公主可以說是漢朝中央在烏孫的
代表，漢朝利益的維護者、監督者，政令執行者，信息收集、傳輸者。

漢朝通過與烏孫合作擊匈奴，進一步鞏固彼此關係。「漢遣惠持金幣賜烏
孫貴人有功者。」積極拉攏、壯大親漢力量。「元康二年，烏孫昆彌因惠上書：

〔註60〕《漢書》，卷96上，第3897～3898頁。
〔註61〕《漢書》，卷96下，第3905頁。

『願以漢外孫元貴靡爲嗣，得令復尚漢公主，結婚重親，畔絕匈奴，願聘馬贏各千匹。』」反映烏孫與漢關係更形密切，烏孫方面會向漢公開宣言做這種立漢外孫元貴靡爲嗣安排，違反前昆彌岑陬立胡婦子泥靡的遺言，公主爲首的親漢勢力在烏孫的發展壯大當是事件背後的主要因素，並且取得昆彌翁歸靡的支持或者默許。漢朝方面對與烏孫的和親很重視，宣帝「美烏孫新立大功，又重絕故業，遣使者至烏孫，先迎取聘。昆彌及太子、左右大將、都尉皆遣使，凡三百餘人，入漢迎取少主。上乃以烏孫主解憂弟子相夫爲公主。」「使長羅侯光祿大夫惠爲副，凡持節者四人。送少主至敦煌」〔註 62〕。送嫁者中有四人持節，反映此次和親規格極高極隆重，顯示漢對雙方關係的重視。可惜漢與烏孫第三次的和親婚事在進行中出現變故。「未出塞，聞烏孫昆彌翁歸靡死，烏孫貴人共從本約，立岑陬子泥靡代爲昆彌，號狂王。惠上書：『願留少主敦煌，惠馳至烏孫責讓不立元貴靡爲昆彌，還迎少主。』」肥王翁歸靡之死使烏孫國內政局大變，失與昆彌支持後，公主爲首的親漢勢力在烏孫政局中並沒有壓倒性的優勢，烏孫傳統貴族還是保守前昆彌岑陬立泥靡的本約，元貴靡繼立無法實行。漢朝方面，原本就不支持和親的大鴻臚蕭望之復以爲：「烏孫持兩端，難約結。前公主在烏孫四十餘年，恩愛不親密，邊竟未得安，此已事之驗也。今少主以元貴靡不立而還，信無負於夷狄，中國之福也。少主不止，繇役將興，其原起此。」解憂公主武帝時出嫁烏孫，至此已四十餘年，雖與昆彌翁歸靡生有三男兩女，但據蕭望之所說關係不算親密恩愛，與烏孫和親，雖有經營西域之功，但嫁女烏孫，漢朝在西域的各種行動也要顧忌到公主安危，頗勞心勞力。公卿會議討論的結果，蕭望之的意見佔了上風，「天子從之，徵還少主」〔註 63〕。和親破功。

二、解憂刺殺狂王事件與烏孫的分裂

　　肥王翁歸靡死，元貴靡繼立失敗，和親破局使烏孫親漢勢力的發展受到挫折。按烏孫習俗，「狂王復尚楚主解憂，生一男鴟靡。」繼前昆彌軍須靡（即岑陬）、翁歸靡之後，狂王泥靡是解憂第三任丈夫，其時公主年紀當不小了，雖仍有生育，但狂王與之感情並不好。

　　　不與主和，又暴惡失眾。漢使衛司馬魏和意、副候任昌送侍子。公

〔註62〕　《漢書》，卷 96 下，第 3905 頁。

〔註63〕　《漢書》，卷 96 下，第 3906 頁。

> 主言狂王爲烏孫所患苦，易誅也。遂謀置酒會，罷，使士拔劍擊之。
> 劍旁下，狂王傷，上馬馳去。其子細沈瘦會兵圍和意、昌及公主於
> 赤谷城。數月，都護鄭吉發諸國兵救之，乃解去。漢遣中郎將張遵
> 持醫藥治狂王，賜金二十斤、采繒。因收和意、昌係瑣，從尉犁檻
> 車至長安，斬之。車騎將軍長史張翁留驗公主與使者謀殺狂王狀，
> 主不服，叩頭謝，張翁捽主頭罵詈。主上書，翁還，坐死。副使季
> 都別將醫養視狂王。狂王從十餘騎送之。都還，坐知狂王當誅，見
> 便不發，下蠶室。〔註64〕

刺殺狂王可以說是烏孫親漢勢力一次未遂的政變，試圖扭轉勢力發展的頹
勢，但從結果來看，充其量只能算是一個受壓制的痛苦情緒釋放。從事件的
處置來看，公主在謀殺狂王事件中肯定是有過失的，誅殺行動事先未經朝廷
認可，頗疑公主以私憤假公濟私倡言鼓動漢使謀殺狂王。即使說離國萬里，
事急從權，但在謀劃中也有諸多疏失，行事不密，竟至「劍旁下」殺人不
死，受傷的狂王還能自行「上馬馳去」，拙劣的政變布置遂使形勢急轉直下。
公主自行謀刺狂王，儘管聲稱其暴惡失眾，但烏孫人在心理上是肯定無法
接受的，何況在烏孫政治格局中，親漢勢力並不占優，行動復失敗，致局面
失控。

漢知理虧，又不想生事，才遣張遵致醫藥，賜金、采繒以安撫。漢追究
謀殺狂王事件，收誅漢使魏和意、任昌，有很大做給外人看、安撫烏孫的成
分在。張翁追查事件眞相，至捽主頭罵詈，辱公主，度以情勢，公主必先鑄
有大錯，但由於公主的特殊身份，漢顯然不便深究。張翁性近輕狂，似迂腐
不明時務，自尋死路。漢廷罪副使季都則罪名錯謬，剛發生使者魏和意、任
昌與公主擅謀誅狂王有罪受責之事，季都本職是將醫養視狂王，卻責以坐知
狂王當誅，不因便誅狂王，致下蠶室。益知漢追究謀殺狂王事件，有很大做
給外人看、安撫烏孫的成分在。這也反映出朝廷對烏孫是打是拉態度曖昧，
思路頗爲昏亂。並沒有明確清晰長遠的交往方略。讓政策執行者無所適從，
動輒得咎。也許是烏孫人的反感，也許是漢廷的限制，解憂公主失去了在烏
孫的政治前景，此後不見有更多的政治參與。「元貴靡、鴟靡皆病死。公主上
書言年老土思，願得歸骸骨，葬漢地。天子閔而迎之，公主與烏孫男女三人
俱來至京師。是歲甘露三年也。時年且七十，賜以公主田宅奴婢，奉養甚厚，

〔註64〕 《漢書》，卷96下，第3906頁。

朝見儀比公主。後二歲卒，三孫因留守墳墓云」〔註65〕。解憂公主的結局比細君好很多，孩子不少，子孫得繼為烏孫君主，長女嫁給龜茲國王。晚景還能回歸故土，安享晚年，有三孫兒女在膝下送終守墳。

「初，肥王翁歸靡胡婦子烏就屠，狂王傷時驚，與諸翎侯俱去，居北山中。揚言母家匈奴兵來，故眾歸之。後遂襲殺狂王，自立為昆彌。」狂王遇刺造成烏孫政局動盪失控，各勢力風卷雲合，以烏就屠為首親匈奴派的勢力乘機襲殺狂王自立，並在爭奪部眾中搶得先機。漢當然不能接受多年經營的烏孫倒向匈奴，前功盡棄。「漢遣破羌將軍辛武賢將兵萬五千人至敦煌，遣使者案行表，穿卑鞮侯井以西，欲通渠轉穀，積居廬倉以討之」〔註66〕。做了軍事的準備，表明姿態。《漢書・辛慶忌傳》載：「辛慶忌字子真，少以父任為右校丞，隨長羅侯常惠屯田烏孫赤谷城，與歙侯戰，陷陣卻敵。惠奏其功，拜為侍郎，遷校尉，將吏士屯焉耆國」〔註67〕。辛武賢兒子隨常惠等人是與烏孫方面交手較量過的。但這樣做代價成本很高，效果如何也難說。

> 初，楚主侍者馮嫽能史書，習事。嘗持漢節為公主使，行賞賜於城
> 郭諸國，敬信之，號曰馮夫人。為烏孫右大將妻，右大將與烏就屠
> 相愛，都護鄭吉使馮夫人說烏就屠，以漢兵方出，必見滅，不如降。
> 烏就屠恐，曰：「願得小號。」〔註68〕

漢利用兵威為後盾，通過政治運作達成妥協諒解，不戰而迫使烏就屠為首的烏孫親匈奴派勢力屈服。這也反映出在狂王死後的烏孫政局中，親漢勢力在漢廷雄厚實力支持下還是有所斬獲的。馮夫人有大威望除了她能力出眾，巾幗不讓鬚眉外，還是以漢朝實力為依託的。烏孫右大將願意與馮嫽，公主的一位侍者成婚，可能就是其本人親漢或者作出親漢姿態的結果。而在烏就屠屈服過程中，右大將等人所發揮的作用也是親漢的表現。

> 宣帝徵馮夫人，自問狀。遣謁者竺次、期門甘延壽為副，送馮夫人。
> 馮夫人錦車持節，詔烏就屠詣長羅侯赤谷城，立元貴靡為大昆彌，
> 烏就屠為小昆彌，皆賜印綬。破羌將軍不出塞，還。〔註69〕

敦煌懸泉漢簡：

〔註65〕《漢書》，卷96下，第3908頁。
〔註66〕《漢書》，卷96下，第3907頁。
〔註67〕《漢書》，卷69，第2996頁。
〔註68〕《漢書》，卷96下，第3907頁。
〔註69〕《漢書》，卷96下，第3907頁。

甘露二年四月庚申朔丁丑，樂官（涫）令充敢言之：詔書以騎馬助
傳馬，送破羌將軍、穿渠校尉、使者馮夫人。軍吏遠者至敦煌郡，
軍吏晨夜行，吏御逐馬前後不相及，馬罷亟，或道棄，逐索未得，
謹遣騎士張世等以物色逐各如牒，唯府告部、縣、官、旁郡，有得
此馬者以興世等。敢言之。（V1311④：82）

甘露二年二月庚申朔丙戌，魚離置嗇夫禹移縣（懸）泉置，遣佐光
持傳馬十匹，爲馮夫人柱，稟積麥小三十二石七斗，又茭二十五石
二鈞。今寫券墨移書到，受薄（簿）入，三月報，毋令繆（謬），如
律令。（II 0115③：96）〔註70〕

都反映了馮夫人出使的情形。

漢匈在烏孫的鬥爭，演變成烏孫內部親漢與親匈奴勢力的角力，烏孫出
現與以往不同性質的分裂。在保持烏孫名號下，雙方用政治智慧實現妥協，
避免一場雙方都不願打的戰爭。但必須注意，事件從始至終，漢廷起主導作
用，居強勢地位，親漢派取得最大利益。如尊位、正統性、更多的部屬人民
等。而同時的匈奴方面國勢衰落，出現嚴重分裂，五單于並立，宣帝甘露三
年（前 51）呼韓邪單于來朝，稱藩臣服於漢，已無法強勢在西域出力爭奪，
只是故有勢力利用歷史積威、利用更近的地緣在發揮著影響力。比如烏就屠
是胡婦子，號稱母家兵至等。儘管親漢派在當時烏孫的政治代理人並不出色，
並不得人心，但由於靠山的強勢，並不妨礙親漢派的得利。漢匈代言人在烏
孫展開持續多代人的競爭，各自努力擴大自身的影響力，生存下去，壓倒對
方。「後烏就屠不盡歸諸翎侯民眾，漢復遣長羅侯惠將三校屯赤谷，因爲分別
其人民地界，大昆彌戶六萬餘，小昆彌戶四萬餘，然眾心皆附小昆彌」〔註71〕。
漢使深深介入烏孫家事，替他們分家。當時並沒有全民公決，嫡支的名分在
分家中權重也大於民意向背，但後遺症不難想像。

三、烏孫地位的變遷

西漢在西域重點經營烏孫。「元貴靡子星靡代爲大昆彌，弱，馮夫人上
書，願使烏孫鎮撫星靡。漢遣之，卒百人送烏孫焉。」之前馮夫人似與解憂
一樣回漢地娘家長住過。「都護韓宣奏，烏孫大吏、大祿、大監皆可以賜金印

〔註70〕《敦煌懸泉漢簡釋粹》，第 140～141 頁。
〔註71〕《漢書》，卷 96 下，第 3907 頁。

紫綬，以尊輔大昆彌。漢許之。」都護從鄭吉始都深深介入烏孫事務。而受漢賜印綬者當屬親漢派。「後都護韓宣復奏：星靡怯弱，可免，更以季父左大將樂，代爲昆彌。漢不許。」都護過問其廢立。「後段會宗爲都護，招還亡畔，安定之。星靡死，子雌栗靡代。」都護領護烏孫。「小昆彌烏就屠死，子拊離代立，爲弟日貳所殺。漢遣使者立拊離子安日爲小昆彌。日貳亡，阻康居，漢徙己校屯姑墨，欲候便討焉。安日使貴人姑莫匿等三人詐亡從日貳，刺殺之。都護廉襃賜姑莫匿等金人二十斤、繒三百匹。後安日爲降民所殺，漢立其弟末振將代」〔註72〕。小昆彌的策立也須經由漢使，可見烏孫已由漢平等的和親盟國變爲接受漢扶持治理的屬國。雖親匈奴派的小昆彌內部也不和，都護也介入，從賞賜刺客財物來看，當有挑撥離間的作爲。這裡必須說明小昆彌系雖是匈奴女人所出，親匈奴，與親漢的漢公主子孫有競爭，但小昆彌系還是烏孫人，與匈奴有別。《漢書·匈奴傳下》載：郅支單于「自度力不能定匈奴，乃益西近烏孫，欲與並力，遣使見小昆彌烏就屠。烏就屠見呼韓邪爲漢所擁，郅支亡虜，欲攻之以稱漢，乃殺郅支使，持頭送都護在所，發八千騎迎郅支。郅支見烏孫兵多，其使又不反，勒兵逢擊烏孫，破之」〔註73〕。匈奴郅支單于並不能策動小昆彌與之合力。《漢書·陳湯傳》亦載：郅支在康居立足後，「數借兵擊烏孫，深入至赤谷城，殺略民人，驅畜產，烏孫不敢追，西邊空虛，不居者且千里」〔註74〕。烏孫小昆彌與匈奴也存在利益衝突。因此，大小昆彌之分，本初是母系血統有別，漢匈有競爭，實質是烏孫內部派別利益矛盾。在現實的政治實力格局下，小昆彌系還是得受漢臣屬。

> 時大昆彌雌栗靡健，翎侯皆畏服之，告民牧馬畜無使入牧，國中大安和翁歸靡時。小昆彌末振將恐爲所併，使貴人烏日領詐降刺殺雌栗靡。漢欲以兵討之而未能，遣中郎將段會宗持金幣與都護圖方略，立雌栗靡季父公主孫伊秩靡爲大昆彌。漢沒入小昆彌侍子在京師者。久之，大昆彌翎侯難棲殺末振將，末振將兄安日子安犁靡代爲小昆彌。漢恨不自責誅末振將，復使段會宗即斬其太子番丘。還，賜爵關內侯，是歲，元延二年也。會宗以翎侯難棲殺末振將，雖不

〔註72〕《漢書》，卷96下，第3908～3909頁。
〔註73〕《漢書》，卷94下，第3800頁。
〔註74〕《漢書》，卷70，第3009頁。

指爲漢，合於討賊，奏以爲堅守都尉。責大祿、大吏、大監以雌栗靡見殺狀，奪金印紫綬，更與銅墨雲。末振將弟卑爰寱本共謀殺大昆彌，將眾八萬餘口，北附康居，謀欲藉兵兼併兩昆彌。兩昆彌畏之，親倚都護。〔註75〕

大小昆彌之爭實質是統治地位利益之爭。漢廷積極介入之，說明漢的利益在烏孫也是很大的。《漢書・匈奴傳下》載：

至哀帝建平二年（前5），烏孫庶子卑爰寱翕侯人眾入匈奴西界，寇盜牛畜，頗殺其民。單于聞之，遣左大當戶烏夷泠將五千騎擊烏孫，殺數百人，略千餘人，驅牛畜去。卑爰寱恐，遣子趨逯爲質匈奴。單于受，以狀聞。漢遣中郎將丁野林、副校尉公乘音使匈奴，責讓單于，告令還歸卑爰寱質子。單于受詔，遣歸。〔註76〕

卑爰寱一度自不量力，但很快清醒過來，認識到自身勢力的弱小。《漢書・西域傳下》載：「元始中，卑爰寱殺烏日領以自效，漢封爲歸義侯。兩昆彌皆弱，卑爰寱侵陵，都護孫建襲殺之。」大小昆彌爭競，釀出血仇。小昆彌因謀殺大昆彌，自己被殺，在京師侍子遭殃，太子被殺，後兇手烏日領被同謀小昆彌弟卑爰寱出賣殺死丟車保帥，但卑爰寱最後還是被殺。另外，大昆彌部屬保護不力，也受漢廷懲處。「哀帝元壽二年，大昆彌伊秩靡與單于併入朝，漢以爲榮。」「自烏孫分立兩昆彌後，漢用憂勞，且無寧歲」〔註77〕。烏孫成爲都護治理西域的一大事務，也變成一個包袱。

漢在西域百餘年的長期經營，烏孫地位的變化是一個邊地治理的典型。從最初漢與匈奴公主在烏孫的地位身份，可以看出漢匈在烏孫的角力爭奪，烏孫內部也因不同立場出現分化，伴隨漢匈國勢的消長，烏孫國內親漢與親匈奴勢力也在消長變化。烏孫與漢接觸中，伴隨著情勢演化，烏孫的地位也出現變化，由最初漢匈間「持兩端」，到與漢結成平等的聯盟，再到臣屬於漢。這是一個幾代人努力的過程。

西漢在中國歷史上是以強盛著稱的王朝，是一個群星閃耀建功立業的年代。歷經秦末苛政和戰爭摧殘之後，西漢初期國弱民貧，疆域較秦大爲萎縮，匈奴偵騎甚至一度深入上郡，令關中腹心爲之大震。經過數十年休養生息，

〔註75〕《漢書》，卷96下，第3909頁。

〔註76〕《漢書》，卷94下，第3811頁。

〔註77〕《漢書》，卷96下，第3910頁。

國力恢復發展，西漢以勃勃生機進入新的比秦聲勢更為浩大、持續更長久的擴張高潮。與秦始皇同樣雄才大略好大喜功的漢武帝，依靠雄厚的國力在四方開疆擴土，國土幅員大增。昭宣繼之，匈奴賓服，四海清平，出現後世也難得一見的盛世。在西漢極盛時期，西北不僅恢復秦舊有疆域，還建立河西四郡和金城等邊郡，西域諸國納入版圖，歸西域都護統轄，西域成為類似邊郡的特殊行政建制。在東北在朝鮮半島也建立邊郡。南方征服閩越、南越，在海南島、中南半島都建有邊郡。在西南也建立一系列邊郡，與眾多邊遠少數民族展開密切的文化交流。西漢一朝在邊地開拓治理中卓有成效、人才輩出。衛青、霍去病等一班開邊將領，領兵消除外患，進而開拓大片國土。李廣、趙充國、辛武賢、馮奉世等人則也是守邊名將，鞏固了國土。張騫、唐蒙、司馬相如、蘇武等人出使或有大功業，或有大德行，揚漢之聲威。晁錯、趙充國等謀略家則都在治邊上提出或完善了移民、屯田等有建設性、行之有效的計劃策略，籌劃了治邊事業。更有一大批治邊良臣，例如在西域活動的常惠、鄭吉等人，身處治邊第一線，排除萬難，使漢在邊地的治理持續開展下去，給後世留下豐碩的基業。西漢在治邊摸索中取得成效的一些政策也為後世仿傚，除了以前就實行過的優撫異族上層、移民實邊，漢世特別突出的政策是屯田。無論軍屯還是民屯，規模巨大，成效巨大。有力保障了邊地的戍守、開發和治理。西漢對邊地治理長期有效，例如在西北，河西四郡和金城等地區從匈奴、羌人故地發展為漢文化佔優勢的中原政權基本控制區，西域也長期歸服漢室。這對後世的歷史留下深遠的影響。總之，西漢是在邊地治理上取得巨大成績，留下深遠影響的朝代。

第三節　東漢在西北平羌亂

　　與秦、西漢兩代全盛時期相比，東漢繼起時，雖大致保有固有疆域不失，但國力不振，在邊地治理上力不從心。東漢建國伊始邊地就出現較嚴重的危機，隨著時間的推移，邊患越發深重，最後成為王朝覆滅的重要因素，留下深刻教訓。西北涼州等地的羌亂在西漢時就已出現，羌在東漢取代匈奴成為威脅中央的巨大邊患，並幾乎與王朝歷史相始終。羌人在西北多次起義，東漢在西北涼州等地長期用兵，東漢在西北的平羌可以作為東漢一朝邊地治理的典型。

一、羌人的情況

羌人是分佈在西北的一個歷史悠久、支系複雜、人口眾多的群體，與中原人民有著密切的交往，在歷史上產生過重大而深遠的影響。兩漢時期的西羌大體上以河湟地區爲中心。《後漢書・西羌傳》述及無弋爰劍、劓女夫婦與羌人「俱亡入三河間」，三河指黃河、賜支河、湟水，賜（析）支是河曲，指黃河在甘青之間彎曲的一段。《續漢書》不稱「三河」而作「河湟間」〔註78〕，指青海湖以東河湟地區。青海東北部、甘肅東南部，這是西羌活動的中心地區，主要有燒當、先零、鍾羌等。擴展所及，四川西北阿壩、西部甘孜，雲南西北部，西藏，新疆南疆崑崙山區都有羌人各支分佈，如參狼武都羌、白馬廣漢羌、旄牛越巂羌、發羌、唐旄、婼羌、西夜、無雷等。除了羌人世代聚居區，隨著羌人主動被動的內徙，漢西北各郡和關中三輔甚至河東都有羌人分佈活動。西漢在羌人聚居中心地設置金城屬國以處降羌。羌人居地又被習慣地稱爲「羌中」。所謂「羌中」，因羌人所居而得名。據《史記・秦始皇本紀》載，秦時「西至臨洮、羌中」〔註79〕，這是秦疆域的西界。臨洮在甘肅岷縣，是秦長城的起點。從秦長城走向可見，「羌中」並未完全被秦人控制。在漢代基本上包括東起武都、廣漢、蜀郡西部，西北至祁連山一線以南以西地區。由於羌人主動和被動的內遷，分佈範圍既廣，遂有東西羌之別。《資治通鑒》胡三省注：「羌居安定、北地、上郡、西河者，謂之東羌；居隴西、漢陽，延及金城塞外者，謂之西羌」〔註80〕。從時間來看，西羌的名稱在西漢已出現於史籍中，而東羌到東漢才始見諸記載。「東漢安、順二帝時，出現了『西羌』和『東羌』的區分。……若論其淵源，『東羌』應分爲兩部分：一部分是西漢時隨匈奴而來的『羌胡』之羌；又一部分是東漢時從金城、隴西遷來的西羌。此外，東漢在三輔之內也有不少羌民，……論地區分佈，應是『東羌』，……絕大多數是來自西羌」〔註81〕。事實上東西羌難以區分很清楚，東羌主要是西羌遷去的，與西羌保持千絲萬縷的聯繫。大致上，西羌泛指居於河湟地區、西陲塞外的羌人，東羌指離開羌人世居地內徙關中及北部的羌人。

〔註78〕《後漢書・西羌傳》，卷87，第2875頁。

〔註79〕《史記》，卷6，第239頁。

〔註80〕〔北宋〕司馬光撰：《資治通鑒》，中華書局，1956年，卷52，第1689頁，順帝永和六年（141）條。

〔註81〕《氐與羌》，第106頁。

　　據《後漢書・西羌傳》載：「唯鍾最強，勝兵十餘萬。其餘大者萬餘人，小者數千人。……無慮順帝時勝兵合可二十萬人」〔註82〕。漢代不論匈奴，還是西域各國，大致言之，勝兵數與戶數接近。因此鍾羌約達十餘萬戶，按戶五人計，近六十萬人。河湟羌人的人口則至少百萬以上。有學者推估，分佈在西域南部、涼州部、益州部西部（帕米爾、青藏高原、隴東南、川西）羌人人口約在 200 萬上下〔註83〕。受到甘青地區相對中原惡劣的自然條件對人口承載能力的制約，日益加大的人口壓力可能是羌人不斷寇邊內徙的內部原因之一。而根據史籍記載羌人內徙和歸降情況，有學者認爲東羌總數在 70 萬以上〔註84〕。羌人習俗「父沒則妻後母，兄亡則納釐嫂，故國無鰥寡，種類繁熾」〔註85〕，羌人人口增長迅速。內徙羌人人口繁殖可能比漢人還快，以至於西晉江統《徙戎論》中驚恐地描述：「關中之人百餘萬口，率其少多，戎狄居半」〔註86〕。內徙羌人和其他民族逐漸成爲當地人口的重要構成，發展成爲巨大的勢力。

　　從無弋爰劍以後，西羌社會發展進步，脫離「氏族無定，或以父名母姓爲種號」、「不立君臣，無相長一」〔註87〕的原始母系氏族部落階段，進入「妻後母」「納釐嫂」無弋爰劍家族「世世爲豪」的父系氏族部落聯盟階段。其重要特點是分種姓家支〔註88〕。這種統治制度是西羌社會劃時代的變化。爰劍以前，沒有固定的首領和首領繼承制度。爰劍取得羌人的信任，成爲河湟羌人的首領，子孫代代相繼。家支統治與長子繼承制或兄終弟及制的最大區別，在於前者諸子諸孫都有統治繼承權，勢必分爲家支，以至愈分愈細。大概至爰劍第五代，大體穩定下來，不再分解，形成較大的種姓。父子聯名製是種姓家支統治的產物，又反過來有利於穩定種姓家支統治。每個種姓可能是一個部落，也可能是一群部落。其部落民，有相對穩定性，但也不是固定不變的。種姓部落中有大豪，也有小酋，兵民合一。戰時有結盟，但不穩定，盛

〔註82〕《後漢書》，卷87，第 2898 頁。
〔註83〕王宗維：《秦漢西羌的部落和部落組織》，《西北歷史研究》（1988 年號），三秦出版社，1990 年，第 29 頁。
〔註84〕黃烈：《中國古代民族史研究》，人民出版社，1987 年，第 94 頁。
〔註85〕《後漢書・西羌傳》，卷87，第 2869 頁。
〔註86〕〔唐〕房玄齡等撰：《晉書・江統傳》，中華書局，1974 年，卷 56，第 1533 頁。
〔註87〕《後漢書・西羌傳》，卷87，第 2869 頁。
〔註88〕參考黃烈：《中國古代民族史研究》，第 80 頁。

衰無常。

二、東漢的羌亂

漢武帝開拓邊疆，遠驅匈奴，在河西設郡，隔絕羌胡，征服以河湟地區為中心的西羌，設置郡縣。隨著漢人徙邊與羌人的內徙，漢羌廣泛交往，矛盾劇烈。西漢已設有護羌校尉職官來治理羌人。東漢班彪向光武帝建議設護羌校尉：「今涼州部皆有降羌，羌胡被髮左衽，而與漢人雜處，習俗既異，言語不通，數為小吏黠人所見侵奪，窮恚無聊，故致反叛」〔註89〕。這種情況其實就是隗囂、竇融掌權時，以及光武派來歙、馬武、馬援來隴右時和之後的實情。也就是說，漢羌矛盾，漢人對羌人的壓迫、奴役在東漢從一開始就嚴重存在。東漢一朝羌亂是最大的邊患，東漢「自建武至於延光，西域三絕三通」〔註90〕，其勢力在西域的伸縮與羌亂不息有莫大的關係。隴道、河西道控制了與西域的通路，近處的羌人拖住東漢的力量，東漢根本就無餘力向更遠處西域投送。羌人起義也常常和匈奴相聯結，牽一髮則動全身，東漢也無力從根本上解決邊患。

東漢卜一建國漢羌關係就持續緊張，衝突不斷，早期較大的衝突情況例如：

光武建武十至十三年（34～37），隗囂死後，來歙、蓋延、劉尚、馬援等彈壓金城、隴西、武都等地的未服羌人，東漢統一隴右、河湟地區。

中元二年（57），金城臨羌長以燒何羌人偶有犯法為由，囚禁虐待年邁女酋比銅鉗，殺六七百人，惹起羌人公憤，明帝下詔安撫，饋賜醫藥，未釀成巨變。

明帝永平元年（58），「遣中郎將竇固、捕虜將軍馬武等擊滇吾於西邯，大破之。……滇吾遠引去，餘悉散降，徙七千口置三輔」〔註91〕。

從章帝起，羌人的起義風起雲湧，聲勢浩大。其中大起義有五次〔註92〕：

第一次，章帝建初二年（77）至和帝永元十三年（101）的大起義

建初元年（76），安夷縣吏掠奪卑湳羌婦為妻，為其夫所殺，安夷長宗延追擊，卑湳羌人起義，為金城太守鎮壓。於是河湟地區以燒當羌豪迷吾為首

〔註89〕《後漢書‧西羌傳》，卷87，第2878頁。
〔註90〕《後漢書‧西域傳》，卷87，第2912頁。
〔註91〕《後漢書‧西羌傳》，卷87，第2880頁。
〔註92〕參考馬長壽：《氐與羌》，第120～146頁。

聯合封養、燒何、當煎、當闐、卑湳及湟中月氏胡，張掖盧水胡五萬餘人聯合大起義，攻隴西、漢陽。護羌校尉傅育無法撫平羌亂，反而挑撥事端為羌人所殺。繼任的護羌校尉張紆詐殺迷吾，其子迷唐繼續領導羌人堅決反抗。永元九年（97），遣征西將軍劉尚、越騎校尉趙代副，將北軍五營、黎陽、雍營、三輔積射及邊兵羌胡三萬人，鎮壓寇隴西的迷唐羌眾。但迷唐屢敗屢起，反抗持續近二十年，最後遠依處在青藏高原腹地的發羌，死去。起義最後失敗，也沉重打擊了東漢的統治。

　　第二次，安帝永初元年（107）至元初五年（118）的大起義

　　東漢在西域治理局勢惡化，徵發金城、隴西、漢陽等郡羌人出征西域。羌人不願遠征，離妻別子身死異鄉，被強徵集結的羌騎在酒泉引爆起義。先零羌、鍾羌以北地、安定、隴西為中心盤踞，羌豪滇零在北地建立政權，建都授官，聲勢浩大，有羌胡漢各族人民參加。《潛夫論・勸將》載：「合從連橫，掃滌并、涼，內犯司隸，東寇趙、魏，西鈔蜀、漢，五州殘破，六郡削迹」〔註93〕。鄧騭所率五萬大軍大敗，西北邊郡內徙。鄧遵、任尚借用匈奴騎兵，又通過重金收買刺客內奸刺殺起義軍將領杜琦、杜季貢、零昌、狼莫等人，使義軍群龍無首。最後才把起義鎮壓下去。耗軍費二百四十餘億。「并涼二州遂至虛耗」〔註94〕。影響巨大，「自此之後，餘燼不盡，小有際會，輒復侵叛」〔註95〕。滇零政權雖被剿滅，但涼州羌人暴動一直沒有停息。據《後漢書・西羌傳》載：元初六年（119）勒姐羌和隴西種羌在隴西安故（甘肅臨洮南）起義；永寧元年（120）春，上郡沈氏羌五千多人西擊張掖郡；夏，當煎羌大豪饑五等攻打金城郡；建光元年（121），當煎羌與燒當羌等三千人攻擊湟中和金城諸縣，並協同先零沈氏諸羌四千多戶西攻武威；延光元年（122），上郡虔人羌與匈奴合兵攻谷羅城；順帝永建元年（126）。隴西鍾羌攻打臨洮；陽嘉三年（134），鍾羌又攻打隴西、漢陽二郡；永和元年（136），武都塞上白馬羌攻擊屯官；三年（138），燒當羌三千多騎攻金城塞等等。

　　第三次，順帝永和四年（139）至沖帝永嘉元年（145）的大起義

　　「天性虐刻」的來機為并州刺史、劉秉為涼州刺史，「到州之日，多所擾

〔註93〕《潛夫論箋校正》，第251頁。
〔註94〕《後漢書・西羌傳》，卷87，第2891頁。
〔註95〕《晉書・江統傳》，卷56，第1531頁。

發。」金城、隴西的且凍、傅難羌人與安定、北地的罕羌、燒何諸部在涼州和關中西部反抗漢官的貪污暴政。征西將軍馬賢領軍十萬，在射姑山戰役被殺，令東漢統治者震驚。後護羌校尉趙沖雖將起義基本鎮壓下去，但損失慘重，他本人也戰死。前後總計二十萬左右官軍（包括河西四郡和北地、漢陽的近十萬軍隊），大部分損失。「士卒不得其死者，白骨相望於野。」涼州戶口散亡嚴重。「十餘年間，費用八十餘億」〔註96〕。是代價巨大慘烈的勝利。羌人也傷亡慘重，在左馮翊梁並的挑撥利誘下，最後參加起義的五萬餘戶羌民走投無路被迫降漢，起義失敗。

第四次，桓帝延熹二年（159）至靈帝建寧二年（169）的大起義

邊郡將吏貪污殘暴，階級矛盾民族矛盾尖銳。延熹二年（159），段熲出任護羌校尉。忍無可忍的隴西燒當等八種羌和安定先零羌、上郡沈氏羌展開反暴政鬥爭，一度攻入三輔的扶風、京兆一帶。段熲率軍幾至敗覆。護羌校尉營下的義從羌胡也暴動，段熲下獄。東漢一度起用中郎將皇甫規誅殺貪官污吏，以平民憤，緩和矛盾，但積重難返。「寇勢轉盛，涼州幾亡」〔註97〕。重新起用段熲，自延熹七年（164）冬出兵，八年（165）春到秋，無日不戰。張奐部將董卓也在三輔擊敗先零羌。段熲在逢義山戰役、凡亭山戰役、射虎谷戰役殘酷屠殺前後累計六萬餘羌人，最後將起義鎮壓下去。

第五次，靈帝中平元年（184）至獻帝建安十九年（214）的大起義

黃巾起義爆發，金城、隴西、漢陽爆發北地先零羌、金城義從羌（宋建、王國為首）、湟中義從胡（北宮伯玉、李文侯為首）及漢人、漢官（邊章、韓遂等人）聯合的大起義。殺護羌校尉泠徵、金城太守陳懿，攻入三輔西部，提出「誅宦官」的口號〔註98〕。打敗左車騎將軍皇甫嵩、車騎將軍張溫，聲勢甚盛。東漢無力鎮壓。「六軍上隴西，五軍敗績，卓獨全眾而還」〔註99〕。義軍一度還渡黃河進至河東，威脅洛陽。後起內訌，韓遂殺邊章、北宮伯玉、李文侯等，起義的性質發生變化。漢涼州司馬馬騰等加入，攻下隴西、漢陽，共推王國為主，卻被皇甫嵩擊敗。眾人又廢王國，改立閻忠，閻忠病死後，各將領爭權奪利，分裂衰敗。韓遂、馬騰後來參加中原角逐，最後被曹操部下夏侯淵打敗，留守金城的宋建被殺。

〔註96〕《後漢書·西羌傳》，卷87，第2895、2897頁。
〔註97〕《後漢書·段熲傳》，卷65，第2147頁。
〔註98〕《後漢書·董卓傳》，卷72，第2320頁。
〔註99〕《三國志·魏書·董卓傳》，卷6，第171頁。

三、東漢平羌分析

東漢從建國伊始就與羌人衝突不斷，並與王朝相始終。東漢末黃巾起義後，各地豪強軍閥乘勢而起，腐敗不堪的中央已無力控制。中原內亂，羌人及西北邊地的將帥深涉其中，如董卓、李傕、郭汜、韓遂、馬騰等，形成矚目一時的涼州勢力，與關東軍閥對抗，成事不足，禍亂天下有餘。羌人的反抗也由低烈度到高烈度，從小到大，波及地區也逐漸從涼州擴展到并州、三輔、益州，甚至越過黃河發展到河東地區。反映羌人社會組織能力和鬥爭水平由弱到強，由低到高，不斷發展。同時隨著社會狀態、矛盾的演化，這些反抗鬥爭也由比較單純的民族矛盾發展為多種矛盾交雜，發生民族矛盾色彩淡化，階級矛盾色彩加強的變化。第二次大起義中建立的滇零政權，就已經有了漢人杜琦、杜季貢等為首的農民起義軍集團的參加。到第五次起義時，在三輔更提出了「誅宦官」的政治口號。漢人參加者除了邊章、韓遂東漢下級官吏，還有隴西太守李相如、前酒泉太守黃衍、前信都令閻忠、涼州司馬馬騰等中高階官吏。以屠羌著名的護羌校尉段熲手下一些「曉習戰陳，識知山川」〔註100〕鎮壓過羌人的故吏甚至也改與羌人合作。雖然他們參加起義的動機從前後表現來看不單純，最後改變了起義的性質，但在效果上是極具破壞性地打擊東漢在邊地的黑暗統治，在軍事上取得從未取得過的巨大勝利，有利於羌人擺脫被無情屠殺、殘酷剝削的境地。

西漢重點在防止羌人與匈奴的聯合，對羌人羈縻安撫為主，維持邊境的和平和穩定，對羌人的控制、壓迫、奴役、掠奪程度不深，關係較緩和，局面較穩定，成效較好。東漢以剿殺政策為主，代價巨大。隨著時間的推移，有意無意地加強了對羌人的控制、壓迫、奴役和掠奪，與羌人的社會組織、生產方式、生活方式、文化習俗產生尖銳嚴重的衝突，關係持續緊張，東漢也越來越失去耐性，而是慣性地粗暴地使用武力，想簡單直接地憑藉政治組織、經濟實力、軍事裝備、文化水平全方位的優勢來壓服羌人，一勞永逸地解決歷史的複雜問題。但事與願違，羌人取代了匈奴在西漢所扮演過的角色，成為東漢邊境最大的危脅和不穩定因素。鮮血和仇恨的積纍使雙方都失去信任和理性，帶來曠日持久與東漢王朝相始終的巨大災難。相較而言，羌人是弱勢群體，大多數時候，他們沒有選擇，是被迫被動地避免傷害，對中央對漢人是又恨又怕、才降即叛的矛盾心理。事實證明血腥的趕盡殺絕剿殺政策

〔註100〕《後漢書·劉陶傳》，卷57，第1850頁。

和遷徙迫害政策是使雙方都付出沉重代價的錯誤政策。違背與鄰爲善、和諧相處的交往原則和互通有無良性互動的發展方向。沒有平等和尊重，難以友好；沒有互惠互利，關係交往就沒有動力。無論基於什麼理由，東漢羌人屢次起義，叛降反覆，中央投入大量人力物力歷時如此久長仍不能妥善解決，顯然是民族政策存在嚴重問題，對羌政策總體上是失敗的。

東漢國勢與邊地息息相關，光武在兩漢之際亂世中眞正有立足之地，很大程度上是因爲得到上谷、漁陽等河北邊郡的鼎力支持，最終得成大業。東漢一代西北羌亂不息幾乎與王朝相始終，以致於出現與西域「三絕三通」的情況，反映出邊地巨大影響力。最終導致東漢在全國統治崩潰的也是涼州董卓等軍閥的入主中央。相較西漢，東漢一代國勢少弱，國力大不如前，在邊地守成多於開拓。例如東漢一開局光武帝出於鞏固中原基本區域考慮，就讓西域諸國在服屬漢還是匈奴的問題上「東西南北自在焉」，反映在邊地治理上量力而行、務實的態度。雖然明帝、章帝等人在國力稍微好轉後，也能有所作爲，例如設立使匈奴中郎將，收納南匈奴，派竇固、竇憲等人出征北匈奴，派班超重新經營西域等；東漢中後期在西北更和羌人開展連綿不絕的戰爭，力圖維護在西北的控制，在較長時期仍大體維持大一統版圖，但是邊境形勢總體上較西漢全盛時期不如，局部變動複雜，僅能守成，開拓少有。東漢邊地治理中比較突出的做法是將邊地少數民族大量內遷，補充內地勞動力的不足，加強對他們的控制。內遷異族的做法雖不始於東漢，但影響較大的還是在東漢初馬援治隴西時大力推行做法，當時與以後大量西羌內遷，甚至安置在關中腹地。南匈奴安置到西河美稷、五原曼柏等邊地。東北的烏桓、鮮卑等部族也紛紛內遷。這是頗有爭議性的政策，當初有其不得已和較有利之處，但實踐效果對後世數百年的民族分佈、政權興衰關係甚巨。東漢長期的邊地實踐對後世影響較大的人物，如馬援，班超等人都開創不凡的業績。虞詡、王符等人也提出不少遠見卓識。張奐、皇甫規、段熲等人也對平邊患作出巨大貢獻。而董卓、馬騰、韓遂等人則也靠邊功而起。總之，東漢邊地治理與王朝盛衰密邇相連，可以說成也邊地，敗也邊地。

第五章　邊地治理的特殊體制

第一節　制度的淵源與承續

　　制度是人際交往中的規則和社會組織的結構和機制。有正式成文的，是人們有意識創造出來並通過國家等組織正式確立的成文規則，例如法律；也有非正式的不成文的，是人們在長期的社會交往中逐步形成、并得到社會認可的一系列約束性規則，包括價值觀念、倫理道德、文化傳統、風俗習慣等。正式制度具有強制性，而非正式制度具有非強制性、廣泛性。它們共同維護人類社會按一定秩序的存續發展。制度不是平白無故產生的，有其發展演變的過程。邊地治理存在特殊性，相關制度的產生也有其歷史淵源，並不斷發展變化。建立大一統中央專制集權國家以後，中央政府當時在如何鞏固對邊地的統治、維繫民族關係等問題上，頗費心力去嘗試，在長年累月的摸索中，逐漸建立自己處理相關事務的有章可循的制度，形成一脈相承的風格和理念。這在政治文明發展史上反映了歷史進步性，是很值得肯定的。

一、國野之分

　　《周禮・天官冢宰》：「惟王建國，方正位，體國經野」〔註 1〕。《周禮》把周天子直接統治的王畿，劃分為「國」和「野」兩大區域，對整個王畿的經營布置，稱為「體國經野」。「郊」是條分界線，分開「國」和「野」兩大區域，「郊」以內是「國中及四郊」，「郊」以外即是「野」。在王城的城郭以

〔註 1〕《十三經注疏》，卷 1，第 639 頁。

內，叫做「國中」，在王城城郭以外和「郊」以內，有相當距離的周圍地區，叫做「郊」或「四郊」，分設有「六鄉」。《說文解字》：「國，邦也」〔註 2〕，是表示疆域。「國」的本義，是指王城和國都。以王城城郭為中心，連同四郊六鄉在內，相對「野」而言，可以總稱為「國」，是統治核心區。《周禮‧天官冢宰‧大宰》：「以佐王治邦國。」鄭注：「大曰邦，小曰國」〔註 3〕。《周禮‧夏官司馬‧大司馬》：「方千里曰國畿」〔註 4〕。《周禮‧秋官司寇‧士師》：「三曰國禁。」注：「城中也」〔註 5〕。《孟子‧萬章下》：「在國曰市井之臣。」注：「謂都邑也」〔註 6〕。都是一個政權最重要的區域。都城主要居住統治階級的各級貴族以及為他們所奴役的手工業奴隸；近郊往往分成若干「鄉」，住著統治階級的下層，其中多數屬於「士」一級，統稱為「國人」。「國人」享有一定的政治和經濟權利，國家有大事要徵詢他們的意見，同時他們有繳納軍賦和充當甲士的責任，成為國君和貴族在政治上和軍事上的支柱。國君的廢或立，卿大夫之間內訌的勝負，往往取決於「國人」的態度。

在「郊」以外，有相當距離的周圍地區叫「野」。《說文解字》：「野，郊外也」〔註 7〕。邑外謂之郊，郊外謂之野。《詩經‧豳風‧七月》：「七月在野」〔註 8〕。在「郊」以外和「野」以內，分設有「六遂」。此外，卿大夫的采邑稱為「都鄙」。就「野」的廣義而言，指「郊」外所有的地區，包括「六遂」和「都鄙」等。「野」、「鄙」或「遂」，是王城的周邊地區，是廣大農村地區，開始時是周邊異族或其他等級身份的人們活動的開發較少的、統治較薄弱的地區，主要住的是從事農業生產的平民，稱為「庶人」或「野人」。

國野之分可以看作是統治核心區與周邊地區的控制差異。《周禮‧地官司徒‧比長》載：「徙於國中及郊，則從而授之；若徙於他，則為之旌節而行之。若無授無節，則唯圜土內之。」〔註 9〕反映出兩個地區制度不同，異地而居未被批准，要被拘捕。國人與野人，原在於部族不同，居於城郭以內為國人，屬戰勝者之統治部族，築城邑守禦。居於城郭以外為野人，屬被征服之部族，

〔註 2〕　《說文解字注》，卷 12，第 277 頁。
〔註 3〕　《十三經注疏》，卷 2，第 645 頁。
〔註 4〕　《十三經注疏》，卷 29，第 835 頁。
〔註 5〕　《十三經注疏》，卷 35，第 874 頁。
〔註 6〕　《十三經注疏》，卷 10 下，第 2745 頁。
〔註 7〕　《說文解字注》，卷 26，第 694 頁。
〔註 8〕　《十三經注疏》，卷 8～1，第 391 頁。
〔註 9〕　《十三經注疏》，卷 12，第 719 頁。

從事耕種。身分不同，權利就不同，治理制度就不同。國人有從戎之事，野人則供賦稅、服徭役。「鄉」與「遂」不僅是兩個不同的行政區域，而且是兩個不同階層的人的居住地區。是西周春秋間社會結構的重要特徵之一。這種「國」「野」對立的制度實質上就是貴族實行統治剝削的制度。

西周、春秋時期，都曾實行過這種「國」、「野」對立的制度，或稱作鄉遂制度〔註10〕。周是我國古典文化成熟期，《左傳》僖公二十四年（前636）載「封建親戚，以蕃屏周」〔註11〕。封邦建衛，協和萬邦，曾出現過眾多「千乘之國，百乘之家。」「國」和「家」作為大大小小的貴族相對獨立的政治體，都有自己的幅員疆域，有學者稱之為「城邦」。先秦封建諸侯，地各有等差，服屬不一。《周禮・地官司徒・大司徒》載：諸公之地，封疆方五百里，諸侯四百里，諸伯三百里，諸子二百里，諸男一百里〔註12〕。《左傳》昭公二十八年（前514）載：「昔武王克商，光有天下。其兄弟之國者，十有五人，姬姓之國者，四十人」〔註13〕。《史記・漢興以來諸侯年表》載：「武王、成、康所封數百，而同姓五十五」〔註14〕。隨著時勢演進，開拓與兼併，諸侯國數漸少，疆域漸擴展。春秋時代，齊國一定程度還保留有這種鄉遂制度。《國語・齊語》載，齊桓公時，管仲推行「參其國而伍其鄙」的政策，以「定民之居，成民之事」〔註15〕。把「國」分為二十一鄉，其中工商之鄉六個，士鄉十五個。其後世發展，國人日繁衍，婚姻交通融合，文明漸進，統治區擴展，原來國野之分才漸模糊。秦漢之郡國縣邑地名，多古國名，在郡縣制下，過去獨立性很強的古國均已成為中央集權制下的地方行政單位郡國縣邑了，由此也可看出過去封國與中央之間的格局面貌。

這種各地域的制度差異，多少可能也是京畿、內郡和邊地治理差異的歷史淵源。

二、邊將權重

古代戍守邊地的將領權力是很大的。《史記・張釋之馮唐列傳》載：

〔註10〕楊寬：《先秦史十講》，復旦大學出版社，2006年，第81、109、154頁。
〔註11〕《十三經注疏》，卷15，第115頁。
〔註12〕《十三經注疏》，卷10，第704頁。
〔註13〕《十三經注疏》，卷52，第2119頁。
〔註14〕《史記》，卷17，第801頁。
〔註15〕上海師範大學古籍整理組校點：《國語》，上海古籍出版社，1978年，卷6，第224頁。

文帝曰：「吾居代時，吾尚食監高袪數為我言趙將李齊之賢，戰於鉅鹿下。今吾每飯，意未嘗不在鉅鹿也。父知之乎？」唐對曰：「尚不如廉頗、李牧之為將也。」上曰：「何以？」唐曰：「臣大父在趙時，為官率將，善李牧。臣父故為代相，善趙將李齊，知其為人也。」上既聞廉頗、李牧為人，良說，而搏髀曰：「嗟乎！吾獨不得廉頗、李牧時為吾將，吾豈憂匈奴哉！」唐曰：「主臣！陛下雖得廉頗、李牧，弗能用也。」上怒，起入禁中。良久，召唐讓曰：「公奈何眾辱我，獨無閒處乎？」唐謝曰：「鄙人不知忌諱。」當是之時，匈奴新大入朝那，殺北地都尉卬。上以胡寇為意，乃卒復問唐曰：「公何以知吾不能用廉頗李牧也？」唐對曰：「臣聞上古王者之遣將也，跪而推轂，曰：『閫以內者，寡人制之；閫以外者，將軍制之。』軍功爵賞皆決於外，歸而奏之。此非虛言也。臣大父言，李牧為趙將居邊，軍市之租皆自用饗士，賞賜決於外，不從中擾也。委任而責成功，故李牧乃得儘其智慧，遣選車千三百乘，彀騎萬三千，百金之士十萬，是以北逐單于，破東胡，滅澹林，西抑強秦，南支韓、魏，當是之時，趙幾霸。其後會趙王遷立，其母倡也。王遷立，乃用郭開讒，卒誅李牧，令顏聚代之，是以兵破士北，為秦所禽滅。今臣竊聞魏尚為雲中守，其軍市租盡以饗士卒，〔出〕私養錢，五日一椎牛，饗賓客軍吏舍人，是以匈奴遠避，不近雲中之塞，虜曾一入，尚率車騎擊之，所殺甚眾。夫士卒盡家人子，起田中從軍，安知尺籍伍符。終日力戰，斬首捕虜，上功莫府，一言不相應，文吏以法繩之。其賞不行而吏奉法必用。臣愚，以為陛下法太明，賞太輕，罰太重，且雲中守魏尚坐上功首虜差六級，陛下下之吏，削其爵，罰作之。由此言之，陛下雖得廉頗、李牧，弗能用也。臣誠愚，觸忌諱，死罪死罪。」文帝說。〔註16〕

從材料所見，廉頗、李牧為邊將，專制一方，權力極大，君主信用，賞賜用人能自專，統軍自主出戰，令行禁止，儘其智慧，故能建功立業。即使漢代雲中太守魏尚為邊將，綜合來說，仍然能有權自行支配財政用度，犒賞將士，禦邊一方，威振塞外。

戰國時代，戰爭頻繁，爭奪土地人民，關係各諸侯國的生死存亡。將領

〔註16〕《史記》，卷102，第2757～2759頁。

在國家權力結構中佔有舉足輕重的地位，軍事是政務優先服務的領域，戰場形勢一髮千鈞，很多時候很多事務將領一言而決，以確保能獲得戰爭的勝利。不管君主主觀上是否願意，要生存就必須放手讓將領有充分的權力來指揮決策。即使好疑專權個性極強的皇始皇，爲了滅楚也不得不將六十萬大軍，占全國大半的兵力，全權交給王翦來指揮，累年才收穫成功。在統一以後，爲了防禦匈奴和鎮守百越，在北邊和南邊也派遣將領指揮大軍駐守。《史記・蒙恬列傳》載：「秦已併天下，乃使蒙恬將三十萬眾北逐戎狄，收河南，築長城」〔註17〕。而在南邊，《史記・秦始皇本紀》載：「三十三年，發諸嘗逋亡人、贅婿、賈人。略取陸梁地，爲桂林、象郡、南海，以適遣戍。」裴駰《集解》引徐廣曰：「五十萬人守五嶺」〔註18〕。知名的將領有任囂、趙佗等人。在中央集權專制體制還尚未成熟時期，朝廷對邊地的統馭制度尚不嚴密，政風粗樸，邊將權力極大，以致於將領出征，王者爲跪推車輪，郭門之外，節制自專。這在後世是不可想像的，是當時將領的幸運。秦漢實現國家統一，中央集權專制制度建立發展起來後，邊將專制大權逐漸受到限制約束。權力防範制度發展起來，這一方面確保中央集權防止邊將尾大不掉，另一方面邊將禦敵決策自由度自主性受到削弱，影響到守邊成效。這也是後世邊地治理一個難以解決的矛盾問題。唐的武將跋扈藩鎮割據和宋重文抑武邊防積弱則是兩種極端典型。但即使這樣，總的來說，秦漢時期邊將的權力還是算較大的，邊將權重也算是邊地治理特殊體制的一個歷史淵源。

三、依故事行事

　　古代君主很多行事方式依故事而行，遵從前人的處置方法，這可能也是一種制度上的路徑依賴。除了制度本身的合理性和必要性，這種路徑信賴也是古代許多制度在後世得到延續發展的重要因素。史實記載中見有大量的依故事行事的做法，各種事務常常要依循故事才能得到認可施行。這有利於保持政治的平穩運行。

　　《漢書・楚元王傳・劉向》載：「是時，宣帝循武帝故事，招選名儒俊材置左右。更生以通達能屬文辭，與王褒、張子僑等並進對」〔註19〕。循故事招攬賢才。《漢書・王褒傳》載：「宣帝時修武帝故事，講論六藝群書，博盡

〔註17〕　《史記》，卷88，第2565頁。
〔註18〕　《史記》，卷6，第253頁。
〔註19〕　《漢書》，卷36，第1928頁。

奇異之好」〔註20〕。宣帝有很強的中興漢室主觀意識，修武帝故事可以說有這種情勢因素。《漢書・魏相傳》載：「相明《易經》，有師法，好觀漢故事及便宜章奏，以爲古今異制，方今務在奉行故事而已。數條漢興已來國家便宜行事及賢臣賈誼、晁錯、董仲舒等所言，奏請施行之」〔註21〕。作爲宣帝朝重臣，以奉行故事爲大體。《漢書・蕭望之傳》載：「中書令弘恭、石顯久典樞機，明習文法，亦與車騎將軍高爲表裏，論議常獨持故事，不從望之等」〔註22〕。在政爭中持故事常是保守卻是佔便宜的做法。《後漢書・侯霸傳》載：「建武四年，光武徵霸與車駕會壽春，拜尚書令。時無故典，朝廷又少舊臣，霸明習故事，收錄遺文，條奏前世善政法度有益於時者，皆施行之」〔註23〕。中興也重舊典。《後漢書・左雄傳》載：「自雄掌納言，多所匡肅，每有章表奏議，臺閣以爲故事」〔註24〕。優秀的行爲處事會被承續因循從而創造爲故事。

涉邊事務也依循故事。《後漢書・班勇傳》載：北單于攻沒索班，西域不寧，班勇上言「舊敦煌郡有營兵三百人，今宜復之，復置護西域副校尉，居於敦煌，如永元故事」〔註25〕。駐軍置官依故事。《後漢書・南蠻傳》載：

> 秦惠王並巴中，以巴氏爲蠻夷君長，世尚秦女，其民爵比不更，有罪得以爵除。其君長歲出賦二千一十六錢，三歲一出義賦千八百錢。其民戶出幏布八丈二尺，雞羽三十鏃。漢興，南郡太守靳強請一依秦時故事。至建武二十三年，南郡潳山蠻雷遷等始反叛，寇掠百姓，遣武威將軍劉尚將萬餘人討破之，徙其種人七千餘口置江夏界中，今沔中蠻是也。〔註26〕

授官賞爵出賦役依故事。《漢書・蘇武傳》載：「久之，衛將軍張安世薦武明習故事，奉使不辱命，先帝以爲遺言。宣帝即時召武待詔宦者署，數進見，復爲右曹典屬國。以武著節老臣，令朝朔望，號稱祭酒，甚優寵之」〔註27〕。明習故事被當作爲臣子者一項重要的才能資質，受到重視，獲得賞

〔註20〕《漢書》，卷64下，第2821頁。
〔註21〕《漢書》，卷74，第3137頁。
〔註22〕《漢書》，卷78，第3284頁。
〔註23〕《後漢書》，卷26，第902頁。
〔註24〕《後漢書》，卷61，第2022頁。
〔註25〕《後漢書》，卷47，第1587～1588頁。
〔註26〕《後漢書》，卷86，第2841頁。
〔註27〕《漢書》，卷54，第2468頁。

識重用或尊崇。邊事不爲一般官吏明習，蘇武任典屬國無疑是眾望所歸。《漢書・陳湯傳》載：「元帝取安遠侯鄭吉故事，封千戶，衡、顯復爭。乃封延壽爲義成侯，賜湯爵關內侯，食邑各三百戶，加賜黃金百斤。告上帝、宗廟，大赦天下。拜延壽爲長水校尉，湯爲射聲校尉」〔註 28〕。立場不同，同樣的邊功可以有不同解讀，元帝雖爲皇帝，卻是柔弱之主，主流意見與匡衡、石顯等人分歧意見折中，依故事出現一個雙方都不能滿意卻是雙方只好接受的結果。《後漢書・馬援傳》載：「援所過輒爲郡縣治城郭，穿渠灌漑，以利其民。條奏越律與漢律駁者十餘事，與越人申明舊制以約束之，自後駱越奉行馬將軍故事」〔註 29〕。依故事行事也是因人而異的，一些大權在握者或者有才德者能據情勢繼往開來。既尊重故事，發揮故事之效能，又立新製成故事。

　　依故事行事，可以說是既有制度的繼承和現時的發展，這應該也是一種制度的「路徑依賴」。一般而言，在一定的社會歷史環境裏，任何體制都不是憑空出現的，都離不開既定的路徑，它的出現、發展、變遷都有其蹤迹可尋，也有其自身的規律。人們或組織一旦選擇了某個體制，由於選擇主體和體制本身各種因素的存在，慣性的力量常會導致該體制沿著既定的方向不斷得到自我強化。造成依故事行事屢屢出現，可能在於體制類似於有自主意識生命體發展演變的結果，或者說體制內既得利益集團的自利傾向或者自我保護。這可能是依故事行事的本質。而正是這種路徑依賴有助於古代許多制度在後世得到延續發展，這可能是有歷史淵源的傳統邊地特殊治理體制在秦漢繼承存續的重要因素。

第二節　京畿、內郡和邊郡治理體制的差異

　　秦漢地方行政體制並非整齊劃一。秦在全國推行郡縣制，但時間極短，西漢則在郡的級別有郡、王國之分，這其實在《漢書・地理志》和《續漢書・郡國志》中有詳細的列舉，爲人們所熟知。隨著漢中央集權的加強，諸侯王的領兵、任官、收稅等各項治理實權被取消或削弱，只能衣食租稅而已，王國與郡在治理上已無實質性的差異。但根據所處地域，在行政系列上其實可

〔註 28〕《漢書》，卷 70，第 3020 頁。
〔註 29〕《後漢書》，卷 24，第 839 頁。

以分成三類：京畿、內郡、邊郡〔註 30〕，這種因所處地域造成的治理體制上事實的差異，則較不為人所注意。

一、京畿與外郡的差異

　　秦漢的郡級機構按所處地域大致可分三類：京畿、內郡、邊郡。秦未分州部，而郡面積比西漢大。秦的幅員不如漢全盛時遼闊，但已初具規模，控制了適宜農耕的主體區域，邊境地界也有相當規模。在西漢設州部以後，京畿處於司隸部，內郡處冀、青、兗、徐、豫、揚、荊諸州部（揚、荊等州也多統治未深入、類同邊外的區域）。邊郡處幽、并、朔方、涼、益、交阯諸州部。另外還有西域屬於與郡國相當的地方行政特製。東漢地方行政區劃在較長歷史時期大致同西漢，而有小幅變動。郡國州部有所併省改立，增設比郡屬國。除了漢末戰亂變亂外，有較長的穩定時期。

　　秦、西漢以關中作為政治中心，在關內外施行不同的政策。首都京師如果嚴格意義來說，在很長的時間其實是作為中央直轄區而不是地方行政區來對待的〔註 31〕。東漢司隸部也成十三州部的一州後，京畿才算真正歸入地方行政體制中來，即使如此，在地方行政體制中，京師周邊各郡在所有郡級單位中的地位無疑也是首屈一指的。秦以內史治理京畿，《漢書·百官公卿表上》載：「內史，周官，秦因之，掌治京師」〔註 32〕。地位尊崇，《史記·秦本紀》中的穆公時設謀收由余的內史廖和《史記·秦始皇本紀》中嫪毐黨羽內史肆、滅韓的內史騰等均為不同時期秦之重臣。漢初承秦制，也設內史治京師，諸侯王也有內史治國都。《史記·呂太后本紀》載，呂后欲殺齊王，齊內史士（《史記·齊悼惠王世家》作內史勳）獻計送城陽郡給魯元公主作湯沐邑得免。可見諸侯國內史在其國政中發揮了重要的影響力。《史記·孝文本紀》載，十四年，拜成侯赤為內史與大將軍張相如等擊匈奴。可見西漢初漢廷的內史能裏能外，允文允武，也是國之重臣。《漢書·百官公卿表上》載：「景帝二年，分置左右內史。右內史武帝太初元年更名京兆尹。……左內史

〔註30〕　郡級單位還應該包括王國，但秦無王國，兩漢之王國漢武以後事實上等同於郡，並且漢不在邊地封建由漢實際控制的王國，故這裡合併研究京畿、內郡和邊郡。縣的級別則可分為：縣、侯國、邑、道等，而邊縣或道與內縣的差異類似於邊郡與內郡，這裡也就不另行說明。

〔註31〕　秦西漢的京畿雖是中央直轄區，但畢竟也直接管理各縣，均涉地方行政事務，東漢也歸地方行政系列中，故這裡一併納入地方行政體制內討論。

〔註32〕　《漢書》，卷 19 上，第 736 頁。

更名左馮翊」〔註33〕。《史記・孝景本紀》載：後元二年，「令內史郡不得食馬粟，沒入縣官」〔註34〕。看來內史在歷史演進中加強了地方行政職能，而左右內史有時也合稱。《漢書・百官公卿表上》載：「主爵中尉，秦官，掌列侯。景帝中六年更名都尉。武帝太初元年，更名右扶風，治內史右地」〔註35〕。與前京兆尹、左馮翊合稱三輔，皆治在長安城中。《漢官解詁》載：「三輔職如郡守，獨奉朝請」〔註36〕。《漢書・雋不疑傳》載：「後趙廣漢爲京兆尹，言我禁奸止邪，行於吏民，至於朝廷事，不及不疑遠甚」〔註37〕。《漢書・張敞傳》載：「敞爲京兆，朝廷每有大議，引古今，處便宜，公卿皆服，天子數從之」〔註38〕。三輔長官可參與朝政晉見，與九卿同列，地位尊崇。兼具首都直轄區地方行政長官與朝堂列卿的雙重身份，或由九卿轉任，或由列郡太守課最入守，常選各郡國治最者，以示激勵。

　　京師周邊，達官貴人集中，宗廟陵邑所在，遷來天下豪滑縱橫，向稱難治，《漢書・趙尹韓張兩王傳》贊稱：「自孝武置左馮翊、右扶風、京兆尹，而吏民爲之語曰：『前有趙張，後有三王』」〔註39〕。歷官眾多，有稱者五人而已，可見在三輔爲官之難。而一旦長官政績有稱，常入選九卿，直至三公。另外，漢初太常也有參與地方行政事務，《漢書・百官公卿表上》載：「諸陵縣皆屬焉」〔註40〕。管理有陵廟之縣，直至元帝永光元年（前43）才分諸陵邑屬三輔。

　　《漢書・循吏・黃霸傳》載：「入谷沈黎郡，補左馮翊二百石卒史。」注引如淳曰：「三輔郡得仕用它郡人，而卒史獨二百石，所謂尤異者也」〔註41〕。《漢書・趙廣漢傳》載：「廣漢奏請，令長安遊徼、獄吏秩百石，其後百石吏皆差自重，不敢枉法妄繫留人，京兆政清，吏民稱之不容口。」師古曰：「特增其秩以屬其行」〔註42〕。《漢書・張敞傳》載：

〔註33〕《漢書》，卷19上，第736頁。
〔註34〕《史記》，卷11，第448頁。
〔註35〕《漢書》，卷19上，第736頁。
〔註36〕《漢官六種》，第17頁。
〔註37〕《漢書》，卷71，第3038頁。
〔註38〕《漢書》，卷76，第3222頁。
〔註39〕《漢書》，卷76，第3239頁。
〔註40〕《漢書》，卷19上，第726頁。
〔註41〕《漢書》，卷89，第3627～3628頁。
〔註42〕《漢書》，卷76，第3203頁。

天子徵敞，拜膠東相，賜黃金三十斤。敞辭之官，自請治劇郡非賞
罰無以勸善懲惡，吏追捕有功效者，願得壹切比三輔尤異。天子許
之。敞到膠東，明設購賞，開群盜令相捕斬除罪，吏追捕有功上名
尚書，調補縣令者數十人。由是盜賊解散，傳相捕斬。吏民歡然，
國中遂平。〔註43〕

材料所見，京畿掾吏秩俸比外郡明顯優厚，出路陞遷較好，都彰顯出三輔地
位的特殊，號稱「三輔尤異」。而如其他外郡要有相同的待遇，則稱「比三輔
尤異」，是不尋常的，是要經過皇帝特許的。

因此可以說，無論是制度上，還是在朝廷上下士庶眼中，三輔與外郡顯
然是有很大不同的。

東漢遷都洛陽，三輔與河南郡地位變化。《續漢書・百官志四》載：「河
南尹一人，主京都，特奉朝請。其京兆尹、左馮翊、右扶風三人，漢初都長
安，皆秩中二千石，謂之三輔。中興都雒陽，更以河南郡為尹，以三輔陵廟
所在，不改其號，但減其秩」〔註44〕。因為都城的遷移，三輔雖名號未改但
地位下降，而河南則地位有所上陞，這當然與行在所在密切相關。但是，「東
漢之河南尹，雖參朝政稱列卿，如西漢之三輔；然職事稍減，同於列郡，無
尤異之制矣」〔註45〕，司隸部也成地方十三州部之一部，反映出首都長官中
央行政方面的色彩減弱，地方行政方面的職能加強。

總之，京畿與外郡在行政地位、長官屬吏官秩任用等方面有很大的差異。

二、邊郡與內郡的差異

京師之外各郡事實上也存在等差。《漢書・元帝紀》載：建昭二年三月，
「益三河〔大〕郡太守秩。戶十二萬為大郡。」三年，「夏，令三輔都尉、大
郡都尉，秩皆二千石」〔註46〕。《漢官舊儀》載：「建始〔昭〕二年，益三河
及大郡太守秩。」「十二萬戶以上為大郡太守，小郡守遷補大郡。」「元朔三
年，以上郡、西河為萬騎太守，月俸二萬。」「綏和元年，省大郡萬騎員秩，
以二千石居」〔註47〕。《後漢書・第五倫傳》載，倫為蜀郡太守，「擢自遠郡，

〔註43〕 《漢書》，卷76，第3219～3220頁。
〔註44〕 《後漢書》，志第27，第3614～3615頁。
〔註45〕 《中國地方行政制度史・秦漢地方行政制度》，第98頁。
〔註46〕 《漢書》，卷9，第294頁。
〔註47〕 《漢官六種》，第49頁。

代牟融爲司空」〔註48〕。《後漢書・文苑・黃香傳》載，黃香由尚書令遷東郡太守，上疏曰：「卒被非望，顯拜近郡」〔註49〕。可見不但京畿與外郡有等級差別，事實上外郡以戶口多少也分別大小，根據與京師的遠近，也存在等差。各郡長官名同爲太守，秩位俸祿卻有高低多少之分，小郡守幹得好就可遷補到大郡，近郡爲官就比到遠郡地位要顯要。各郡治理情況不同，有難易之分，就治理對象在官吏安排和功勞評定上就有差別，稱爲治劇、治平等。《後漢書・袁安傳》載：「三府舉安能理劇，拜楚郡太守」〔註50〕。

　　京畿之外的各郡，可分爲內郡和邊郡。《漢書・息夫躬傳》載：「『方陽侯寵及右師譚等皆造作奸謀，罪及王者骨肉，雖蒙赦令，不宜處爵位，在中土。』皆免寵等，徙合浦郡」〔註51〕。《後漢書・光武帝紀》載：建武二十六年（50），「雲中、五原、朔方、北地、定襄、雁門、上谷、代八郡民歸於本土。遣謁者分將施刑補理城郭。發遣邊民在中國者，布還諸縣，皆賜以裝錢，轉輸給食」〔註52〕。《後漢書・明帝紀》載：中元二年（57），詔「邊人遭亂爲內郡人妻，在己卯赦前，一切遣還邊，恣其所樂」，永平五年（62），「發遣邊人在內郡者，賜裝錢人二萬」〔註53〕。合浦與中土對稱，邊郡與中國、內郡對言，邊郡不被時人認爲是中土，戶籍有別。當時邊郡的生存條件無疑是比較艱難的。政府鼓勵邊人還邊，開發邊地。政府還將罪犯發配到邊郡服勞役以示懲罰。中土內郡數量多，人口多，統治穩固，是國家賦役的主要承擔者，也是統治的根基。

　　在第一章就已分析過邊郡與內郡的地理差異，眾多因素中生產方式差異對社會面貌有決定性意義。而基於這些不同，在治理體制上也存在著事實上的差異。《漢書・宣帝紀》載：本始元年（前73）四月，「詔內郡國舉文學高第各一人。」顏師古注引韋昭曰：「中國爲內郡，緣邊有夷狄障塞者爲外郡。成帝時，內郡舉方正，北邊二十二郡舉勇猛士」〔註54〕。此後常詔內郡選舉。《漢書・成帝紀》載：建始二年（前31）二月，「詔三輔、內郡舉賢良方正各

〔註48〕　《後漢書》，卷41，第1398頁。
〔註49〕　《後漢書》，卷80上，第2614頁。
〔註50〕　《後漢書》，卷45，第1518頁。
〔註51〕　《漢書》，卷45，第2187頁。
〔註52〕　《後漢書》，卷1下，第78頁。
〔註53〕　《後漢書》，卷2，第96、109頁。
〔註54〕　《漢書》，卷8，第241頁。

一人。」師古曰：「內郡謂非邊郡」〔註55〕。元延元年（前12）七月，詔公卿大夫、博士、議郎「與內郡國舉方正能直言極諫者各一人，北邊二十二郡舉勇猛知兵法者各一人」〔註56〕。京畿、內郡與邊郡是有別的，所察舉的人才、察舉的頻率次數也各不相同。根據各地的風氣、人才素質和需求，京畿、內郡察舉偏重文學高第、賢良方正的儒生文士，而邊郡察舉則偏重能率兵懂軍事的武將。

內郡邊郡工作的側重點不同。《續漢書‧百官志五》載：「凡郡國皆掌治民，進賢勸功，決訟檢奸。常以春行所主縣，勸民農桑，振救乏絕。秋冬遣無害吏案訊諸囚，平其罪法，論課殿最。歲盡遣吏上計。並舉孝廉，郡口二十萬舉一人」〔註57〕。守相治民，主要事務有：勸農桑、徵賦役、舉孝廉、救乏絕、決刑獄、緝盜賊、制豪強等，履行組織經濟生產、政治建設、財政民政、司法等維護社會穩定和安全基本職能，這都是政權一種常態運行的基本工作。邊郡太守則以守備邊境抗擊侵擾爲第一要務，《漢書‧毋將隆傳》載：「漢家邊吏，職在拒寇」〔註58〕。邊郡大都負有防備周邊少數民族侵擾的重任，軍備是事關邊人生死、邊郡存亡的大事，獲得邊郡上下各階層的一致重視，邊郡的軍事職能比內郡要強許多。《漢書‧嚴助傳》載，淮南王安上書諫武帝有言：

> 不習南方地形者，多以越爲人眾兵強，能難邊城。淮南全國之時，多爲邊吏，臣竊聞之，與中國異。限以高山，人迹所絕，車道不通，天地所以隔外內也。其入中國必下領水，領水之山峭峻，漂石破舟，不可以大船載食糧下也。越人欲爲變，必先田餘干界中，積食糧，乃入伐材治船，邊城守候誠謹，越人有入伐材者，輒收捕，焚其積聚，雖百越，奈邊城何。

顏師古注曰：

> 全國謂未分爲三之時也，淮南人於邊爲吏，與越接境，故知其地形也。〔註59〕

這較詳細說明了西漢南方邊地守備情況，邊地郡國人任邊吏守備邊界，有城

〔註55〕《漢書》，卷10，第305頁。
〔註56〕《漢書》，卷10，卷326頁。
〔註57〕《後漢書》，志28，第3621頁。
〔註58〕《漢書》，卷77，第3264頁。
〔註59〕《漢書》，卷64止，第2781～2782頁。

候伺外族。史書所見閩越難有侵犯中原漢地之舉，守備尚如此，其他邊擾嚴重之地可以想見。北方邊郡太守動輒統領萬騎，無事則治民，有事則出征。

內地普通郡國是不得擅自發兵的。《漢書·文帝紀》載：二年，「初與郡守爲銅虎符」，顏師古注引應劭云：「銅虎符第一至第五，國家當發兵遣使者，至郡合符，符合乃聽受之」〔註60〕。《漢書·王莽傳下》載：赤眉起義時，「群下愈恐，莫敢言賊情者，亦不得擅發兵。賊由是遂不制，唯翼平連率田況素果敢，發民年十八以上四萬餘人。授以庫兵，與刻石爲約。赤糜聞之，不敢入界。況自劾奏，莽讓況：『未賜虎符而擅發兵，此弄兵也，厥罪乏興。以況自詭必禽滅賊，故且勿治』」〔註61〕。邊郡軍事形勢比內郡嚴峻，邊境地區的郡守和都尉軍事上有較內郡更大的權力，有臨機獨斷，開展軍事行動的大權。發兵之制比內郡要寬鬆靈活，實際行動的自由度和許可權更大。當然發兵最好能先請示，如先權宜發兵，事後須報聞。《漢書·景武昭宣元成功臣表》載：武帝時從平侯公孫戎奴「元狩二年坐爲上黨太守，發兵擊匈奴不以聞，免」〔註62〕。

邊郡較內郡一般有人數更多、軍事素質更好的常備兵。《續漢書·百官志五》注引《漢官儀》：「民……一歲以爲衛士，一歲爲材官騎士，習射御騎馳戰陣。八月，太守、都尉、令、長、相、丞、尉會都試，課殿最。水家爲樓船，亦習戰射行船。邊郡太守各將萬騎，行障塞烽火追虜」〔註63〕。《漢官舊儀》：「元朔三年，以上郡、西河爲萬騎太守。」兵力強盛，常在萬騎以上。「邊郡太守各將萬騎，行障塞烽火追虜，置長史一人，掌兵馬。丞一人，治民。當兵行，長史領。置部都尉、千人、司馬、候、農都尉，皆不治民，不給衛士」〔註64〕。隴西、天水、安定、北地、上郡、西河等邊郡半農半牧，多騎士，號稱「六郡良家子」，卓越的軍事素質在全國都是很出名的。邊防守兵除邊郡兵外，還有屯田兵，由農都尉統轄，以屯田爲主，戰時也配合作戰。在少數民族居住區還組織少數民族參與的軍隊，這些屬國兵由屬國都尉統轄，發揮獨特的輔助作用。《後漢書·廉范傳》載，廉范爲雲中太守。「會匈奴大入塞，烽火日通。故事，虜入過五千人，移書傍郡。吏欲傳檄求救，范不聽，

〔註60〕《漢書》，卷4，第118頁。
〔註61〕《漢書》，卷99下，第4171～4172頁。
〔註62〕《漢書》，卷17，第645～646頁。
〔註63〕《後漢書》，志28，第3624頁。
〔註64〕《漢官六種》，第49、48頁。

自率士卒拒之」〔註65〕。可知平常入侵敵寇五千人以下，本郡太守當依靠本郡力量抵抗，則本郡兵力當不下於五千人的。據《後漢書·虞詡傳》載，虞詡為武都太守，「既到郡，兵不滿三千，而羌眾萬餘，攻圍赤亭數十日。」這是邊郡破敗，民眾流亡之餘。「詡始到郡，戶裁盈萬，及綏聚荒餘，招還流散，二三年間，遂增至四萬餘戶，鹽米豐賤，十倍於前」〔註66〕。可見局勢恢復正常，戶口增四倍，可用兵力亦當上萬人了。

邊郡太守所轄軍職和其他職官更多。

嚴耕望詳考西漢的邊郡都尉，認為：「秦訖漢武帝初，邊疆初郡或但置都尉，不置郡守，頗類後漢之屬國。」詳考分部都尉，得出兩條規律：「第一，邊郡置尉遠較內郡為多。第二，其名稱治所排列因郡所邊鄰者而異」〔註67〕。《漢書·吾丘壽王傳》載：

> 會東郡盜賊起，拜為東郡都尉。上以壽王為都尉，不復置太守。是時，軍旅數發，年歲不熟，多盜賊。詔賜壽王璽書曰：「子在朕前之時，知略輻湊，以為天下少雙，海內寡二。及至連十餘城之守，任四千石之重，職事並廢，盜賊從橫，甚不稱在前時，何也？」壽王謝罪，因言其狀。後徵入為光祿大夫侍中。

顏師古注曰：

> 郡守、都尉皆二千石，以壽王為都尉，不置太守，兼總二任，故云四千石也。〔註68〕

邊疆地區人口稀少，蠻夷錯雜，首重軍事，此外事務相較而言稍顯無關緊要，常無為而治。「設郡，條件似覺不夠；不設郡，事實上又需要縣上一級的領導；在這種高下都不好辦的時候，就往往不設郡，不置太守，只設都尉一官，統領轄區，治民如郡守」〔註69〕。邊郡所置都尉較內郡多，邊防戍守部隊大致每百里設一都尉，常分數部，負責防守一地區。《漢書·地理志》載有不少邊郡分部置都尉，如：隴西有都尉和南部都尉；武威有都尉及北部都尉；張掖有兩都尉，另又有肩水都尉；酒泉有東、西、北三部都尉；敦煌有都尉和中部都尉；北地有北部、渾懷都尉；上郡有北部都尉；又有匈歸都

〔註65〕 《後漢書》，卷31，第1103頁。
〔註66〕 《後漢書》，卷58，第1869頁。
〔註67〕 《中國地方行政制度史：秦漢地方行政制度》，第155～156頁。
〔註68〕 《漢書》，卷64上，第2795頁。
〔註69〕 《漢魏制度叢考》，第346頁。

尉；西河有南、北、西三部都尉；朔方、五原、雲中，各有中、東、西三部都尉。《漢書・趙充國傳》載，宣帝時金城有西部都尉，居延漢簡也載張掖有肩水都尉，治肩水候官。《續漢書・百官志五》云：「建武六年，省諸郡都尉，……唯邊郡往往置都尉及屬國都尉，稍有分縣，治民比郡。」應劭曰：「每有劇職〔賊〕，郡臨時置都尉，事訖罷之」〔註70〕。光武內郡罷郡都尉，邊郡軍旅繁興，故仍置都尉，分部領兵，以佐太守。內郡有動亂寇盜時，亦置都尉。

還有屬國都尉。武帝元狩二年，匈奴渾邪王降漢後，漢王朝將其部眾安置在西北沿邊五郡，稱為「五屬國」，由屬國都尉管理。據《漢書・武帝紀》顏師古注：「凡言屬國者，存其國號而屬漢朝，故曰屬國」〔註71〕。以後，對內屬或降附的少數民族在邊郡常設屬國以處之，並成為一項制度，長官屬國都尉如郡守。

還有農都尉。《漢書・百官公卿表上》載：農都尉，武帝初置〔註72〕。漢和匈奴大規模的戰爭取得初步勝利，佔有「河南地」、河西走廊，漠南部分地區，開始大規模實行屯田。邊郡屯田置農都尉，如敦煌郡宜禾都尉、張掖郡番和農都尉等，歸屬大司農，自成體系。《續漢書・百官五》載：「邊郡置農都尉，主屯田殖穀」〔註73〕。「漢度河自朔方以西至令居，往往通渠置田官，吏卒五六萬人」〔註74〕。北方的朔方、五原、上郡、北地；河西的武威、張掖、敦煌、酒泉；隴右的隴西、金城；西域的輪臺、渠犁、伊循、車師、赤谷等地均有屯田。規模很大，極盛時「上郡、朔方、河西開田官，斥塞卒六十萬人戍田之」〔註75〕。《漢書・百官公卿表上》載：「又邊郡六牧師苑令，各三丞」〔註76〕。邊郡還設牧師苑，有令丞主管，天水郡還見有騎都尉。

重要邊塞還設關都尉，如陽關都尉、玉門關都尉。西漢內郡要衝之地如函谷關，也設有關都尉，與諸侯王國交界之處也有，性質與邊郡是一樣的，

〔註70〕《後漢書》，志28，第3621～3622頁。
〔註71〕《漢書》，卷6，第177頁。
〔註72〕《漢書》，卷19上，第742頁。
〔註73〕《後漢書》，志28，第3621頁。
〔註74〕《史記・匈奴列傳》，卷110，第2911頁。
〔註75〕《史記・平準書》，卷30，第1439頁。
〔註76〕《漢書》，卷19上，第729頁。

控制人員、物資的進出。但內郡的設置不如邊郡普遍和常態化，也不那麼嚴格。

《漢書·百官公卿表上》載：「邊郡又有長史，掌兵馬，秩皆六百石」〔註77〕。邊郡軍政事務繁鉅，郡守下專設長史作掌兵。在居延漢簡中還發現一些邊郡特設的掾吏，如塞曹掾、清塞掾、督掾、客曹、戍曹等。居延漢簡：

兼倉曹、塞曹史並再拜言肩水都尉府（155·14B）〔註78〕

當爲掌邊塞之職。《三國志·魏志·東夷·倭傳》載，魏齊王正始八年（247），樂浪太守「遣塞曹掾史張政等因齎詔書、黃幢，拜假難升米爲檄告諭之」〔註79〕。邊郡又置督烽掾。《後漢書·西羌傳》載，章帝元和三年（86），號吾寇隴西，爲郡督烽掾李章所擒〔註80〕。居延漢簡：

☑燧長胡錢六百一

☑年四月己亥士吏彊付督燧長貴（214·113）〔註81〕

尹灣漢簡：

海西令琅邪諸王宣，故漁陽□□左騎千人以功遷〔註82〕

少數民族與漢族雜居之縣，縣廷還專門設置有管理少數民族事務的盟掾。這些都說明邊郡與內地在設官上的顯著差異。另外西域有西域都護，金城有護羌校尉，上谷有護烏桓校尉，西河有使匈奴中郎將，五原有度遼將軍等，這些則是與郡大致相當甚至稍高級別的職官，儘管因時因地因事設置有變動，但均是內地不設僅駐在邊地的特殊職官。

邊地還能使用一些內地禁止使用的物品。張家山漢簡《二年律令·賊律》中載：「軍吏緣邊縣道，得和爲毒，毒矢謹藏。節追外蠻夷盜，以假之，事已輒收藏。匿及弗歸，盈五日，以律論」〔註83〕。這可能出於對軍備物資的嚴格控制和軍事技術保密而制訂的律條。但緣邊縣道針對異族敵人得用毒箭，說明當時在邊地彼此爭鬥劇烈，無所不用其極。但從規定中同時可

〔註77〕 《漢書》，卷19上，第742頁。
〔註78〕 《居延漢簡釋文合校》，第254頁。
〔註79〕 《三國志》，卷30，第857～858頁。
〔註80〕 《後漢書》，卷87，第2881頁。
〔註81〕 《居延漢簡釋文合校》，第343頁。
〔註82〕 《尹灣漢墓簡牘》，第85頁。
〔註83〕 《張家山漢墓竹簡〔二四七號墓〕》（釋文修訂本），第11頁。

知，在內郡是不能這樣做的。《後漢書·耿恭傳》載：明帝永平十八年（75），北匈奴大軍在西域圍攻人數不多的漢軍於車師後王金蒲城，戊己校尉耿「恭乘城搏戰，以毒藥傅矢。傳語匈奴曰：『漢家箭神，其中瘡者必有異。』因發強弩射之，虜中矢者，視創皆沸，遂大驚。會天暴風雨，隨雨擊之，殺傷甚眾。匈奴震怖，相謂曰：『漢兵神，真可畏也。』遂解去」〔註84〕。這是用毒箭在西域破敵的真實記載，利用敵人智識較少，造成威攝，發揮了重大效用。

鎮守一方的邊將，享受武樂的榮譽。《後漢書·班超傳》載：

> 八年，拜超為將兵長史，假鼓吹幢麾。

李賢注：

> 平帝元始二年，使謁者、大司馬掾持節行邊兵，遣執金吾候陳茂假以鉦鼓。《古今樂錄》曰：「橫吹，胡樂也。張騫入西域，傳其法於長安。唯得《摩訶兜勒》一曲，李延年因之更造新聲二十八解。乘輿以為武樂。後漢以給邊將，萬人將軍得之。在俗用者有《黃鵠》、《隴頭》、《出關》、《入關》、《出塞》、《入塞》、《折楊柳》、《黃覃子》、《赤之楊》、《望行人》十曲。」劉熙《釋名》曰：「幢，童也。其貌童童然。」蔡邕《月令章句》曰：「羽，鳥翼也。以為旌幢麾也。」
> 橫吹、麾幢皆大將所有，超非大將，故言假。〔註85〕

說明邊地官吏享受的待遇與內地官吏也是有不同的。

綜上可知，邊郡與內郡在察舉人才類型、職務側重點、具體職官設置、領兵征戰等方面都有特殊。邊郡地方行政機構軍事化，相當於異態的、職能不完全的行政單位，弱化甚至缺失了部分功能，如生產等，而強化甚至主要執行了部分功能，如軍事等。

總之，京畿、內郡和邊郡由於所處地域的不同，在治理體制上是有很大的差異的，特別是邊地在治理上存在明顯的特殊體制。

第三節　邊地治理的特點

邊地與內地存在許多不同，秦漢王朝對邊地採取許多特殊的辦法，形成

〔註84〕《後漢書》，卷19，第720頁。
〔註85〕《後漢書》，卷47，第1577～1578頁。

鮮明的治理特點，主要是：

一、兩套治理體系並存，設官更多，名號更複雜

邊地生活著語言不同，習俗各異，社會發展水平參差不齊的眾多民族，在治理體制中無法同內地整齊劃一，沒有實行單純的郡縣制，而是結合王朝統治體系和當地實際，因時因地因事制宜變通。邊地治理存在兩套治理體系：郡縣「流官」系統與部族「土官」系統。

在西北：

> 行政上實行雙軌制。建立郡縣，派駐流官，同時設護羌校尉或屬國都尉，管轄羌族事務，並在羌人中實行羈縻制度和懷柔政策，封侯封王，實質上是在中央集權下的因地制宜的民族自治。雙軌制措施，是符合邊郡的實際情況的。這一套辦法，歷經東漢、唐宋以至元、明、清，一直沿用，只是在郡縣設置上曰郡、曰州、曰衛、曰府，名稱遞變，在對待牧業民族上設護羌校尉、設吐蕃宣慰使、設西寧辦事大臣，官名更改而已。〔註86〕

流官郡縣制與民族自治並存。西南也是如此：

> 漢時，邊郡之制與內郡不同，是以具體條件所決定的。以西南地區來說，郡縣是在部族組織的基礎上建立起來的，既設置郡縣，而部族組織依然存在，兩種勢力之間有矛盾，而又相互利用著。從政權的實質來說，不論郡縣或部族，都屬於國家完全主權，與內郡毫無差別。但政權的形式，則由於具體情況而有所不同。既設置郡縣，任命太守、令、長，同時保留部族組織，加封土長爲王、侯、邑長，可以說是土流兩重的政權形式。……王朝統治，任命流官與土長並存，其政治設施屬於邊郡。……因爲郡縣區劃是在部族區域的基礎上建立起來的，也就是說，以部族區域爲郡縣區域，以部族分合爲郡縣分合：這是所謂「羈縻統治」「即其部落列郡縣」的特點。〔註87〕

在政權的組織形式上，利用了部族固有的治理方式。西北與西南兩地民族構成、社會狀況天差地別，但治理思路特點卻是異曲同工，不謀而合。

〔註86〕 芈一之：《論西海郡的興廢》，《青海民族學院學報》（社會科學版），1984 年第 1 期，第 22～28 頁。

〔註87〕 《中國西南歷史地理考釋》，第 29～32 頁。

　　秦漢經制，有蠻夷雜居的縣稱「道」，有的人口集中的區域還專設「屬國」。不改變各民族原有的內部結構和社會體制風俗，「因其故俗」，「存其國號」，只要向漢稱臣納貢，漢王朝承認各民族部落首領及上層的地位和權利，還給他們分別授予王、侯、君、長等稱號，並頒賜印綬允許世襲，厚加賞賜。他們附漢，原有的地位和權力受到的影響不大，甚至得到漢朝支持而進一步鞏固和加強；而漢王朝得到當地民族上層分子和部落首領的擁護，減少治理阻力，統治得以鞏固。這些做法是長期實踐探索中形成的，無論是所謂「雙軌制」還是「羈縻統治」，都是從實際出發實事求是的治理辦法。邊地的人口結構，社會發展水平以及政治現實決定著，土流結合兩種體系並存在當時條件下是最能維護中央對邊地的穩固統治的辦法，這一成功經驗在歷史上長期為後代所沿用。

　　由於治理體制不統一，有時適用法律就有別。這在少數民族地區非常突出。秦政權奉行法治，以實行嚴刑峻法而見稱於史。商鞅變法，建立了一套嚴厲的刑罰制度，且主張對輕罪用重刑。但對西南少數民族，則有所寬容和遷就，並為此確立法律制度，製定專門的法律來進行管理、對少數民族刑罰從寬。這是很有創見和特色的。《華陽國志·巴志》載：

> 秦昭襄王時，白虎為害，自秦、蜀、巴、漢患之。秦王乃重募國中：「有能煞虎者邑萬家，金帛稱之。」於是夷朐忍廖仲、藥何、射虎秦精等乃作白竹弩於高樓上，射虎。中頭三節。……秦王嘉之……欲如約，嫌其夷人。乃刻石為盟要：復夷人頃田不租，十妻不算；傷人者，論；煞人雇死，倓錢。盟曰：「秦犯夷，輸黃龍一雙；夷犯秦，輸清酒一鍾。」夷人安之。〔註88〕

少數民族傷了人，按情節輕重論處；殺人犯了死罪，可以用貨、錢贖免。在秦國普通統治區秦人犯同樣的罪處罰極重的。《雲夢秦簡·法律答問》載：

> 士五（伍）甲毋（無）子，其弟子以為後，與同居，而擅殺之，當棄市。（七一）
>
> 相與鬥，交傷，皆論不殹（也）？交論。（七四）
>
> 或與人鬥，縛而盡拔其須麋（眉）。論可（何）殹（也）？當完城旦（八一）〔註89〕

〔註88〕《華陽國志校補圖注》，卷1，第14頁。
〔註89〕《睡虎地秦墓竹簡》，第110、112頁。

從這些規定中可以看出，秦民凡發生私鬥，都要判刑，罰勞役，依法嚴懲。因而秦國「褊急之民不鬥，很剛之民不訟」〔註90〕、「民勇於公戰，怯於私鬥」〔註91〕。顯而易見，秦在少數民族地區執行輕於本土的刑罰制度，對巴蜀少數民族居民是十分寬厚。而且同樣是傷害人或侵犯財物，「秦犯夷」和「夷犯秦」的處罰也極其懸殊。秦犯夷處罰重而夷犯秦處罰輕，則是明顯地對少數民族的懷柔與遷就。在民族交往過程中，產生矛盾是難以避免的，當時為處理好民族關係，秦人作出了很大的讓步。

湖北江陵張家山漢簡《奏讞書》中的一樁案例也可供佐證：

十一年八月甲申朔己丑，夷道介、丞嘉敢讞（讞）之。六月戊子發弩九詣男子毋憂，告為都尉屯，已受致書，行未到，去亡。・毋憂曰：「變（蠻）夷大男子歲出五十六錢以當繇（徭）賦，不當為屯，尉窑遣毋憂為屯，行未到，去亡。它如九。」・窑曰：「南郡尉發屯有令，變（蠻）夷律不曰勿令為屯，即遣之，不智（知）亡故，它如毋憂。」詰毋憂：「律變（蠻）夷男子歲出賨錢，以當繇（徭）賦，非曰勿令為屯也，及雖不當為屯，窑已遣毋憂，即屯卒，已去亡，何解？」毋憂曰：「有君長，歲出賨錢，以當繇（徭）賦，即復也，存吏，毋解。」問，如辤（辭）。・鞫之：毋憂變（蠻）夷大男子，歲出賨錢，以當繇（徭）賦，窑遣為屯，去亡，得，皆審。・疑毋憂罪，它縣論，敢讞（讞）之，謁報。署獄史曹發。・吏當：毋憂當要（腰）斬，或曰不當論。・廷報：當要（腰）斬。〔註92〕

這是漢高祖十一年（前198）夏，在南郡夷道（治所在今湖北宜都市西北）地區一樁涉及蠻夷逃避屯戍訴訟案件的審理直至判決的始末。此案實為冤案：毋憂已歲出賨錢代役，仍被地方政府違法強行派發，逃役被抓，各級政府未落實免役正當權益、更正派發亂命反而以逃役罪將他處死。但從中可見戰國以降歷代王朝基於種種原因賦予蠻夷某些優待，經《蠻夷律》予以確認。漢承秦制，年代這麼早的漢律很可能不是漢代自己創制的，而是極可能繼承了秦人已有的制度，也就是說《蠻夷律》實為秦人的法律制度為漢人沿用。《蠻夷律》作為適用於少數民族地區的一項專門法規，是戰國秦漢時期華夏統治

〔註90〕《商君書・墾令》，《商君書錐指》，卷1，第13頁。
〔註91〕《史記・商君列傳》，卷68，第2231頁。
〔註92〕《張家山漢墓竹簡〔二四七號墓〕》（釋文修訂本），第91頁。

者在兼併巴蜀、荊楚等地區後推行民族政策的法律表現形式，關於蠻夷在賦稅徭役方面享有特殊待遇的規定顯然是優撫少數民族政策的具體表現。湖北雲夢睡虎地秦簡中見有《屬邦律》、張家山漢簡《奏讞書》中的《蠻夷律》，就是堪稱當時民族立法的典型代表。而保持蠻夷地區控制的穩定，可能是秦漢統治者民族立法的的基本出發點。可惜隨著統治者民族政策的變化，地方政府施政能力和素質的參差不齊，優待可能會被以各種理由大打折扣，但它對於華夏政權的建立和鞏固及少數民族地區的穩定，在政治上和法律上無疑仍具有重大的意義。

《後漢書・光武帝紀下》載：「詔曰：『今邊郡盜穀五十斛，罪至於死，開殘吏妄殺之路，其蠲除此法，同之內郡』」〔註93〕。因為邊郡局勢情況特殊，與內郡法律有別，可見治理體制在特殊時期差異就更大了。

在體制中發揮作用的是各級官吏，而邊郡官吏設置與選任與內地就有差異，邊郡在官吏設置上比內郡存在名號更多更複雜的情況，這在前文分析京畿、內郡與邊郡三類行政單位治理差異中已有很多論述，這裡不贅。

二、中央對邊地有許多優撫照顧

邊地相比中原，人口總數少而其中異族人口比重還比較大，統治不穩固，邊防軍事壓力大；開發時間短，經濟落後，中央沒有多少賦稅上的預期。因此需要政治上的優待，經濟上的扶持與支持供給。

《漢書・儒林傳》載，公孫弘建議「請選擇其秩比二百石以上及吏百石通一藝以上補左右內史、大行卒史，比百石以下補郡太守卒史，皆各二人，邊郡一人。先用誦多者，不足，擇掌故以補中二千石屬，文學掌故補郡屬，備員。請著功令」〔註94〕，被武帝批准。漢制郡縣屬吏三輔之外均用當地人。從材料可見，官吏候補人才選拔的法律法規中，邊郡遞補名額比內郡少，但從《漢書・地理志》可知內郡、邊郡人口數量差距是很大的，內郡戶口眾多才選兩人，邊郡戶口遠遠不如卻能保證選一人，從人口比例來說，選官上對邊郡是有照顧的。東漢同樣如此，一度存在不公平的爭議，試圖調整改變。《後漢書・丁鴻傳》載，和帝永元四年（92）：

時大郡口五六十萬舉孝廉二人，小郡口二十萬並有蠻夷者亦舉二

〔註93〕《後漢書》，卷1下，第69頁。
〔註94〕《漢書》，卷88，第3594頁。

人，帝以爲不均，下公卿會議。鴻與司空劉方上言：「凡口率之科，宜有階品，蠻夷錯雜，不得爲數。自今郡國率二十萬口歲舉孝廉一人，四十萬二人，六十萬三人，八十萬四人，百萬五人，百二十萬六人。不滿二十萬二歲一人，不滿十萬三歲一人。」帝從之。〔註95〕

可見在人才選拔上，一直以來對人口較少又有少數民族的邊郡是有照顧的，甚至這種照顧嚴重地影響到人口眾多的內郡的合理權益。即使在和帝做出調整以後，從人口比例來看，邊郡仍然沒吃虧。而剛剛調整沒過幾年，《後漢書·和殤帝紀》載：和帝永元十三年（101），「詔曰：『幽、并、涼州戶口率少，邊役眾劇，束脩良吏，進仕路狹。撫接夷狄，以人爲本。其令緣邊郡口十萬以上，歲舉孝廉一人；不滿十萬，二歲舉一人；五萬以下，三歲舉一人』」〔註96〕。而反觀內郡要口二十萬以上才得歲舉一人，這是又一次在政治上優撫邊郡，鼓舞邊郡士氣，收攬人心，培養邊郡對中央的向心力。安帝永初四年（110），羌胡反亂殘破並涼，虞詡進言：「今涼土擾動，人情不安，竊憂卒然有非常之變。誠宜令四府九卿，各辟彼州數人，其牧守令長子弟皆除爲冗官，外以勸厲，答其功勤，內以拘致，防其邪計。」「更集四府，皆從詡議。於是辟西州豪傑爲掾屬，拜牧守長吏子弟爲郎，以安慰之」〔註97〕。這是優撫處於戰亂狀態涼州官吏，以鼓民心士氣，同時也有中央朝廷拘押邊郡官吏親屬爲人質以確保忠誠的私心。

《史記·平準書》載：「漢連兵三歲，誅羌，滅南越，番禺以西至蜀南者置初郡十七，且以其故俗治，毋賦稅。南陽、漢中以往郡，各以地比給初郡吏卒奉食幣物，傳車馬被具」〔註98〕。不強行改變邊郡民族社會結構、生產方式及生活方式，實行「初郡無賦」的優惠政策免賦稅，無疑是很大的優撫恩典；而內郡則有承擔支持供給的責任和負擔。《漢書·蕭望之傳》載：「故《金布令甲》曰『邊郡數被兵，離饑寒，夭絕天年，父子相失，令天下共給其費』，固爲軍旅卒暴之事也」〔註99〕。這是一種有國防動員體制色彩的關於供給保障的法律，內地對邊郡的支持被落實爲法律的明確條文。這在國力有限、生產力水平較低的歷史時期是一種很重要的政權維繫辦法，即以舉國之

〔註95〕 《後漢書》，卷37，第1268頁。
〔註96〕 《後漢書》，卷4，第189頁。
〔註97〕 《後漢書·虞詡傳》，卷58，第1866頁。
〔註98〕 《史記》，卷30，第1440頁。
〔註99〕 《漢書》，卷78，第3278頁。

力因應不虞。《續漢書·百官三》載：「大司農，卿一人，中二千石。本注曰：掌諸錢穀金帛諸貨幣。郡國四時上月旦見錢穀簿，其逋未畢，各具別之。邊郡諸官請調度者，皆爲報給，損多益寡，取相給足」〔註100〕。中央在財政調度中就注意到對邊郡用度的傾斜照顧。

《漢書·匈奴傳下》載：「漢遣長樂衛尉高昌侯董忠、車騎都尉韓昌將騎萬六千，又發邊郡士馬以千數，送單于出朔方雞鹿塞。詔忠等留衛單于，助誅不服，又轉邊穀米糒，前後三萬四千斛，給贍其食」〔註101〕。從所謂「邊穀米糒」可知，鑒於邊郡生產力水平，這麼大的突然的額外供應量很難是臨時派發加賦徵調，邊郡應該有專項的糧食儲備，用於相關龐大的支出，以備不時之需，當然材料所見的這一次是支持降附的南匈奴。而邊地這種糧食儲備估計原本也是徵調自內郡。

可見，中央對邊地在政治上人才選拔和經濟上財賦徵調等方面都有許多優撫照顧。

三、遷徙大量的人口到邊地並進行嚴格管理

邊郡往往開發較遲較弱，地廣人稀，以軍事防禦爲主，縣多戶少。秦漢從內郡遷徙大量百姓到邊郡，實邊戍邊。

秦國原是僻處西方的小國，在併吞關東六國的過程中不斷開拓邊地。爲了有效地控制新開闢的邊地，大量徵發百姓移居戍守。秦滅巴蜀，據《華陽國志·蜀志》載：周赧王元年（前314），「戎伯尙強，乃移秦民萬家實之」〔註102〕。大批地向巴蜀移民，以部分改變居民成分結構，加強秦的統治。統一後，雖有遷徙天下豪富於咸陽之舉，但由中原往邊地遷徙的規模更大。例如，秦始皇三十二年（前215），「使將軍蒙恬將兵三十萬人北擊胡，略取河南地。」「三十三年（前214），發諸嘗逋亡人、贅婿、賈人略取陸梁地，爲桂林、象郡、南海，以適遣戍。西北斥逐匈奴。自榆中並河以東，屬之陰山以爲四十四縣，城河上爲塞。又使蒙恬渡河取高闕、陽山、北假中，築亭障以逐戎人。徙謫，實之初縣」〔註103〕。對外擴張的過程中大量內郡人口外遷。《淮南子·人間訓》則載秦始皇發卒五十萬北擊遼水等，又使尉屠睢等發卒

〔註100〕《後漢書》，志26，第3590頁。
〔註101〕《漢書》，卷94下，第3798頁。
〔註102〕《華陽國志校補圖注》，卷3，第128頁。
〔註103〕《史記·秦始皇本紀》，卷6，第239、256、252、253頁。

五十萬南征百越，「伏屍流血數十萬，乃發適戍以備之」〔註104〕。數字可能不精確，數量則斷不會少。

漢代也是大量地調發貧民實邊。《史記・平準書》載：武帝時（《漢書》載爲元狩四年（前119）），「徙貧民於關以西，及充朔方以南新秦中，七十餘萬口，衣食皆仰給縣官」〔註105〕。河西四郡的漢民均徙自內郡。敦煌懸泉漢簡：

> 三九　河平元年八月戊辰朔壬午，敦煌太守賢、丞信德謂過所縣、
> 道，遣廣至司空嗇夫尹猛，收流民東海、泰山，當舍傳舍，從者如
> 律令。八月庚寅過東。（A）佐高卿二在所，官奴孫田取詣□□所。
> （B）（II 0315②）〔註106〕

邊郡遣官到內郡收攬流民來邊地安置，得到內郡勞動力，鞏固邊郡，也給內地災區災民紓困，有助於社會和國家穩定。

畢竟邊郡生存條件惡劣，非人所樂就。一生南征北戰的馬援，豪言「男兒要當死於邊野，以馬革裹屍還葬耳」，但當他領軍在嶺南，「下潦上霧，毒氣重蒸，仰視飛鳶跕跕墜水中」〔註107〕，不免向部下慨歎非常想過安逸的生活但卻已不可得。領兵專征位尊權重的將軍尚且如此，普通兵士、邊民生活之艱苦可想而知。所以當時流放邊郡，全家徙邊是僅次於死刑的懲罰之一。常對一些犯罪者用遷徙加以處罰，把他們安置在人煙稀少的邊郡。《漢書・武帝紀》載：元狩五年（前118）「徙天下奸猾吏民於邊」，元封三年（前108）「武都氐人反，分徙酒泉郡」〔註108〕。《後漢書・左雄傳》載：尚書令左雄進言懲治有罪官吏，「若被劾奏，亡不就法者，徙家邊郡，以懲其後」〔註109〕。漢代南方合浦郡就常收容有罪徙邊的官吏家屬，《漢書・毌將隆傳》載：「莽秉政，使大司徒孔光奏隆前爲冀州牧治中山馮太后獄冤陷無辜，不宜處位在中土。本中謁者令史立、侍御史丁玄自典考之，但與隆連名奏事。史立時爲中太僕，丁玄泰山太守，及尚書令趙昌譖鄭崇者爲河內太守，皆免官，徙合

〔註104〕〔西漢〕劉安撰、何寧集釋：《淮南子集釋》，中華書局，1998年，卷18，第1288～1290頁。
〔註105〕《史記》，卷30，第1425頁。
〔註106〕《敦煌懸泉漢簡釋粹》，第44頁。
〔註107〕《後漢書・馬援傳》，卷24，第841、836頁。
〔註108〕《漢書》，卷6，第179、194頁。
〔註109〕《後漢書》，卷61，第2018頁。

浦」〔註110〕。《漢書‧息夫躬傳》載：息夫躬之母「聖棄市，妻充漢與家屬徙合浦。」「方陽侯寵及右師譚等，皆造作奸謀，罪及王者骨肉，雖蒙赦令，不宜處爵位，在中土。皆免寵等，徙合浦郡」〔註111〕。合浦與中土對稱，「徙合浦」是兩漢書中出現頻率很高的句子。

　　爲了使邊民在邊地生息，政府千方百計以種種便利予以安置。《漢書‧晁錯傳》載：

> 晁錯進言：邊郡募民徙塞下，選常居者，家室田作，且以備之。以便爲之高城深塹，具藺石，布渠荅，復爲一城其内，城間百五十步。要害之處，通川之道，調立城邑，毋下千家，爲中周虎落。先爲室屋，具田器，乃募辠人及免徒復作令居之；不足，募以丁奴婢贖辠及輸奴婢欲以拜爵者；不足，乃募民之欲往者。皆賜高爵，復其家。予冬夏衣，稟食，能自給而止。郡縣之民得買其爵，以自增至卿。其亡夫若妻者，縣官買予之。……胡人入驅而能止其所驅者，以其半予之，縣官爲贖其民。……下吏誠能稱厚惠，奉明法，存恤所徙之老弱，善遇其壯士，和輯其心而勿侵刻，使先至者安樂而不思故鄉，則貧民相募而勸往矣。臣聞古之徙遠方以實廣虛也，相其陰陽之和，嘗其水泉之味，審其土地之宜，觀其草木之饒，然後營邑立城，制里割宅，通田作之道，正阡陌之界，先爲築室，家有一堂二内，門户之閉，置器物焉，民至有所居，作有所用，此民所以輕去故鄉而勸之新邑也。爲置醫巫，以救疾病，以修祭祀，男女有昏，生死相卹，墳墓相從，種樹畜長，室屋完安，此所以使民樂其處而有長居之心也。〔註112〕

具體措施很細緻，設想很周全。西北出土居延等漢簡記載戍卒及其家屬領取稟食、衣物的情況也能反映和印證相關的安置措施。政府還將邊民編制卒伍，教民以戰，保衛邊疆。

　　兩漢定制邊人不得内徙，嚴禁改變籍貫住地，除非朝廷特准。《後漢書‧張奐傳》載：「張奐字然明，敦煌淵泉人也。父惇，爲漢陽太守。」雖其父爲二千石長吏，卻未見被徙家內地。張奐能文能武，舉賢良對策第一，擢拜議

〔註110〕《漢書》，卷77，第3266頁。
〔註111〕《漢書》，卷45，第2187頁。
〔註112〕《漢書》，卷49，第2286、2288頁。

郎。歷任安定屬國都尉，使匈奴中郎將，武威太守，度遼將軍，大司農等職，有政聲威惠，官至九卿，但仍不能改變邊人籍貫。桓帝延熹九年（166），朝廷「復拜奐爲護匈奴中郎將，以九卿秩督幽、并、涼三州及度遼、烏桓二營兼察刺史、二千石能否，賞賜甚厚。」桓帝永康元年（167），擊東羌、先零騎寇，「大破之，斬其酋豪，首虜萬餘人，三州清定。論功當封，奐不事宦官，故賞遂不行，唯賜錢二十萬，除家一人爲郎。並辭不受，而願徙屬弘農華陰。舊制邊人不得內移，唯奐因功特聽，故始爲弘農人焉。」以能獲封侯的戰功經申請得到皇帝特准才由敦煌邊郡內徙弘農。後張奐以黨罪遭陷歸田。恰逢結怨的段熲爲司隸校尉正轄治弘農郡，「欲逐奐歸敦煌，將害之」〔註113〕，張奐爲求家門安寧不得不哀詞奏記向熲告訴，受憐惜才獲免得善終，其中之曲折正反映邊人不得內移的制度受嚴格執行。

　　邊地人口是一種重要的資源。與禁民內徙恰恰相反，戰亂時，局勢已無可挽回，不得不將邊郡邊民內徙，而這時又不准邊民戀鄉土，以免人力物力資敵。《後漢書・西羌傳》載，安帝永初五年（111）：

> 羌既轉盛，而二千石、令、長多內郡人，並無戰守意，皆爭上徙郡縣以避寇難。朝廷從之，遂移隴西徙襄武，安定徙美陽，北地徙池陽，上郡徙衙。百姓戀土，不樂去舊，遂乃刈其禾稼，發徹室屋，夷營壁，破積聚。時連旱蝗饑荒，而驅□劫略，流離分散，隨道死亡，或棄捐老弱，或爲人僕妾，喪其大半。〔註114〕

邊民備受荼毒，可憐極了。其中慘痛，安定郡的時人王符在《潛夫論・實邊》中載：

> 且夫安土重遷，戀慕墳墓，賢不肖之所同也。民之於徙，甚於伏法。伏法不過家一人死爾。諸亡失財貨，奪土遠移，不習風俗，不便水土，類多滅門，少能還者。代馬望北，狐死首丘，邊民謹頓，尤惡內留。雖知禍人猶願守其緒業，死其本處，誠不欲去之也。太守令長，畏惡軍事，皆以素非此土之人，痛不著身，禍不及我家，故爭郡縣以內邊。至遣吏兵，發民禾稼，發徹屋室，夷其營壁，破其生業，強劫驅掠，與其內入，捐棄羸弱，使死其處。當此之時，萬民怨痛，泣血叫號，誠愁鬼神而感天心。然小民謹劣，不能自達

〔註113〕《後漢書》，卷65，第2138～2141頁。
〔註114〕《後漢書》，卷87，第2887～2888頁。

關廷，依官吏家，迫將威嚴，不敢有摯。民既奪土失業，又遭蝗旱

饑饉，逐道東走，流離分散，幽、冀、兗、豫、荊、揚、蜀、漢，

饑餓死亡，復失太半，邊地遂以丘荒，至今無人。原禍所起，皆吏

過爾。〔註115〕

從中可見邊民行動自由是受政府嚴格控制的，而腐敗無能的政府官員懦弱自
私的作爲直接造成邊民巨大的災難。普通邊民內徙當然與張奐這類全國知
名的高官顯宦不同，因爲他們是難民，離鄉背土就將衣食無著，顛沛流離，
動亂年代更將前途未卜，所以他們並不願離開生長熟悉的鄉土。從中也可
見社會各階層利益的背離，矛盾尖銳激化，釀成巨大的人間悲劇。「其秋，漢
陽人杜琦及弟季貢、同郡王信等與羌通謀，聚眾人上邽城，琦自稱安漢將
軍」〔註116〕。有許多走投無路的漢民參加羌人的起義與羌人滇零政權合作，
共同反抗東漢黑暗統治，加速了東漢的衰亡。而出現這種不准內徙和強制內
徙看似相反矛盾的法令政策要求，恰恰說明邊民作爲邊郡政權組織的根本，
對政權維繫根本性的意義，政府不得不嚴格控制，由其反覆也可見邊郡治理
之難。

　　爲保障邊郡軍備需要，對人口管理嚴格。嚴格控制轄區的人口移動，嚴
禁外逃內徙，關防檢驗細密，出入須有文書憑證。戍卒中不少有罪過罰戍邊，
不得輕易脫逃；兵役、財用徵發要求嚴，不得脫逃。居延漢簡：

永始五年閏月己巳朔丙子，北鄉嗇夫忠敢言之：義成里崔自當自言

爲家私市居延，謹案自當毋官獄徵事，當得取傳，謁移肩水金關、

居延縣索關敢言之。閏月丙子，櫟得丞彭移肩水金關、居延縣索關，

書到如律令。掾晏令史建（15‧19）〔註117〕

出入得取傳，聲明無官獄徵事方能得傳，過關須驗傳。

始元七年閏月甲辰，居延與金關爲出入六寸符券齒百，從第一至千，

左居官，右移金關，符合以從事‧第八（65‧7）〔註118〕

出入符券是事先準備好的，控制嚴格。

　　總之，秦漢從內地遷徙大量百姓到邊地，實行嚴格控制，以鞏固邊地。

〔註115〕《潛夫論箋校正》，第281～282頁。
〔註116〕《後漢書》，卷87，第2888頁。
〔註117〕《居延漢簡釋文合校》，第24～25頁。
〔註118〕《居延漢簡釋文合校》，第113頁。

四、中央經常專門派出使者巡視邊地情況

　　秦漢設置有專門的職官以司監督。在中央，官員可以互相監司糾舉，御史大夫副丞相則主司監察，東漢後三公職權虛化，監察職權由御史中丞主持。丞相府西漢武帝時曾改設司直監司朝臣，光武時省。漢武帝時起還設司隸校尉監察朝官。在地方，秦代各郡有監御史，負責監督地方行政。與郡守、尉鼎足而立。漢初廢郡監，改由丞相府掾不定時巡行地方，漢武以後設州部刺史。郡府設督郵、縣衙設廷掾監督所屬轄區。皇帝有時還派遣使者瞭解各地政風民情。這些機構官職，均有利於檢驗、修正各級機構工作的質量和效率。

　　朝廷對邊地治理也相當關心重視，專門派出行塞使者、勞邊使者等，巡視邊防前線，及時發現問題，解決問題。這是中央瞭解邊情、撫慰邊軍的重要的手段和方式。此制過往不為人所知，未受重視。西北出土的簡牘中卻有一些記載。居延漢簡：

　　　　☑使者楊君至都亭（74・17）〔註119〕

　　　　☑與循兵使者從事☑（135・2）〔註120〕

居延新簡：

　　　　☑行塞使者、勞邊使者，太守君柱馬☑。（EPT52・616）〔註121〕

　　　　☑坐勞邊使者過郡飲，適鹽三十石輸官。（EPT51・323）〔註122〕

　　　　☑□迎使者□不移卒□□□☑（EPT52・745）〔註123〕

敦煌漢簡：

　　　　使者魯詣幕府（九八九）

　　　　使者魯詣□□（九九一）〔註124〕

到敦煌的使者也可能是出使西域的使者。從現在材料可知，這些使者的數量是較多的，可能這種巡視是一種中央對邊地治理常態性的舉措。還有所謂護郡使者。敦煌懸泉漢簡：

〔註119〕《居延漢簡釋文合校》，第 131 頁。

〔註120〕《居延漢簡釋文合校》，第 224 頁。

〔註121〕《居延新簡：甲渠候官》，第 116 頁。

〔註122〕《居延新簡：甲渠候官》，第 85 頁。

〔註123〕《居延新簡：甲渠候官》，第 119 頁。

〔註124〕《敦煌漢簡》，第 257 頁。

三一　……護郡使者視事史治，承合檄詣郡，告治所張掖䴵得吏馬行。（B）（Ⅱ0114③：447）〔註125〕

此簡出現在懸泉，但簡文使者護郡，而從文意來看所指郡當爲張掖。

八三　永光三年正月丁亥朔丁未，淵泉丞光移縣（懸）泉置，遣廄佐賀持傳車馬迎使者董君、趙君，所將客柱（住）淵泉。留棄茭，今寫券墨移書，受薄（簿）入，二月報，毋令謬。如律令。（Ⅰ0111②：3）〔註126〕

居延漢簡：

吞遠候史李赦之

三月辛亥迹，盡丁丑積二十七日。從萬年隧北界，南盡次吞隧南界，毋人馬蘭越塞天田出入迹，三月戊寅，送府君至卅進縣索關，因送御史李卿居延，盡庚辰積三日不迹。（206・2）〔註127〕

這裡出現的御史李卿可能就是巡邊使者。這些使者當與武帝正式設立刺史前，丞相、御史大夫府掾屬出巡地方類似。武帝元封五年（前106）設刺史後，刺史以六條問事分部監察地方。宣帝地節二年（前68）丞相還有派出掾史出外巡邊，檢查過問軍隊邊防工作。居延漢簡：

地節二年六月辛卯朔丁巳，肩水候房謂候長光：官以姑臧所移卒被兵本籍爲行邊兵，丞相史王卿治卒被兵，以校閱亭隧。卒被兵皆多冒亂不相應或易處不如本籍。今寫所治亭別被兵籍並編移。書到，光以籍閱具卒兵，兵即不應籍，更實定此籍。隨即下所在亭，各實弩力石射步數，令可知齎事詣官。會月廿八日夕須以集。爲丞相史王卿治事課後，不如會日者必報，毋忽如律令。（7・7A）〔註128〕

敦煌懸泉漢簡：

五一　十一月丁巳，中郎安意使領護敦煌、酒泉、張掖、武威、金城郡農田官、常平糴（糴）調均錢穀，以大司丞印封下敦煌、酒泉、張掖、武威、金城郡太守，丞書從事下當用者，破羌將軍軍吏士畢已過，具移所給吏士賜裝（裝）實……（Ⅱ0114②：293）〔註129〕

〔註125〕《敦煌懸泉漢簡釋粹》，第35～36頁。
〔註126〕《敦煌懸泉漢簡釋粹》，第72頁。
〔註127〕《居延漢簡釋文合校》，第319頁。
〔註128〕《居延漢簡釋文合校》，第11頁。
〔註129〕《敦煌懸泉漢簡釋粹》，第52頁。

農田、常平、均輸等項，中央會派出中郎（秩比六百石）專門領護管理，此中郎可能兼有大司（農）丞職（西漢秩千石）。可能爲在涼州的大司農部丞（東漢六百石）。《史記·平準書》載：武帝時桑弘羊「請置大農部丞數十人，分部主郡國，各往往縣置均輸鹽鐵官」〔註130〕。《漢書·平帝紀》載：元始元年，置「大司農部丞十三人，人部一州，勸農桑」〔註131〕。

《漢書·杜周傳》載：「杜周，南陽杜衍人也。義縱爲南陽太守，以周爲爪牙，薦之張湯，爲廷尉史。使案邊失亡，所論殺甚多。」顏師古注引文穎曰：「邊卒多亡也。或曰，郡縣主守有所亡失也。」師古曰：「此說皆非也。謂因虜入爲寇，而失人畜甲兵倉廩者也」〔註132〕。據文意則三種失亡均當有，而廷尉史也案邊事，可能是審理或糾察邊地的相關罪案。

朝廷派出使者和其他重要職官來參與對邊地的控制和治理，突出顯示邊地的重要性、治理的複雜性和特殊性。

第四節　治理成本和制度啓示

一、治理的成本

邊地的治理事實上也存在著規模和成本問題，這涉及到探測帝國擴張可能的邊界線。歷史的前進發展中，一定的制度必須提高其效率，否則舊的制度形式在新形勢下將會被新的制度形式所取代。任何制度的運行都需要成本，社會存在不確定性，各項要素的交易是有代價的。在這個廣土眾民的國家中維持中央集權專制體制是一項艱難的任務，帝國的外緣不能無限擴張，對邊地的治理也是有費用的，理論上，從經濟學交易成本的角度來推論，或者可以說，國家的規模不可能無限擴大，其限度是利用國家形式治理社會的成本等於放棄國家形式的族群存在成本，如果前者大於後者，那麼治理狀態是極不穩定的。治理成本關係到治理成敗，邊地存廢。而治理成本、邊地存廢的爭論可以說是帝國邊緣的探測。

對邊地的開拓治理對於中央王朝來說，是一項負擔沉重的事業。秦始皇統一全國，軍力極盛，但南征北伐開拓邊疆，還是不堪重負。西漢初年休養

〔註130〕《史記》，卷30，第1441頁。
〔註131〕《漢書》，卷12，第351頁。
〔註132〕《漢書》，卷60，第2659頁。

生息，到漢武帝，國力強盛，開拓進取，但最後也是不堪重負，被迫下輪臺罪己詔，改弦更張。這還是國力鼎盛時代、有爲強勢的君主，更無遑論國力較弱時代、能力較差的皇帝了。《後漢書・袁安傳》載：和帝時，竇憲欲立匈奴降王阿佟爲北單于如南單于故事，袁安認爲不可，上封事中有云「漢故事，供給南單于費直歲一億九十餘萬，西域歲七千四百八十萬」〔註133〕，費用巨大，已經成爲政府的沉重負擔。《後漢書・西羌傳》載：東漢安帝時，「自羌叛十餘年間，兵連師老，不暫寧息。軍旅之費轉運委輸，用二百四十餘億，府帑空竭。延及內郡，邊民死者不可勝數，並涼二州遂至虛耗」〔註134〕。這種巨大的財富消耗並不是短時間能積聚的。

邊地的經營需頗費心力。邊地作爲政治統治最遠的末梢，是控制最薄弱的部分，在國力衰弱的時期，朝廷不免力不從心，治理出現危機，在轄地邊緣驗證著王朝的實行力的強弱。在朝廷內部圍繞著這些棘手的問題，也屢次出現是否應該棄邊的爭論。

元帝朝有過是否放棄珠崖討論。《漢書・元帝紀》載：初元三年（前46），「珠崖郡山南縣反，博謀群臣。待詔賈捐之以爲宜棄珠崖，救民飢饉。乃罷珠崖」〔註135〕。《漢書・賈捐之傳》記載詳細：

> 初，武帝征南越，元封元年立儋耳、珠崖郡，皆在南方海中洲居，廣袤可千里，合十六縣，戶二萬三千餘。其民暴惡，自以阻絕，數犯吏禁，吏亦酷之，率數年一反，殺吏，漢輒發兵擊定之。自初爲郡至昭帝始元元年，二十餘年間，凡六反叛。至其五年，罷儋耳郡，並屬珠崖。至宣帝神爵三年，珠崖三縣復反。反後七年，甘露元年，九縣反，輒發兵擊定之。元帝初元元年，珠崖又反，發兵擊之。諸縣更叛，連年不定。上與有司議大發軍，捐之建議，以爲不當擊，上使侍中駙馬都尉樂昌侯王商詰問捐之曰：「珠崖內屬爲郡久矣，今背畔逆節，而云不當擊，長蠻夷之亂，虧先帝功德，經義何以處之？」

賈捐之分析指出：

> 今天下獨有關東，關東大者獨有齊楚，民眾久困，連年流離，離其

〔註133〕《後漢書》，卷45，第1521頁。
〔註134〕《後漢書》，卷87，第2891頁。
〔註135〕《漢書》，卷9，第283頁。

城郭，相枕席於道路。人情莫親父母，莫樂夫婦，至嫁妻賣子，法不能禁，義不能止，此社稷之憂也。今陛下不忍悁悁之忿，欲驅士眾擠之大海之中，快心幽冥之地，非所以救助飢饉，保全元元也。……臣竊以往者羌軍言之，暴師曾未一年，兵出不踰千里，費四十餘萬萬，大司農錢盡，乃以少府禁錢續之。夫一隅為不善，費尚如此，況於勞師遠攻，亡士毋功乎！……願遂棄珠厓，專用恤關東為憂。

對奏，上以問丞相御史。御史大夫陳萬年以為當擊；丞相于定國以為「前日興兵擊之連年，護軍都尉、校尉及丞凡十一人，還者二人，卒士及轉輸死者萬人以上，費用三萬萬餘，尚未能盡降。今關東困乏，民難搖動，捐之議是。」上乃從之，遂下詔曰：「珠厓虜殺吏民，背畔為逆，今廷議者或言可擊，或言可守，或欲棄之，其指各殊。朕日夜惟思議者之言，羞威不行，則欲誅之；狐疑辟難，則守屯田；通於時變，則憂萬民。夫萬民之饑餓，與遠蠻之不討，危孰大焉？且宗廟之祭，凶年不備，況乎辟不嫌之辱哉！今關東大困，倉庫空虛，無以相贍，又以動兵，非特勞民，凶年隨之。其罷珠厓郡。民有慕義欲內屬，便處之；不欲，勿強。」珠厓由是罷。〔註136〕

這次棄邊是對武帝朝開邊的收縮，武帝雖完成了對南越的征服，但之後的治理、開發和當地民眾向心歸化卻非短時間可以完成，官民矛盾尖銳，從昭帝朝的罷儋耳到元帝朝的罷珠厓，邊境線越來越反映出國力削弱狀態下理性行政的回歸，棄邊雖關係到君主的顏面，但在維繫政權穩固的現實面前，利害取捨之中兩害相權取其輕，治理成本決定了治理成敗。

東漢對西域的態度屢有反覆，歸根結底還是治理成本的問題。《後漢書‧西域傳》載：「王莽篡位，貶易侯王，由是西域怨叛，與中國遂絕，並復役屬匈奴。匈奴斂稅重刻，諸國不堪命，建武中，皆遣使求內屬，願請都護。光武以天下初定，未遑外事，竟不許之。」「自建武至於延光，西域三絕三通」〔註137〕。光武一代雄主中興漢室，對西域也是力有不及。

東漢對西域的治理存在選擇，是派漢人去治理好，還是扶植土著代理人

〔註136〕《漢書》，卷64下，第2830、2833～2834、2835頁。
〔註137〕《後漢書》，卷88，第2909、2912頁。

來治理好。漢在西域扶植代理人的好處是：受西域政治臣服和物質貢納，如玉石、駱駝、葡萄和西域幻人等；不受到匈奴和西域屬國反叛勢力的直接攻擊，不承擔治理的行政成本和軍事費用，基本上沒有大的支出，大大節省財政開支；保證與西域經貿、文化交流的持續暢通，但這在秦漢對內地而言吸引力和重要性並不非常大，商業的利益在國家決策權衡中並沒有舉足輕重的地位。要付出的代價是：承認代理人在西域的控制權，自己不能直接治理。和代理人分享治理收益，代理人收穫治理的主要好處；當代理人的統治在受到匈奴和其他屬國的威脅時，要堅定地支持，除了道義支持外，必要時要提供軍事和經濟援助。

其實首先做扶植代理人嘗試的是兩漢之際割據河西的竇融。《後漢書·西域傳》載：

> 莎車國西經蒲犁、無雷至大月氏，東去洛陽萬九百五十里。匈奴單于因王莽之亂，略有西域，唯莎車王延最強，不肯附屬。元帝時，嘗爲侍子，長於京師，慕樂中國，亦復參其典法。常勅諸子，當世奉漢家，不可負也。天鳳五年，延死，諡忠武王。子康代立。光武初，康率傍國拒匈奴，擁衛故都護吏士妻子千餘口，檄書河西，問中國動靜，自陳思慕漢家。建武五年，河西大將軍竇融乃承制立康爲漢莎車建功懷德王、西域大都尉，五十五國皆屬焉。〔註138〕

莎車王延是個很合適的漢在西域代理人人選：爲侍子長在京師長安，慕樂中國，知朝廷禮法，知所畏懼，教子弟忠於漢，可見其忠；不願臣服於匈奴，控制西域方面，匈奴一直是漢的競爭者；莎車在西域有相當的實力，能依靠自身和與國的力量較好地控制和治理西域。兩漢之際，竇融集團控制河西，在各軍閥集團鬥爭中保存實力，守有餘，攻不足，很明智地沒有在西域多生是非，順水推舟臨時性承認了莎車在西域的勢力擴張和利益，發展友好聯繫。並首開中原漢人政治勢力承認土著首領對西域全局控制的先例。對於武帝開邊、昭宣努力經營的舊土，在漢廷統一有力量時，這顯然是難以想像的，而竇融也有其不得已之處。在當時來看，莎車王康擁衛故都護吏士妻子，表明忠心態度，漢地政權也確實應該有所報答。

> 九年，康死，諡宣成王。弟賢代立，攻破拘彌、西夜國，皆殺其王，而立其兄康兩子爲拘彌、西夜王。十四年，賢與鄯善王安並遣使詣

〔註138〕《後漢書》，卷88，第2923頁。

闕貢獻，於是西域始通。蔥嶺以東諸國皆屬賢。十七年，賢復遣使奉獻，請都護。天子以問大司空竇融，以爲賢父子兄弟相約事漢，款誠又至，宜加號位以鎮安之。帝乃因其使，賜賢西域都護印綬，及車旗黃金錦繡，敦煌太守裴遵上言：「夷狄不可假以大權，又令諸國失望。」詔書收還都護印綬，更賜賢以漢大將軍印綬。其使不肯易，遵迫奪之，賢由是始恨。而猶詐稱大都護，移書諸國，諸國悉服屬焉，號賢爲單于。〔註139〕

莎車依靠自身的力量擴張，同時向東漢尋求支持。請都護，很大程度上是探測東漢中央對其在西域統治的容忍底線。光武問竇融體現的是對河西原有做法的尊重。而竇融會建議光武承認莎車利益，與其以前的政治實踐及嘗試帶來收益一脈相承。光武代表的雖然爲中央政權，但當時的國力狀況並沒有比竇融在河西的無力向西域擴張處境好多少，他向竇融徵詢並接受意見，也是務實的做法，後世人對光武對外不求進取的評斷有意氣用事的成分。《左傳》成公二年載：「唯器與名，不可以假人」〔註140〕。又或許光武初爲政，對西域情勢並沒有較多的研究，對西域都護名位的象徵意義並沒有深刻的認知，對授權並沒有長久的打算，行事有失策之處。敦煌太守裴遵作爲身處一線的長官，熟悉西域事務，洞明當時情勢，從中央利益出發，順應西域諸國的意願，反對封莎車王賢爲西域都護，上書光武帝報告情況，更改前議。雖然後來光武限於國力，沒有派遣都護，出兵西域，但事實上也放棄了在西域扶植代理人的政策，爲後世再派出都護主掌西域，埋下伏筆。

賢浸以驕橫，重求賦稅，數攻龜茲諸國，諸國愁懼。二十一年冬，車師前王、鄯善、焉耆等十八國俱遣子入侍，獻其珍寶。及得見，皆流涕稽首，願得都護。天子以中國初定，北邊未服，皆還其侍子，厚賞賜之。是時賢自負兵強，欲并兼西域，攻擊益甚，諸國聞都護不出而侍子皆還，大憂恐，乃與敦煌太守檄，願留侍子以示莎車，言侍子見留，都護尋出，冀且息其兵。裴遵以狀聞，天子許之。二十二年，賢知都護不至，遂遺鄯善王安書，令絕通漢道，安不納而殺其使。賢大怒，發兵攻鄯善。安迎戰，兵敗，亡入山中，賢殺略千餘人而去。其冬，賢復攻殺龜茲王，遂兼其國。鄯善、焉耆諸國

〔註139〕《後漢書》，卷88，第2924～2925頁。
〔註140〕《十三經注疏》，卷25，第1894頁。

侍子久留敦煌，愁思，皆亡歸。鄯善王上書，願復遣子入侍，更請
都護，都護不出，誠迫於匈奴。天子報曰：「今使者大兵未能得出，
如諸國力不從心，東西南北自在也。」於是鄯善、車師復附匈奴，
而賢益橫。媂塞王自以國遠，遂殺賢使者。賢擊滅之，立其國貴人
駒鞬為媂塞王。賢又自立其子則羅為龜茲王，賢以則羅年少，乃分
龜茲為烏壘國，徙駒鞬為烏壘王。又更以貴人為媂塞王。數歲，龜
茲國人共殺則羅、駒鞬，而遣使匈奴，更請立王。匈奴立龜茲貴人
身毒為龜茲王，龜茲由是屬匈奴。〔註141〕

莎車王賢有點得意忘形，他想主宰西域，但事實上又沒有壓倒性的實力、合
法性的名份、足夠的威信和能力，倒行逆施弄得西域天怒人怨，難以控制。
對漢來說，他並不是扶植代理人較好人選。事實上漢也放棄了在西域扶植代
理人的治理思路。西域在求東漢不得後，不少部族轉投匈奴。匈奴等外部強
大勢力的介入，不樂見西域的一體化，這也是莎車、于寘等西域土著勢力無
力全盤控制西域的重要原因。而綜合來看治理成本則是妨礙東漢重新控制西
域的主要因素。

　　東漢中後期圍繞羌亂，朝廷還存在過棄涼州之爭。安帝永初四年（110），
謁者龐參提出、大將軍鄧騭也傾向贊同因財政、後勤困難放棄涼州，把涼州
漢人撤往關中。《後漢書・龐參傳》載：

四年，羌寇轉盛，兵費日廣，且連年不登，穀石萬餘。參奏記於鄧
騭曰：「比年羌寇特困隴右，供徭賦役為損日滋，官負人責數十億萬。
今復募發百姓，調取穀帛，衒賣什物，以應吏求。外傷羌虜，內困
徵賦。遂乃千里轉糧，遠給武都西郡。塗路傾阻，難勞百端，疾行
則鈔暴為害，遲進則穀食稍損，運糧散於曠野，牛馬死於山澤。縣
官不足，輒貸於民。民已窮矣，將從誰求？名救金城，而實困三輔。
三輔既困，還復為金城之禍矣。參前數言宜棄西域，乃為西州士大
夫所笑。今苟貪不毛之地，營恤不使之民，暴軍伊吾之野，以慮三
族之外，果破涼州，禍亂至今。夫拓境不寧，無益於強，多田不耕，
何救饑敝！故善為國者，務懷其內，不求外利，務富其民，不貪廣
土。三輔山原曠遠，民庶稀疏，故縣丘城，可居者多。今宜徙邊郡
不能自存者，入居諸陵，田戍故縣。孤城絕郡，以權徙之，轉運遠

費，聚而近之，徭役煩數，休而息之，此善之善者也。」鷖及公卿
以國用不足，欲從參議，眾多不同，乃止。〔註142〕

來自別州在涼州任職的各級在任官吏也爲自身安全求內徙。「並無守戰意，皆爭上徙郡縣以避寇難」〔註143〕。事實上一些郡如隴西、安定、北地、上郡也都被迫暫時內徙。《後漢書‧虞詡傳》載：

> 永初四年，羌胡反亂，殘破并涼。大將軍鄧鷖以軍役方費，事不相贍，欲棄涼州，並力北邊，乃會公卿集議。鷖曰：「譬若衣敗，壞一以相補，猶有所完。若不如此，將兩無所保。」議者咸同。詡聞之，乃說李脩曰：「竊聞公卿定策當棄涼州，求之愚心，未見其便。先帝開拓土宇，劬勞後定，而今憚小費，舉而棄之。涼州既棄，即以三輔爲塞，三輔爲塞，則園陵單外。此不可之甚者也。諺曰：『關西出將，關東出相』。觀其習兵壯勇，實過餘州。今羌胡所以不敢入據三輔，爲心腹之害者，以涼州在後故也。其土人所以推鋒執銳，無反顧之心者，爲臣屬於漢故也。若棄其境域，徙其人庶，安土重遷，必生異志。如使豪雄相聚，席卷而東，雖賁育爲卒，太公爲將，猶恐不足當禦。議者喻以補衣猶有所完，詡恐其疽食侵淫而無限極，棄之非計。」脩曰：「吾意不及此。微子之言，幾敗國事。然則計當安出？」詡曰：「今涼土擾動，人情不安，竊憂卒然有非常之變，誠宜令四府九卿，各辟彼州數人，其牧守令長子弟皆除爲冗官，外以勸屬，答其功勤，內以拘致，防其邪計。」脩善其言，更集四府，皆從詡議。於是辟西州豪桀爲掾屬，拜牧守長吏子弟爲郎，以安慰之。〔註144〕

在朝的太尉郎中虞詡擔心可能出現涼州漢人豪強割據、反抗朝廷的局面，後果不堪設想。建議優撫涼州官吏士民，鼓舞士氣。家鄉在涼州的官吏和士人百姓也反對放棄涼州。雖然棄涼州並未實行，但戰亂還是帶來巨大的破壞，事實上付出東漢幾乎難以承擔的治理成本。

靈帝中平元年（184），涼州再次發生大規模叛亂。出身涿州的丞相崔烈認爲應放棄涼州，出身涼州北地靈州的議郎傅燮反對。《後漢書‧傅燮傳》載：

〔註142〕《後漢書》，卷51，第1688頁。
〔註143〕《後漢書‧西羌傳》，卷87，第2887頁。
〔註144〕《後漢書》，卷58，第1866頁。

會西羌反，邊章、韓遂作亂隴右，徵發天下，役賦無己。司徒崔烈
以爲宜棄涼州，詔會公卿百官，烈堅執先議。燮屬言曰：「斬司徒，
天下乃安。」尚書郎楊贊奏燮廷辱大臣，帝以問燮。燮對曰：「昔冒
頓至逆也，樊噲爲上將，願得十萬眾橫行匈奴中，憤激思奮，未失
人臣之節，顧計當從與不耳，季布猶曰『噲可斬也！』今涼州天下
要衝，國家藩衛。高祖初興，使酈商別定隴右，世宗拓境，列置四
郡，議者以爲斷匈奴右臂。今牧御失和，使一州叛逆，海內爲之騷
動，陛下臥不安寢。烈爲宰相，不念爲國思所以弭之之策，乃欲割
棄一方萬里之土，臣竊惑之。若使左衽之虜得居此地，士勁甲堅，
因以爲亂，此天下之至慮，社稷之深憂也。若烈不知之，是極蔽也，
知而故言，是不忠也。」帝從燮議，由是朝廷重其方格。每公卿有
缺，爲眾議所歸。〔註145〕

局勢的惡化不以人們的情感而改易，忠於東漢的傅燮後任漢陽太守被叛軍殺
死，統治最終還是無法維持。

邊地的治理成效最終還是要回歸基本面，雖然不同地域不同對象，治理
方式做法可能會有不同，但降低成本的實質要求還是一樣的。從局勢變化到
政策變化再到制度變化是有其內在的聯繫，再加上戰時平時變化，民族關係
等動量，很多歷史現象背後有極複雜的因素。在一個國家的社會發展中，各
項制度無疑都具有重要的作用。而且制度是會發生演化變遷的，變遷的原因
之一就是相對節約治理費用，降低制度成本，提高制度效益。所以制度變遷
可以理解爲一種治理較好收益更高的制度形式對另一種治理較差收益較低的
制度的替代過程。因此，上述的邊地開拓與放棄史實及其爭論，各種治理政
策的變化都可以看作是制度的發展探索，而這種探索的動力則是治理成本。

二、制度的啓示

邊地治理是個複雜的社會系統工程，是一個在實踐中摸索完善的過程。
在治理中會碰到許多問題，面臨各種困境，給治理者提出許多棘手難解決卻
又無法迴避的課題。爲了實現治理的目標，政權執政者在決策論爭過程中，
綜合考慮各種因素作出取捨；地方執行者根據當地客觀實際貫徹各項具體
的政策，實現行政設計的意圖，遵循制度化的安排，讓制度發揮的實踐效果

〔註145〕《後漢書》，卷58，第1875～1876頁。

作用。這種複雜的治理過程實非三言兩語所能概括說清的，而在這種經年累月的探索中，治理思想還會因時勢發生發展變化，也是很難對制度探索下一個準確的結論，但宏觀去看秦漢時期的治理績效和成果，還是應該說，邊地治理取得了巨大的成就，有重要的意義，在中國邊地治理史上留下深遠的影響。

秦漢時期邊地的治理奠定了中國疆域大致面貌。留下了許多寶貴經驗，如移民、屯田、對少數民族進行優撫照顧。民族文化交流過程中，互惠互利，共存共榮的原則，你中有我，我中有你等等。也提供了許多深刻的教訓，局部地區一些時期一些分歧矛盾處理方式和方法是有問題的。例如東漢對羌人的民族壓迫和歧視，兵連禍結，給各族人民帶來巨大的災難。

邊地治理實踐說明，從制度上看邊地特色有其必然性。秦漢是大一統的中央集權專制帝國，邊地的概念是與中原相對而言的，邊地的開拓是中央對外的征服，所謂治理事實上是中央政策意圖在邊地的推行，中原文化的傳播推廣。而在邊地統治中最大的矛盾其實是中央與地方的矛盾，還絞纏著外來與土著利益的衝突。按照中原的標準，治理事實上是要向內郡看齊，戶口財稅經濟開發、禮義教化文化傳播都是如此。而要改變邊地原來的社會格局或者自然的面貌，派遣的外來的官員在治理中無法迴避各種力量的互動角力，無法掩蓋中央意圖與地方實際的矛盾衝突。在邊地中，代表中原定居的農業文明與邊地游牧業或者原始的采集、混合經濟文明的矛盾，不同的生產方式對資源利用的矛盾都尖銳地表現出來。怎樣緩和或解決這些矛盾，從秦漢的實踐來看，邊地實行特製是一種必然的選擇。邊地與普通內郡實行不同的管理體制，按人口、民族分佈的地理差異，生產方式的差異，因地制宜，才能最大限度地緩解矛盾，將治理成本降到最低限度。道制、屬國制度，優撫少數民族上層，對少數民族的羈縻與牽制都在歷史上有其地位，發揮了相當的功能，取得較好的效果。輕繇薄賦符合邊地的經濟實際，甚至於分化離間和以夷制夷等謀略都最大限度穩定著邊地的局勢。邊郡注重軍備，屯田守邊戍邊，也有力的捍衛了邊疆，鞏固了經濟開發文化交流的成果。這些都說明實行邊地特製有其必然性，只有邊地與內地經濟發展水平和文化差異縮小到一定程度，地方行政體制的整齊劃一才有可能，治理大成才可預期。

邊地治理的研究表明，西北邊地治理在歷史上有其典範性。歷朝在邊防上會重西北，無一例外，是要嚴防游牧民族對中原的侵擾。讓西北邊地吃重

的主要是民族問題和軍事問題。這種基於生產方式的差異和軍事地理因素，構成對當時的中央政權難以化解的巨大威脅。

有學者認為，歷史上中國的北部與南部邊疆性質有很大的不同：北部邊疆由於其自然條件和生產方式與中原有巨大差異，中原政權從上到下對北邊並沒有太多的征服和利用的興趣和可能，他們還時時恐懼受到北方游牧民族的入侵；而南部邊疆的自然條件和生產方式則與中原比較接近，統治者和生產者都有強烈的興趣和可能來佔領和開發南部邊疆，對南方土著民族也沒有太多的戒備心〔註146〕。這種分析是有見地的。秦漢時期就有明顯的重北輕南的治邊傾向，其中尤重西北。中國北邊長城塞外廣地厚土，許多地方氣候等自然條件主要適宜游牧，不適合發展定居農耕。秦漢時期在這些地區主要生息匈奴、烏桓、鮮卑、羌等少數民族。他們性勇悍，善騎射，習征伐，對秦漢政權關中、中原統治核心區威脅很大。南方邊地千山萬水，自然條件相對適宜定居農耕和小範圍游牧，生息少數民族眾多，互不統屬，對秦漢政權威脅較小。所以秦漢政權在治邊策略上有重北輕南的傾向。政治關注、軍事配置、財政投入上對北邊有明顯的傾斜。而且同樣是北邊，西北相較東北在秦漢時期更顯吃重，軍鎮設置布控中除了護烏桓校尉，其餘主要設在西北。但在治理效果上來看，北邊的經營投入巨大，成效卻並不成比例，特別是經濟開發，在很長的歷史階段一直沒有多大的改觀，可能與自然條件主要適宜游牧，而中原人並無游牧之長有關。而南邊的經營投入相對較小，但持續的經濟開發，在廣大地區帶來較長久穩定的統治和日漸明確的文化認同，中原人越來越多地在南方生息，少數民族接受中原先進農耕技術，中原文化得到傳播和發展。秦漢的南方邊地如巴蜀、江南等地後世都發展成為漢文化的核心區之一。這種反差很耐人尋味，或許有必要轉變治理的觀念和思路。

中原為什麼要對外擴張，筆者認為可能本質上仍然是為了降低成本。為了讓更低治理成本取代更高的抵禦侵擾的成本，對外擴張是不得已的選擇，但擴張的方式要更講究技巧。如果擴張一詞不是中性不宜使用的話，對外發展這一命題仍是一個有生命力的民族或者政權必須要考慮的。受地理位置與民族分佈制約，佔據文化和社會發展優勢的中原主體民族要積極主動地與少數民族協調，才能使自己有更好、更健康的發展。對於中原政權來說，不受

〔註146〕Lattimore O., Studies in Frontier History: Collected Papers 1928~1958, London: Oxford University Press, 1962, p476～477.

侵擾是最低要求，互惠互利合作共贏是要爭取的目標。在具體方式做法上實
事求是，根據不同情況下用不同體制處理好交往中存在的矛盾和問題，雖然
歷史上並沒有很順利地實現，但循著這種思路去努力，爭取較好的結果或許
也是可能的。綜合國力特別是軍事實力與邊地發展變化密切相關，這是整個
關係發展的保障，也是中央對邊地治理控制的基礎。而推動各種有價值的物
質資源的等價交換，促進人員的交流，開展文化的交流，都是可以努力的方
向。擴張並不意味著開邊擴土，不一定要流血殺伐，在安全的有利的條件下，
加強中原與周邊的合作，推動經濟交往，鼓勵文化向周邊和平的傳播，也吸
收外來的優秀文化，有利於創造富足生活，走向共同繁榮。

結　語

　　秦漢邊地情況千差萬別，郡在設置之初就與邊地有著密切的關係，邊郡狹義上是指有「障徼」等邊防設施，邊界所在的地區；廣義上泛指鄰近邊界的地區。邊郡與內郡不同之處很多，生產方式的差異對社會面貌有決定性的影響。秦漢是中國領土幅員初步成形的時期，在形成中經歷過兩次大的開邊擴土的浪潮，這也是邊郡設置的兩個高潮，設立過眾多邊郡。秦漢邊郡經歷複雜的盛衰興廢變化，有三種變化趨向：邊郡的內地化，邊郡的維持，邊郡的衰落廢棄。邊郡的興廢與國勢息息相關，國土的開拓、鞏固要付出艱苦的努力，也要務實量力而行。秦漢在西北邊地設置過郡、屬國和刺史部等常設職官機構，還有一些特設軍鎮機構，維持對邊地的控制。

　　涉邊決策體制包括涉邊決策的需要、過程、執行和監督等因素。涉邊信息的來源主要是邊地的上計、即時的奏報，也通過派巡邊使者、開言路等非常態性的方式獲得。御史大夫和尚書對涉邊信息進行匯總。涉邊決策過程中，基本方式是朝議，時間和地點遵循一定的習慣，主持者一般是朝中重臣，決策首腦是皇帝。丞相封駁體制，丞相與御史大夫兩元的運行體制，尚書臺詔救擬定、審核和平署決策會議監議等制度一定程度上能對決策過程進行監督制約。

　　在中央，與邊政有關的官署機構有典客（大鴻臚）、典屬國、主客尚書等，廣泛參與了邊政決策事務；在地方，地方行政系統主要是執行中央作出的決策，但在具體政務運作上有很大實權和獨立性，有的邊郡還代管了一些邊外事務，代表朝廷負責對外交涉。敦煌是朝廷經營西域的前哨基地，在處理西域事務上，許可權遠超普通郡的範疇，很大程度上就是代表漢廷執行對西域

事務的政策。其他邊郡也有類似情況。涉邊機構的運行特點是：重視專業人士，特別是有邊政經驗、能力和見識的人士；中央與邊地有密切的互動；事務處理中涉及各方利益的角力與協調，常會表現出一般政治角力中看不到的濃鬱邊地地域性派別色彩。

秦漢文書在行政體制中有極重要的地位，具體政令執行依靠文書的傳遞運行。在起草、發佈、傳輸中都有嚴密的文書制度。文書傳送的管道依賴通行全國的郵驛系統。涉邊文書在運行中有其突出的特色，如邊地很重視郵驛的設置；很重視政令的宣達；軍情傳輸非常迅捷等。在執行上級指令時，地方官吏根據情況也可應變創制。在不違國家大政方針情況下地方郡縣長官自出條教，獨立施政，這是地方行政比較獨特之處。邊地好多政令有其邊地特殊內容，邊地行政機關也不落人後，努力改進邊地治理，取得了成績。

官吏任用有籍貫限制，還有很強的地域性因素。為官不得任職本郡，京畿、邊郡可例外。任職邊郡者可以是各種人，但邊郡人為多。邊地人在邊地長期任職，在邊地流轉，世代在邊地任職，形成世家大族，籍貫迴避不如內地嚴格。屬吏一般用本地人，但初置邊郡有蠻夷者，亦與普通郡縣有異，屬吏常用內郡人，以便統制。任職內郡者以內郡、京畿人為主，周邊內郡人為多，邊郡者極少。任職京畿者可以是各種人，王國人任職京師有時有限制。邊地官員任用方式中「守」、「行」、「兼」、「兼行」，事例極多，存在眾多中下級官職空缺，需要職務代理的情況。人事任免特別是職務代理中存在其他人代行職權的優先順序以近次，近為鄰近被代理職官駐處，次則為秩級高低次第。代理職務判署文書用印可能存在多種情況，以小官印、私印行事，在文書中都要做說明，不是常態而是權宜的行政行為方式。人事任免職務交接，有許多具體規定反映出人事任免具有一定的理性行政的色彩。

邊吏選任受很多因素影響。嚴峻的軍事鬥爭形勢下，邊郡官吏的選任常取能領軍作戰有軍事才能的將領。邊地常是少數民族聚居區，邊地的治理與民族問題密切相關。秦漢時期，在邊吏選任中就很注意邊吏在民族事務上的處理能力和個人所具有的條件優勢。秦漢西北包括隴右、河西和河套有武勇的風氣習俗，在邊吏選任中，中上級的邊地長官常會取用有邊地生活經歷的邊地豪族，這種出仕也可算對邊郡的一種關照，一定程度上維護仕進格局的地域平衡。

各時期邊地治理功績成效情況各異，在西北邊地治理中有幾個有代表性

的個案。秦對義渠長期執行攻伐驅逐和懷柔拉攏的政策，成功地逐漸制服、蠶食之，在其地設立郡縣，壯大了自身的實力。典型反映了秦在邊地開拓治理中鍥而不捨的精神。西漢在西北開拓超越前代，達到了中原王朝在疆域擴展上的一個極限，經歷幾代人的努力，烏孫由最初漢匈間「持兩端」，到與漢結成平等的聯盟，再到臣屬於漢，漢與烏孫關係的發展變化典型反映出西漢經營西域艱巨性和複雜性，也反映出在邊地治理上取得的巨大成就。羌人在西北多次起義，東漢在涼州等地長期用兵，羌人成爲邊境最大的危脅。中央對羌亂以清剿爲主，代價巨大，在邊地治理中守成多於開拓。

　　邊地治理存在特殊性，相關制度的產生也有其歷史淵源，並不斷發展變化。國野之分就可以看作是統治核心區與周邊地區的控制差異，這種各地域的制度差異，多少可能也是京畿、內郡和邊地治理差異的歷史淵源。在中央集權專制體制還尚未成熟時期，朝廷對邊地的統馭制度尚不嚴密，政風粗樸，邊將權力極大，這可能也是邊地治理特殊體制的一個歷史淵源。古代君主很多行事方式依故事而行，遵從前人的處置方法，這可能也是一種制度上的路徑依賴。除了制度本身的合理性和必要性，這種路徑依賴也是古代許多制度在後世得到延續發展的重要因素。

　　秦漢地方行政體制並非整齊劃一，根據所處地域，在行政系列上其實可以分成三類：京畿、內郡、邊郡。京畿與外郡有等級差別，首都京師在很長的時間其實是作爲中央直轄區而不是地方行政區來對待的，京畿與外郡在行政地位、長官屬吏官秩任用等方面有很大的差異。京畿之外的各郡，又可分爲內郡和邊郡。邊郡與內郡在察舉人才類型、職務側重點、具體職官設置、領兵征戰等方面都有特殊。邊郡地方行政機構軍事化，相當於異態的、職能不完全的行政單位。邊地在治理上存在明顯的特殊體制。

　　邊地與內地存在許多不同，秦漢王朝對邊地採取許多特殊的辦法，形成鮮明的治理特點。邊地治理存在兩套治理體系：郡縣「流官」系統與部族「土官」系統。邊地人口少，開發時間短，經濟落後，軍事壓力大，需要政治上的優待，經濟上的扶持與支持供給。邊郡地廣人稀，以軍事防禦爲主，縣多戶少。秦漢從內郡遷徙大量百姓到邊郡，實邊成邊，並實行嚴格的控制。朝廷對邊地治理也相當關心重視，專門派出行塞使者、勞邊使者等，巡視邊防前線，及時發現問題，解決問題。這是中央瞭解邊情、撫慰邊軍的重要的手段和方式。

　　邊地的治理是有費用的。邊地的經營需頗費心力。邊地是控制最薄弱的部分，驗證著王朝的實行力的強弱。在朝廷內部屢次出現是否應該棄邊的爭論。雖然不同地域不同對象，治理方式做法可能會有不同，但降低成本的實質要求還是一樣的。邊地開拓與放棄史實及其爭論，各種治理政策的變化都可以看作是制度的發展探索，而這種探索的動力則是治理成本。

　　秦漢時期邊地的治理留下了許多寶貴經驗，也提供了許多深刻的教訓。邊地治理實踐說明，從制度上看邊地特色有其必然性。邊地治理的研究表明，西北邊地治理在歷史上有其典範性。有必要轉變治理的觀念和思路，推動中原與周邊經濟、文化和人員的交流，創造富足生活，實現共同繁榮。

參考文獻

一、古　籍

1. 〔東漢〕許慎撰、〔清〕段玉裁注：《說文解字注》，上海古籍出版社，1981年。

2. 〔南朝梁〕顧野王編撰：《宋本玉篇》，中國書店，1983年。

3. 〔清〕阮元校刻：《十三經注疏》，中華書局，1980年。

4. 〔東漢〕班固撰：《漢書》，中華書局，1962年。

5. 〔西漢〕桓寬撰、王利器校注：《鹽鐵論校注》，中華書局，1992年。

6. 〔西漢〕司馬遷：《史記》，中華書局，1959年。

7. 〔東漢〕劉熙撰、〔清〕王先謙撰集：《釋名疏證補》，上海古籍出版社，1984年。

8. 〔清〕顧炎武撰、〔清〕黃汝成集釋：《日知錄集釋（外七種）》，上海古籍出版社，1985年。

9. 〔南朝宋〕范曄：《後漢書》，中華書局，1965年。

10. 〔南朝梁〕蕭統編、〔唐〕李善注：《文選》，上海古籍出版社，1986年。

11. 〔東漢〕王符撰、〔清〕汪繼培箋、彭鐸校正：《潛夫論箋校正》，中華書局，1985年。

12. 〔唐〕杜佑撰：《通典》，中華書局，1984年。

13. 〔北魏〕酈道元著、陳橋驛校證：《水經注校證》，中華書局，2007年。

14. 〔唐〕李林甫等撰、陳仲夫點校：《唐六典》，中華書局，1992年。

15. 〔唐〕杜佑撰、王文錦等點校：《通典》，中華書局，1988年。

16. 〔西晉〕陳壽撰：《三國志》，中華書局，1982年。

17. 〔南朝齊〕劉勰撰、〔清〕黃叔琳注、李詳補注、楊明照校注拾遺：《增訂文心雕龍校注》，中華書局，2000年。

18. 〔東漢〕王充撰、黃暉校釋:《論衡校釋》,中華書局,1990 年。

19. 〔清〕孫希旦集解、王文錦、陳玉霞點校:《禮記集解》,中華書局,1987 年。

20. 〔清〕孫星衍等輯、周天遊點校:《漢官六種》,中華書局,1990 年。

21. 〔南朝宋〕郭茂倩編撰:《樂府詩集》,中華書局,1979 年。

22. 〔北宋〕李昉等:《太平御覽》,中華書局,1985 年。

23. 〔西漢〕揚雄撰、汪榮寶義疏、陳仲夫點校:《法言義疏》,中華書局,1987 年。

24. 〔東漢〕蔡邕:《獨斷》,新文豐出版公司編輯部:《叢書集成新編》,臺灣新文豐出版公司,1986 年,第 28 冊。

25. 〔東晉〕常璩撰、任乃強校注:《華陽國志校補圖注》,上海古籍出版社,1987 年。

26. 〔東漢〕應劭撰、王利器校注:《風俗通義校注》,中華書局,1981 年。

27. 蔣禮鴻撰:《商君書錐指》,中華書局,1986 年。

28. 〔清〕王先慎撰、鍾哲點校:《韓非子集解》,中華書局,1998 年。

29. 〔清〕王先謙:《漢書補注》,中華書局,1983 年。

30. 黃懷信、張懋鎔、田旭東撰、李學勤審定:《逸周書彙校集注》,上海古籍出版社,1995 年。

31. 王國維撰:《今本竹書紀年·疏證》,方詩銘、王修齡撰:《古本竹書紀年·輯證》附錄,上海古籍出版社,2005 年。

32. 楊伯峻撰:《列子集釋》,中華書局,1979 年。

33. 〔清〕孫詒讓撰、孫啓治點校:《墨子閒詁》,中華書局,2001 年。

34. 〔清〕王先謙撰、沈嘯寰、王星賢點校:《荀子集解》,中華書局,1988 年。

35. 〔南宋〕鄭樵撰:《通志》,中華書局,1987 年。

36. 〔西漢〕劉向集錄:《戰國策》,上海古籍出版社,1998 年。

37. 〔西漢〕賈誼撰、閻振益、鍾夏校注:《新書校注》,中華書局,2000 年。

38. 〔北宋〕司馬光撰:《資治通鑑》,中華書局,1956 年。

39. 〔唐〕房玄齡等撰:《晉書》,中華書局,1974 年。

40. 上海師範大學古籍整理組校點:《國語》,上海古籍出版社,1978 年。

41. 〔西漢〕劉安撰、何寧集釋:《淮南子集釋》,中華書局,1998 年。

二、出土文獻

1. 睡虎地秦墓竹簡整理小組編:《睡虎地秦墓竹簡》,文物出版社,1990 年。

2. 胡平生、張德芳編撰：《敦煌懸泉漢簡釋粹》，上海古籍出版社，2001年。

3. 甘肅省文物考古研究所、甘肅省博物館、中國文物研究所、中國社會科學院歷史研究所編：《居延新簡：甲渠候官》，中華書局，1994年。

4. 謝桂華、李均明、朱國炤編：《居延漢簡釋文合校》，文物出版社，1987年。

5. 張家山漢墓竹簡整理小組編著：《張家山漢墓竹簡〔二四七號墓〕》（釋文修訂本），文物出版社，2006年。

6. 連雲港市博物館、東海縣博物館、中國社會科學院簡帛研究中心、中國文物研究所編：《尹灣漢墓簡牘》，中華書局，1997年。

7. 魏堅主編：《額濟納漢簡》，廣西師範大學出版社，2005年。

8. 甘肅省文物考古研究所編：《敦煌漢簡》，中華書局，1991年。

9. 周曉陸、路東之編著：《秦封泥集》，三秦出版社，2000年。

三、研究專著

1. 嚴耕望：《中國地方行政制度史：秦漢地方行政制度》，上海古籍出版社，2007年。

2. 譚其驤主編：《中國歷史地圖集》，第二冊（秦漢分冊），中國地圖出版社，1982年。

3. 周振鶴：《西漢政區地理》，人民出版社，1987年。

4. 李曉傑：《東漢政區地理》，山東教育出版社，1999年。

5. 方國瑜：《中國西南歷史地理考釋》，中華書局，1987年。

6. 費孝通等著：《中華民族多元一體格局》，中央民族學院出版社，1989年。

7. 后曉榮：《秦代政區地理》，中國社會科學出版社，2008年。

8. 嚴耕望：《兩漢太守刺史表》，上海古籍出版社，2007年。

9. 白鋼主編、白鋼著：《中國政治制度通史》（第一卷總論），人民出版社，1996年。

10. 白鋼主編、孟祥才著：《中國政治制度通史》（第三卷秦漢），人民出版社，1996年。

11. 中國社會科學院語言研究所詞典編輯室編：《現代漢語詞典》（第5版），商務印書館，2005年。

12. 楊鴻年：《漢魏制度叢考》（第2版），武漢大學出版社，2005年。

13. 汪桂海：《漢代官文書制度》，廣西教育出版社，1999年。

14. 薛英群：《居延漢簡通論》，甘肅教育出版社，1991年。

15. 黃留珠：《秦漢仕進制度》，西北大學出版社，1985 年。

16. 安作璋、熊鐵基：《秦漢官制史稿》（上、下冊），齊魯書社，1984、1985 年。

17. 陳直：《居延漢簡研究》，天津古籍出版社，1986 年。

18. 李大龍：《兩漢時期的邊政與邊吏》，黑龍江教育出版社，1998 年。

19. 馬長壽：《氐與羌》，上海人民出版社，1984 年。

20. 李白鳳：《東夷雜考》，齊魯書社，1981 年。

21. 馬非百：《秦集史》，中華書局，1982 年。

22. 林劍鳴：《秦史稿》，上海人民出版社，1981 年。

23. 余太山：《西域通史》，新疆人民出版社，2003 年。

24. 黃烈：《中國古代民族史研究》，人民出版社，1987 年。

25. 楊寬：《先秦史十講》，復旦大學出版社，2006 年。

26. Lattimore O., Studies in Frontier History: Collected papers 1928~1958, London: Oxford University Press, 1962.

27. 陳直：《史記新證》，中華書局，2006 年。

28. 陳直：《漢書新證》，中華書局，2008 年。

29. 黃留珠：《中國古代選官制度述略》，陝西人民出版社，1989 年。

30. 余華青主編，余華青、楊希義、劉文瑞著：《中國古代廉政制度史》，上海人民出版社，2007 年。

31. 余華青主編，余華青、楊希義、劉文瑞著：《中國廉政制度史論》，人民出版社，2007 年。

32. 劉文瑞：《中國古代政治制度史論》，陝西師範大學出版社，2000 年。

四、研究論文

1. 杜文忠：《邊疆的概念與邊疆的法律》，《中國邊疆史地研究》，2003 年第 4 期，第 1～6 頁。

2. 王明珂：《歷史事實、歷史記憶與歷史心性》，《歷史研究》，2001 年第 5 期，第 136～147 頁。

3. 陳曉鳴：《籌邊失當與東漢衰亡》，《江西師範大學學報》（哲學社會科學版），2002 年第 4 期，第 38～42 頁。

4. 王國維：《秦郡考》，王國維著、傅傑編校：《王國維論學集》，中國社會科學出版社，1997 年，第 81～85 頁。

5. 顧頡剛：《兩漢州制考》，《中央研究院歷史語言研究所集刊外編・慶祝蔡元培先生 65 歲誕辰集》（下冊），第 855～906 頁。

6. 譚其驤：《秦郡新考》、《討論兩漢州制致顧頡剛先生書》，譚其驤著：《長

水集》（上冊），人民出版社，1987 年，第 1～12 頁、第 22～42 頁。

7. 史念海：《論秦九原郡始置的年代》，《河山集》（七集），陝西師範大學出版社，1999 年，第 376～384 頁。

8. 辛德勇：《張家山漢簡所示漢初西北隅邊境解析：附論秦昭襄王長城北端走向與九原雲中兩郡戰略地位》，《歷史研究》，2006 年第 1 期，第 15～33 頁。

9. 勞榦：《漢代的西域都護與戊巳校尉》，《勞榦學術論文集甲編》，臺北藝文印書館，1976 年，第 867～878 頁。

10. 張維華：《西域都護通考》，《漢史論集》，齊魯書社，1980 年，第 245～308 頁。

11. 哈建華：《有關西域都護建置的年代問題》，《歷史教學》，1983 年第 3 期，第 24 頁。

12. 李大龍：《西漢西域都護略論》，《中國邊疆史地研究》，1991 年第 2 期，第 64～70 頁。

13. 余太山：《兩漢戊巳校尉考》，《兩漢魏晉南北朝與西域關係史研究》，中國社會科學出版社，1995 年，第 258～270 頁。

14. 李炳泉：《兩漢戊巳校尉建制考》，《史學月刊》，2002 年第 6 期，第 25～31 頁。

15. 孟憲實：《西漢戊巳校尉新論》，《廣東社會科學》，2004 年第 1 期，第 128～135 頁。

16. 韓香：《試論「使匈奴中郎將」的來源及演變》，《新疆大學學報》（哲學社會科學版），1995 年第 1 期，第 33～37、48 頁。

17. 黎虎：《漢唐中央決策制度的演進及其特點》，《河北學刊》，1998 年第 6 期，第 61～67 頁。

18. 劉太祥：《秦漢中央行政決策體制研究》，《史學月刊》，1999 年第 6 期，第 24～31 頁。

19. 韓俊遠、劉太祥：《中國古代行政權力的制約與監督機制》，《南都學壇》（人文社會科學學報），2004 年第 3 期，第 25～29 頁。

20. 黃盛璋：《盱眙新出土銅器金器及相關問題考辨》，《文物》，1984 年第 10 期，第 59～64 頁，圖二。

21. 華義武、史潤梅：《介紹一件先秦有銘銅矛》，《文物》，1989 年第 6 期，第 73～74 頁，圖一、二。

22. 孫言誠：《秦漢的屬邦和屬國》，《史學月刊》，1987 年第 2 期，第 12～19 頁。

23. 劉瑞：《秦「屬邦」、「臣邦」與「典屬國」》，《民族研究》，1999 年第 4 期，第 89～97 頁。

24. 李解民：《《東海郡下轄長吏名籍》研究》，連雲港市博物館、中國文物研究所編：《尹灣漢墓簡牘綜論》，科學出版社，1999 年，第 46～75 頁。

25. 陳勇：《尹灣漢墓簡牘與西漢地方官吏任遷》，連雲港市博物館、中國文物研究所編：《尹灣漢墓簡牘綜論》，科學出版社，1999 年，第 76～85 頁。

26. 李大龍：《兩漢重要邊吏的選拔和任用制度述略》，《中國邊疆史地研究》，1993 年第 3 期，第 45～53 頁。

27. 顧頡剛：《秦與西戎》，《史林雜識》（初編），中華書局，1963 年，第 57～63 頁。

28. 王宗維：《西戎八國考述》，西北大學西北歷史研究室編著：《西北歷史研究》（1986 年號），三秦出版社，1987 年，第 1～55 頁。

29. 向麗：《秦國殘餘母系芻論》，《四川教育學院學報》，1997 年第 4 期，第 69～72 頁。

30. 辛迪：《義渠考》，《內蒙古師範大學學報》（哲學社會科學版），2004 年第 6 期，第 90～93 頁。

31. 洪濤：《關於烏孫研究的幾個問題》，《中央民族大學學報》，1994 年第 2 期，第 22～26、94 頁。

32. 李豔華、孔令遠：《細君與解憂》，《湘潭大學社會科學學報》，2001 年第 2 期，第 53～56 頁。

33. 袁延勝：《懸泉漢簡所見漢代烏孫的幾個年代問題》，《西域研究》，2005 年第 4 期，第 9～15 頁。

34. 何海龍：《從懸泉漢簡談西漢與烏孫的關係》，《求索》，2006 年第 3 期，第 209～211 頁。

35. 王宗維：《秦漢西羌的部落和部落組織》，《西北歷史研究》（1988 年號），三秦出版社，1990 年，第 1～40 頁。

36. 芈一之：《論西海郡的興廢》，《青海民族學院學報》（社會科學版），1984 年第 1 期，第 22～28 頁。

37. 曾代偉、王平原：《《蠻夷律》考略：從一樁疑案説起》，《民族研究》，2004 年第 3 期，第 75～84 頁。

38. 曹旭東：《東漢初年。西北邊郡的省並與徙吏民問題》，《中國歷史地理論叢》，2005 年第 2 輯，第 74～81 頁。

39. 初仕賓：《居延簡冊《甘露二年丞相御史律令》考述》，《考古》，1980 年第 2 期，第 179～184 頁。

後　記

　　2004～2007 年我在西北大學攻讀碩士學位時的學位論文是《兩漢護羌校尉研究》，2007 年 9 月開始攻讀博士學位，繼續相關領域學習，較早確定了研究範圍，有計劃地讀了些書，學習、課程作業都就相關問題進行資料收集和鑽研。但在畢業論文寫作中還是走了許多彎路，西北邊地民族治理、官制、行政制度、邊塞簡牘等領域前賢研究頗多，如何不重炒舊飯、寫出新東西，想法反反覆覆，頗費思量。余華青師、黃留珠師雖認可了我的選題範圍，但我自己仍不小心地把許多重要的問題想簡單了。在謀篇布局時，一開始內容涉略過寬，開題時，陳峰師有指出傷其十指不如斷其一指；賈志剛師也建議集中精力論述自己的心得新見，在寫作時更體會到這一點。即使砍了不少自己捨不得的部分，擱置不少自己力有不及的東西，所剩的仍然千頭萬緒，論述也難以深入，而且提綱草稿反覆刪改之後，收集的材料更顯支離混亂，如何梳理出來集中論述都頗費工夫。限於能力，現在呈現這樣一篇學位論文出來，只能算是階段性的思考所得綜合而已。回憶碩士入學考試復試面試時，無知到說不出幾個行內專家、幾本名作；博士入學考試復試面試時，狂妄到要將專業論著一網打盡，不免唏噓。時光匆匆，將來也不知會怎樣體認到今是昨非，求知的路也不見得就是不斷否定自己，但一路行來，現在漸漸惶惑了，無論得失悲喜，如冥冥宿命般似乎見到本相，也許這個樣子就是自己傷感的人生旅程呢！而自己惟有誠實謹慎，努力前行，希望活得淳厚一些吧。

　　感謝導師余華青教授，老師思想敏銳，識見卓絕，繁忙的本職工作之餘，仍給我授課解惑，精準指出我的問題不足，開示引領我進入新的境界，

每次交流讓我既懼自己識見之淺薄，又有獲新知之歡喜。他的教導和幫助，大大促進我的覺悟和進步。感謝碩士期間的導師黃留珠教授，老師學識廣博，功力深厚，我考博時，老師已正式退休，囿於學校制度，不再招收學生，但他不辭勞苦，在我攻讀博士學習期間，繼續給我授課，並在專業學習、論文發表、學位論文寫作和工作生活等大大小小的事情上，仍然給我大量精心的指導和及時的幫助，恩德非筆墨可形容。兩位導師受太老師陳直先生親傳，修爲高深，如陳門的元方季方、迦葉阿難，能得到兩位老師的栽培，實在是我三生有幸，他們多年的諄諄教誨，春風化雨，點滴在心頭。只是自己愚頑憊怠，忝列師門，敬陪末座，每思至此，驚愧鬱結，汗發沾衣。於今，純粹的學生生涯就將終了，唯願此後只要身有所安，自己仍能潛心向學，即便凡庸也能有所知，切望終有一日，能平和從容而無愧色地於文化園地裏自由呼吸，不敢望賢聖之清塵，只求至少自己在生命的樂章裏能聽到前行的腳步聲。

文博學院的陳峰、王建新、田旭東、徐衛民、賈志剛、陳一梅等老師；退休的李之勤、楊希義老師；公共管理學院的劉文瑞老師；還有論文盲審的評閱老師；以及其他同學友好，都曾給我授課、指教或提供各種幫助，恕不能一一列舉，在此一併致謝！

又記：2010 年 7 月開始到廈門市社會科學院任職，工作上、個人生活上均有各項事務要處理，沒能像讀書期間有較多自由支配的時間和較平和的心境，很慚愧，時光匆匆，自己在專業研究方面有所懈怠，進步有限，反而有退步之虞。此書稿基本保留博士學位論文原貌，《肩水金關漢簡·壹》（中西書局，2011 年）等新資料及相關領域研究層出不窮，未遑跟進吸收。承蒙黃老師關心，出版社厚愛，論文能得到出版，兩位老師還寫序勉勵，非常感激！也感謝單位領導和同事的關心支持，讓我能慢慢熟悉環境，安心工作，在社會中有一容身處，希望今後能努力沉潛，爭取用進步來答謝友好關愛！